学校の建築と教育

学校化・教育改革・境界人

四方利明 | 著　　　　阿吽社

JN221843

阿吽社

はしがき

　本書は、ここ20年近くにわたって、日本全国の校舎を訪ね歩いた記録である。私は大学で教職課程を担当しており、専門は教育学ということになっている。建築学を専門とするわけではない私のような者が、校舎探訪記を書くのはなぜだろうか。

　そもそも、教育学の世界では、学校建築（本書では、校舎や校舎と人々とのかかわりをあわせて学校建築ととらえたい）は「中心」的なテーマであるとは言い難い。喜多明人は、1983年に著した『学校環境と子どもの発見』（エイデル研究所）において、この著作を、物的環境としての学校施設に関する研究としては、「教育学の側からの、はじめての著作物」であると述べている。30年以上経った今でも、教育学において学校建築が「周縁」的なテーマにとどまっている状況は、さほど変わっていないと思う。

　教育学が学校建築をテーマにするとすれば、一般的にまず思いつくのは、学校におけるよりよい教育を実現するための校舎のありかた、あるいは校舎の活用法を探究するといったところになるだろう。実際、教育学の一ジャンルである教育方法学において、オープンスクールタイプの校舎を活用して、教育の「個別化・個性化」を推進していくための研究が重ねられている。同様に、建築学のなかの建築計画学の分野においても、教育の「個別化・個性化」や「学校と地域社会の連携」に対応する、オープンスクールや学校施設の複合化といった、1980年代以降の「新しい」学校建築の推進に寄与してきた研究が蓄積されている。

　私は教育学を一応の専門としていながら、このような校舎と教育的な機能とを直結させるとらえ方を、たいへん窮屈に感じてしまう。先の喜多の著書においても、「子どもたちにとって、発達へのいとぐちとなり契機となる〝矛盾〟的な環境を、意図的につくり出すことが求められている」と述べられているが、このようなとらえ方においては、校舎を計画し設計する人々の想定通りに子どもたちや教員が校舎とかかわることが「成功」であり、想定通りにかかわ

らない場合には「失敗」であると考えられているように思う。つまり、校舎や校舎を計画し設計した人たちの想定に、子どもたちや教員が、規定され管理されてしまうような印象を持ってしまうのである。

　また、「新しい」学校建築の計画や設計、活用に関する研究においては、1980 年代以降の教育改革の動向を所与の前提としていることにも違和感を感じる。私は、30 年以上も続く教育改革の動きそのものが、学校という場を、子どもたちへの教育的な機能という「中心」的な機能を効率よく発揮する場へと特化させ、学校において、学ぶという自律的かつ創造的な相互行為を、教育という商品の個別の供給－消費プロセスに置き換えていく「学校化」を進行させている、張本人であると考えているからである。

　本書では、このような教育改革の動きや、教育改革の動きに対応しようとする学校建築のありようを批判的にとらえたいと思う。そして、校舎や校舎と人々とのかかわりのなかに、教育改革に包囲され「学校化」が進行する学校の窮屈な状況を脱するための手がかりを探りたいと考えている。とりわけ本書では、学校のウチとソトを媒介する「境界人」に着目し、「境界人」と校舎との自律的かつ創造的なかかわりのなかに、教育的な機能を担う空間に特化しがちな学校において、「境界」的な空間が生成する可能性を探ることを試みる。

　ところで、本書の下敷きとなっている本を、私は 2012 年に書いている。今日の学校が置かれている現状に、校舎や校舎と人々とのかかわりの多様性を対置すべく、『学校建築の諸相』というタイトルを付した。この前著においては、私の主張したいことはあまり前面には出さずに、校舎の訪問記を並べたてる体裁をとった。その結果、並べたてた校舎の訪問記を通じて主張したかったことが、読者にうまく伝わらなかったのではないかという疑念を拭えずにいる。また、この間、学校の「周縁」たる校舎巡りの傍ら、教員の多忙化に関する共同研究に参加させてもらうなど、学校の「中心」である教育そのものについて考える機会に恵まれた。そのなかで、学校をとことんまで「学校化」しようとする教育改革が一向に止まる気配がなく、学校の置かれている現状がますます窮屈なものになりゆく印象を強くしている。

　そこで、本書では、私の校舎巡りが、教育改革に包囲され「学校化」が進行する学校の窮屈な状況を相対化する可能性を探るためであることを、校舎の訪問記を記すに先立って〈序章〉で述べることにした。そして、〈序章〉で説明

した「学校建築をみる視点」にのっとって複数のテーマを立て、テーマに沿って校舎の訪問記を配置し、テーマごとに主張したいことの説明を加えることにした。校舎の訪問記に関しても、前著出版以降に訪問した校舎や、前著に掲載していない校舎を加えるとともに、前著に掲載した校舎の訪問記に関しては、テーマに即して大幅な加筆修正を行っている。

〈序章〉に続く〈第1章〉では、「質朴堅牢」な北側片廊下型校舎に運動場という日本の学校建築スタイルの成立を中心に、学校建築の歴史について概観している。〈第2章〉では、教育改革に対応しようとしている、オープンスクールや学校施設の複合化といった1980年代以降の「新しい」学校建築の動向について検討している。〈第3章〉では、日本の学校建築スタイルや「新しい」学校建築の動向を相対化するような建築思想を有する、著名な建築家が手がけた校舎を取り上げている。〈第4章〉では、学校が位置する地に根ざそうと試みた、ないしは根ざしてきた校舎を取り上げている。〈第5章〉では、学校統廃合に着目し、「新しい」学校建築スタイルにのっとって建設された統合校の校舎と、北側片廊下型校舎に運動場という日本の学校建築スタイルにのっとって建てられた廃校舎の活用についてみていく。〈第6章〉では、廃校舎活用、学校トイレ改革の動向、災害にまつわる校舎、ブラジル人学校の校舎、「新しい」木造校舎を取り上げている。〈第3章〉から〈第6章〉においては、校舎のありようそのものに加え、建築家、地域住民、廃校舎活用を手がける人々、ブラジル人など、学校のウチとソトとを媒介するさまざまな「境界人」と校舎とのかかわりをみようとしている。

校舎の訪問記を記すにあたっては、学校名は2018年2月現在の名称を、閉校となった学校の名称は閉校時の名称を記載している。また、校舎の所在地と校舎の竣工年（もしくは改修年）を各学校・施設名に続けて付記し、校舎を訪問した時期については、各校舎の記述の末尾に記している。本書の記述内容は、あくまで訪問当時の状況に依拠しており、現在では多少異なっている部分もありうることを、あらかじめお断りしておきたい。校舎の建設費に関しては、各学校・施設のパンフレットに記載された建設費の名目や価格を優先して記述し、パンフレットに記載がない場合には参考文献に記載されたものを記述したが、いずれにも記載がなく記述できていない校舎があることも、お断りしておきたい。なお、本書に掲載されている写真は、すべて私が撮影したものであ

る。

　訪問した多くの校舎においては、校舎の見学に加え、校長先生や教頭先生を
はじめ、教員、施設の代表者や職員、スタッフ、地域住民からお話をうかがっ
ている。本書の執筆に際しては、うかがったお話や、訪問時にいただいた各学
校・施設が発行している学校要覧やパンフレット、各学校・施設、文部科学省
や各市町村の公式ホームページ、ならびに参考文献に掲げた文献を、参照、引
用している。校舎の訪問を受け入れていただき、校舎を隅々まで丁寧に案内し
てくださり、校舎にかかわる貴重なお話を聞かせてくださったうえに、貴重
な資料までご提供いただいた、各学校・施設のみなさま方には、大変お世話に
なった。この場を借りて、厚く御礼申し上げます。

もくじ

序 章

学校建築をみる視点

1. 「非日常」の「周縁」的な出来事

　私は、勤務先の教職課程科目である「学校文化論」という講義においては、これまでの学校生活を通じていちばん印象に残っているエピソードは何かを、学生たちに尋ねるところから始めることにしている。

　返ってくる答えは、文化祭や体育祭、修学旅行といった学校行事にかかわるエピソード、あるいは、部活動にかかわるエピソードが多い。しかもそうしたエピソードにおいて、高校生活最後の部活動の大会で日々の努力の成果が実って優勝した、といった定番のサクセスストーリーももちろん多いが、そんな大事な試合の前日に大ケガをして出場すらかなわなかったといった失敗体験も負けず劣らず多い。変わったところでは、通学途上に駅の階段で大転倒したエピソードを披露してくれた学生もいたし、本書のテーマである校舎にかかわるエピソードを披露してくれた学生もいた。

　このような問いかけを通じて気づくことは、授業にかかわるエピソードが極端に少ないということである。学校生活のなかでもっとも多い時間を過ごすのが「日常」の授業時間であるが、学校生活を振り返って記憶に残っているエピソードは、学校行事や部活動の試合など「非日常」の出来事が多い。

　次のようないい方もできるだろう。学校に期待されている「中心」的な機能は、いうまでもなく子どもたちに対する教育的な機能である。学校においてこの教育的な機能を担う「中心」的な場面こそ、教室で行われる授業にほかならない。しかし、学校生活を振り返って記憶に残るエピソードに、学校の「中心」的な場面である授業にかかわるエピソードはあまり登場せず、授業以外の学校の「周縁」的な出来事にかかわるエピソードが多いのである。

　もちろん、学校の「日常」の授業だけでなく、部活動や「非日常」の学校行事にも、学習指導要領にきちんと記載があることからもわかるように、教育的な機能が付与されている。しかし、学生たちが語る学校行事や部活動のエピソードには、期待された教育的な機能がそのまま発揮された成功体験のみならず、「やらかした」たぐいのものが意外に多い。つまり、学校生活を振り返って記憶に残っているエピソードは、学校の「中心」的な機能である教育的な機能から外れた、もしくは想定された教育的な機能を裏切るエピソードが多いと

いえるのではないだろうか。

　想定された教育的な機能から外れたり、そうした機能を裏切る出来事に魅力を感じることは、学校生活を過ごすなかで多くの人がよく経験していることではないだろうか。たとえば、学校給食には、学校給食法という法律によって、「健全な食生活」や「望ましい食習慣」を身につけさせるという教育的な機能が付与されている。しかしながら、卒業して学校給食のことを想い出すとき、人々が記憶しているのは、牛乳の一気飲みを競ったことや、今から考えると臭い以外の何ものでもない牛乳瓶のフタを収集したこと、運動場でドッジボールの場所取りをするために尋常ではない速度で食事を済ませたことなど、学校給食に付与された教育的な機能とは無関係か、もしくはそれに反する出来事ばかりなのではないだろうか。

　以上にみてきたように、学校生活を送る子どもたちにとって、学校の「中心」に位置する「日常」の教育活動に裂け目をもたらす、教育活動に期待された教育的な機能とは無関係な、もしくは反する「非日常」の「周縁」的な出来事こそ、たいへん強い印象を残すといえるのではないだろうか。一方で、後述するように、今日の学校をめぐる動きや議論は、学校の有する「日常」的で「中心」的な機能、すなわち教育的な機能を、効率的に発揮させることに集中しがちである。本書で考えてみたいことは、学校という場は、教育的な機能から外れた、もしくはそうした機能を裏切る、「周縁」的な位置づけを付与されがちな「非日常」の出来事も含めて成り立っているのではないかということである。このことを、教育学をはじめとする学校をめぐる議論や動きでは、これまた「周縁」に位置づけられがちな、学校建築という観点から考えてみたいのである。

2．校舎の記憶

　では、学校建築の話に移ろう。まずは、私自身の校舎の記憶を披露してみたい。

　私は大阪府南部のある公立小学校に 1978 年に入学した。たしか 3 年生のときだったように記憶しているが、運動場の東側と南側を取り囲んでいた平屋の古い木造校舎が、火災によって焼失した。運動場の北東に位置する古い講堂と

南東に位置する新しい体育館、そして焼失した南側校舎のさらに南側にあった新しい3階建て一文字形鉄筋コンクリート造校舎は、焼失を免れた。

火災の後、プレハブ校舎が建てられ、新校舎建設が進められた。焼失した南側校舎の跡地に2階建ての管理棟が新設された。この新設された管理棟の南隣に焼失を免れた新しい校舎があり、そのさらに南隣にこの校舎と同じような校舎2棟が新設され、合わせて3棟の3階建て一文字形校舎が並び立つ形となった。焼失した旧東側校舎跡地は、正門から校舎へのアプローチとして整備し直された。

これらの校舎を思い起こしてみると、何よりプレハブ校舎の印象が強く残っている。それから、古い講堂にまつわるエピソードは今でも覚えている。壁に残された血痕が消せども消せども消えないとか、舞台裏があの世へつながっているといった怪談に事欠かなかった。剣道の道場としても使われており、剣道をたしなまない者にとっては、置かれている防具も怪談を盛り上げるツールとなっていた。東側校舎が焼失し、他の校舎との距離ができてしまって以降、講堂のもっている怪しいオーラがさらに増したように思う。それからすると、新しい体育館や新しく建てられた校舎に関しては、さほど印象に残っていない。

先ほど述べた、「日常／非日常」「中心／周縁」という構図を用いれば、次のようにいえるのではないか。今にして思えば、プレハブ校舎や講堂には、「日常」の学校生活にはない「非日常」のもつ独特の魅力が存在していたのだろう。早くきちんとした校舎で通常通り授業を行い、学校の「日常」を取り戻したいという観点からすれば、プレハブ校舎は校舎建設中の代替物でしかない。また、複数のクラスが屋内で体育を行ったり、全校規模の学校行事を挙行するためには、古い講堂ではなく新しくて頑丈な体育館が必要であろう。このように、学校の「中心」的な機能である、子どもたちに対する教育的な機能を効率的に発揮させるという観点からみたときには、一見無駄であり余分でしかなく学校教育にとっては「周縁」的に過ぎないとみなされるモノやコトに、当の子どもたちはかえって「非日常」の魅力を見出すことがあるといえる。学校教育の「周縁」に位置づけられがちな校舎や校舎と子どもたちとのかかわり、すなわち学校建築という観点からみても、学校という場は、学校の「中心」的な機能である子どもたちに対する教育的な機能のみならず、「周縁」的な機能や意味も含みこんだ多様性をもった場ということがいえるのではないだろうか。

3.「学校化」する学校

　学校が、「周縁」的な機能や意味をも含みこんだ多様性をもった場であるということは、しごく当たり前のことをいっているに過ぎないのかもしれない。しかし、本書において、あえてこのような場として学校を描き出そうと試みるのは、今日の学校をめぐる状況が、学校から「周縁」部分を排除し、「中心」に位置する、子どもたちに対する教育的な機能を効率的に発揮させる場に特化しようとしているようにみえるからである。

　〈第2章〉でも再び述べるが、1980年代以降今日に至るまで30年以上にわたって、「第3の教育改革」を成しとげるべく教育改革の動きが継続中であり、今日の学校はこの動向に巻きこまれ続けている。学校選択制に顕著なごとく、この間の教育改革の特徴は、学校教育に競争原理をもちこむ新自由主義的な教育改革として一般的には理解されている。こうした動向にマッチするのが、「学力」重視政策である。各学校にその学校の教育の「特色」や「成果」を出させて、学校どうしを競争させるといっても、そう簡単なことではない。教育の「成果」は短期間で出るものではないし、教育の「特色」と「成果」の因果関係や、そもそも何をもって教育の「成果」とみなすかも、必ずしも明確ではないからである。しかし、テストによって測定される「学力」であれば、数値化された明確な指標で示すことが可能であり、その学校の教育の「成果」として明示しやすい。「学力」重視の声を受けて、2007年度以降全国学力テストが実施されているが、そのテスト結果の公表の是非をめぐる騒動が全国各地で起こっていることは周知の通りである。テスト結果という学校の教育の「成果」を公表することのねらいは、そのことによって学校どうしを競争させることにほかならないだろう。しかも、昨今の教育改革におけるキーワードのひとつはアカウンタビリティ（説明責任）であり、学力テストの結果を公表すべきという見解は、学校教育の「成果」に対するアカウンタビリティを要求する声にも合致する。結果として、学校も、それから子どもたちや教員も、常に教育の「成果」が評価され続けている状況にある。

　このように、新自由主義的な教育改革、とりわけ教育政策が「ゆとり」教育から「学力」重視に舵を切って以降の教育改革の動きのなかで、学校教育にお

ける多様な学びのなかから、数値で測定可能で、生徒個別の「評価」に還元可能な「学習」のみが「学力」として取り出され、それがその学校教育の「成果」として絶えず「評価」にさらされている状況であるといえる。かつて「脱学校論」で一世を風靡したイヴァン・イリイチであれば、この間の教育改革の動向を「学校化」と説明するであろう。イリイチのいう「学校化」とは、学ぶという自律的かつ創造的な相互行為が、あらかじめパッケージされた「学習」という商品の個別の消費に置き換えられていく様相のことである。商品の供給－消費プロセスにおいては、予定調和を超えた創造的な学びは生まれない。イリイチの批判の力点はここにある。そして、こうした「学校化」において、学校は子どもたちを、「彼らの想像力や、彼ら自身でさえも含めて、あらゆるものが測定可能な世界へと導き入れ」、その結果「学校化された人々は、測定されない経験を手からこぼれ落としてしまう」という。学力テストという測定可能な評価に包囲され、学校のもつ多様な機能や意味が等閑視されつつある現状は、イリイチのいう「学校化」そのものであろう。

　以上にみてきたように、今日の学校は、教育改革の動向に巻きこまれてますます「学校化」されており、その結果、学校のもつ多様な意味や機能のうち、「中心」的な機能である教育的な機能のみに焦点が当てられている。しかも、教育的な機能といっても、学校教育においては、個別に「学力」を身につけるのみならず、短期に明確には「評価」の難しい協同的な学びや創造的な学びも生まれているが、そうした学びは「周縁」に位置づけられ等閑視されがちになる。さらには、学校は、子どもたちに対する教育的な機能のみならず、たとえば地域社会の拠点であるといった具合に、教育的な機能以外の機能や意味も有しているのであるが、これらも同様に「周縁」化されて等閑視されがちである。

　しかしながら本書で考えてみたいのは、今日の「学校化」する学校においては等閑視され「周縁」に位置づけられがちなモノやコトも含めて、学校という場が成り立っているのではないか、ということである。先にみたとおり、学校に想定された教育的な機能からみたときには、無駄であったり、それに反するような出来事こそ、子どもたちに強い印象を残すこともあるし、そうした出来事に遭遇するなかで、教育という商品の供給－消費プロセスを超えていくような、自律的かつ創造的な学びが生まれることもあるだろう。本書では、学校に

おいて「周縁」に位置づけられがちな、校舎や校舎と人々との自律的かつ創造的なかかわりに着目してそのことを考えてみようと思う。

4．日本の学校建築スタイルと学校の「境界」

　ここで、本章〈2.〉節で述べた校舎のエピソードに立ち戻ろう。校舎再建後、新しい3階建て一文字形校舎3棟が並立することになったことを述べた。教室を東西方向に一直線に並べ、それらをつなぐ廊下を教室の北側に配置するという北側片廊下型校舎。〈第1章〉で詳しく述べるが、こうした校舎の造りは、実は100年以上も変わっていない典型的な日本の学校建築スタイルである。

　田舎であろうと街中であろうと、運動場に一文字形校舎。日本全国を旅していて、遠目からでもただちに学校とわかる日本の学校風景は、1900年前後に成立した。1895年に文部省から出された「学校建築図説明及び設計大要」において、今後建設される校舎は、教育的な機能を担う以外の余分なスペースや華美なデザインを排した「質朴堅牢」であるべきだとされた。この精神にのっとり、通風・日差し・経費等の観点から、教室を直列させてその北側に片廊下を配置した北側片廊下型校舎を全国画一的に整備することが、1901年に国の方針として決定された。また、1900年の第3次小学校令で体操が必修となり、5年以内に運動場を各小学校に設置することが義務づけられた。かくして、北側片廊下型校舎に運動場という形で学校の形が定型化され、校舎は教育的な機能を担う空間へと特化していくこととなる。効率よく教育的な機能を担うことだけが求められがちな昨今の学校のありようを、学校建築に着目して相対化したいと述べたが、実は日本の学校建築スタイルこそ、教育的な機能を合理的に追究した結果として成立したのである。

　「周縁」に位置づけられがちな学校建築が、学校の「中心」的な機能である教育的な機能に奉仕するために設えられたモノであったとすれば、たんに学校建築に着目するだけでは、「中心」に特化した今日の学校のありようを相対化することは困難である。恒吉僚子によれば、日本の学校文化の特徴は、「一斉共同体主義」にあり、「それは、同質的で自己完結的な共同体を前提とした協調的共有体験、共感・相互依存・自発的な協調などの価値の共有に依拠する共

同体的な特徴と、皆が、同時に、同じことをするという一斉体制とが一緒になることによって成り立っている」という。学校という「共同体」で自明視されている「中心」的な価値観を相対化することは、なかなか困難なのである。

　本書では、「周縁」たる学校建築を、学校の「中心」に対置するだけでなく、学校の「周縁」について、学校のソトの価値観がウチ側にもたらされることで学校という「共同体」における「中心」的な価値観が相対化される、学校の「境界」として考えたい。ここで、これまで用いてきた「中心／周縁」「日常／非日常」という構図を、改めて確認しておきたい。

　等閑視されがちな「周縁」が、逆に「中心」の秩序に揺さぶりをかけながら「中心」を生気づける点を積極的に評価しながら、「中心／周縁」という構図で文化のダイナミズムを生き生きと描き出したのは、文化人類学者の山口昌男である。山口は、次のように述べている。「人は、自らを、特定の時間の中で境界の上または中に置くことによって、日常生活の効用性に支配された時間、空間の軛から自らを解き放ち、自らの行為、言語が潜在的にもっている意味作用と直面し、『生まれ変わる』といった体験をもつことができる」。山口のことばを今日の学校にあてはめれば次のようにいえると思う。学校の「周縁」＝「境界」に身を置くことによって、効率的に教育的な機能を発揮させようとすることばかりに焦点が当てられがちな今日の学校の「日常」を相対化できる、と。こうした「周縁」＝境界のイメージは、赤坂憲雄の次のようなことばにも重なるであろう。「異質なる他者との出会いとしての〈交通〉は、共同体の内側から始まるのではない、たがいに他者である共同体と共同体とが相接する境界領域にめばえ、そこでのみ生起するものだ」。

　このように、本書では、学校の「周縁」を、学校のウチとソトとが出会う場、すなわち「境界」ととらえる。そしてこの学校の「境界」に、学校の「中心」的な機能である教育的な機能に特化しがちな、しかもその教育といった場合に、数値で測定可能なもののみが取り出されがちな、今日の「学校化」された学校という「共同体」を相対化するための手がかりを見出したい。本書では、この「境界」上に存在し、校舎と自律的かつ創造的にかかわりながら、日本の学校建築スタイルや学校のありようそのものを相対化してくれる「境界人」に着目したい。

5．「境界人」と校舎とのかかわり

　「境界人」というタームは、たとえば、『新教育社会学辞典』では次のように定義されている。「異質な文化や規範をもつ複数の社会集団に同時に所属して、周辺的な状況に置かれている人や、どの社会集団の価値体系にも充分に同調できない人を指す」。このように、複数の社会集団にまたがって存在する「境界人」は、どの社会集団においても適応できずに「周縁」に位置づけられ、不利なポジションに陥りがちであると、ネガティブなイメージでとらえられることが多い。

　しかし、ひとつの社会集団の「周縁」に位置しているということは、別の社会集団の「周縁」にも位置しているということでもあり、異なる複数の社会集団の「境界」上に位置しているがゆえに多様な価値観を同時に有する可能性に開かれている。それゆえ、先ほどの『新教育社会学辞典』において、「境界人」は「革新性や創造性を示すこともあ」るとされていたり、『岩波哲学・思想事典』では、「差別されると同時に、ときに、それぞれの集団や文化のインサイダーに、価値を相対化する新たな認識をもたらすこともある」とも述べられている。「境界人」は、異なる複数の社会集団を媒介する役割をも担うのである。

　学校建築でいえば、「日常」的に校舎とかかわりを有しているのは、学校の「中心」的なアクターである子どもたちや教員である。しかし、以下にみるように、建築家・地域住民・廃校舎活用を手がける人々など、「周縁」に位置するさまざまなアクターもまた、校舎にかかわっている。こうした「周縁」的なアクターを、学校の「中心」的な価値観とは異なる学校のソトの価値観を学校のウチ側にもちこむことで学校の自明性を相対化してくれる「境界人」ととらえたい。

　〈第3章〉や〈第4章〉においては、教育的な機能が「中心」に据えられた学校のウチ側に、自らの建築思想というソトの価値観をすべりこませる建築家を、学校のウチとソトを媒介する「境界人」ととらえている。ここでとりあげる「境界人」としての建築家は、教育的な機能に特化して北側片廊下型校舎に運動場という形で定型化されてきた日本の学校建築スタイルや、〈第2章〉で

みるような、1980年代以降の教育改革の動向に対応した「新しい」学校建築の動向を、相対化するような建築思想を有している。それゆえに、建築家それぞれの建築思想や、それらに基づいて手がけられた校舎のなかに、「学校化」した学校のありようを相対化する視点を見出そうとしている。

　〈第4章〉や〈第5章〉〈第6章〉においては、地域住民や廃校舎活用を手がける人々を「境界人」ととらえている。災害発生時には避難所として、選挙時には投票所として校舎が使われることを想起すれば明らかなように、学校は地域社会の拠点としての役割をも担ってきており、地域住民は、教育的な機能に特化して合理的に設えられている校舎に、それ以外の多様な機能、意味をもちこむ。また、〈第5章〉や〈第6章〉で詳しくみるように、全国各地で学校統廃合が進行しているが、廃校舎を学校とは別用途で活用する廃校舎活用事例においては、校舎が学校として使われていたときよりも、廃校舎となって教育的な機能から切り離される方が、人々と校舎とのはるかに自律的で創造的なかかわりがみられる。

　さらに〈第6章〉では、ブラジル人学校の校舎を取り上げている。ブラジル人学校の校舎は、もともと校舎ではない建物を校舎に転用しているケースが多く、教育的な機能を想定していない建物を校舎として利用することは困難に思われるが、既存の建物の特性を活かした、自律的かつ創造的で多様な建物とのかかわりによって、居心地のよい校舎となるような工夫がなされている。こうしたブラジル人学校の校舎のもつクリエイティビティを、定型化された日本の学校建築スタイルを経験していないブラジル人たちの「境界人」性に見出そうとしている。

　本書では、以上のようなさまざまな「境界人」による自律的かつ創造的な校舎とのかかわりに着目しながら、今日の「学校化」する学校を相対化する手がかりを見出そうとしている。「境界人」という視点を導入することであらためて気づくことは、学校にかかわるアクターが実に多様であるということであり、学校という場がこうした多様なアクターの結節点になっているということである。多様な人々の結節点としての学校、これこそ本書で描きたいと考えている、学校のウチとソトとの「境界」を含みこんだ場としての学校のイメージである。

　学校にかかわる多様なアクターの「中心」に子どもたちや教員がいる。本書

では、主には「境界人」と校舎との多様なかかわりに着目するが、「境界人」だけがこうしたかかわりを試みているということを述べようとしているわけではない。「境界人」と校舎との多様なかかわりが示唆するのは、「境界人」に比べてみえにくいかもしれないが、子どもたちや教員もまた、学校にかかわる多様なアクターと出会い、校舎に付与されている教育的な機能をずらしながら、校舎との自律的かつ創造的な多様なかかわりを経験しているのではないかということである。

　学校とかかわる多様なアクターの存在やそうしたアクターの結節点としての学校という位置づけ、また教育的な機能を超えた校舎と人々との多様なかかわりといったことは、教育的な機能を効率よく発揮させる観点でのみ学校をとらえる今日の教育改革の流れにおいては、等閑視されたり無駄であり余分なこととして切り捨てられがちである。しかし、学校という場は、教育的な機能以外の多様な機能や意味を含みもって成立しており、このことを等閑視した今日の教育改革の動向が、学校から、自律的かつ創造的な多様なかかわりが生成する余地を奪いかねないことを、大いに危惧するところである。

　以上に述べてきたような視点にのっとって、以下、学校建築をみる旅に出ることにしたい。

【参考文献】

赤坂憲雄『境界の発生』講談社学術文庫、2002（1989）

イヴァン・イリッチ『脱学校の社会』（東洋・小澤周三訳）東京創元社、1977（1971）

恒吉僚子「多文化共存時代の日本の学校文化」『講座学校第6巻　学校文化という磁場』柏書房、1996

日本教育社会学会編『新教育社会学辞典』東洋館出版社、1986

廣松渉ほか編『岩波哲学・思想事典』岩波書店、1998

山口昌男『文化と両義性』岩波現代文庫、2000（1975）

第 1 章

学校建築の歴史

今日の学校建築についてみていくためには、これまでの学校建築の歴史についてもおさえておく必要がある。また、学校の歴史を今に伝える貴重な学校史跡も全国各地に現存している。そのなかから私が実際に訪れたものの紹介を挟みながら、日本における学校建築の歴史を概観しておきたい。

1. 江戸時代の学校建築

近代学校やその建築についての特徴を理解するためには、近代以前のそれらと比較するのが近道である。そこで、日本社会が近代を迎える直前の江戸時代の学校についてみておきたい。江戸時代には、おおざっぱに整理すれば、寺子屋・郷校・藩校・私塾の4種類の学校が存在した。

寺子屋

江戸時代の学校ということでもっとも有名なのは寺子屋であろう。寺子屋は、農民や商人といった庶民の子どもが「よみ・かき・そろばん」を学んだ学校である。教育レベルは、近代学校教育でいえば初等教育レベルに相当する。寺子屋は全国各地に開設され、その総数は従来約1万5000校とされてきたが、最近の研究では5万校を超えていたとされている。

くもん子ども研究所が編集した『浮世絵にみる江戸の子どもたち』には、子どもたちが登場する浮世絵が多数掲載されている。そのなかには、寺子屋の風景が描かれたものもある。ある寺子屋では、師匠が子どもに教えているすぐそばで、師匠に背を向けて座っている別の子どもが他人を笑わせようと変顔をしている。あるいは別の寺子屋では、師匠が留守をして帰ってくると、子どもたちがどんちゃん騒ぎをしていて、師匠が何とも困った顔をしている。もちろん、このような楽しげな雰囲気の寺子屋のみならず、罰として湯飲みと線香を手に持たされ線香が燃えつきるまで立たされている子どもが描かれた、厳しい師匠が指導する寺子屋も登場する。いずれの寺子屋であれ、寺子屋の風景を眺めていると、近代学校の教室には存在するのに、寺子屋には存在しないモノが複数あることに気がつく。すなわち、黒板・机と椅子・教卓・時計などである。

もちろん寺子屋にも机は存在するが、椅子に腰掛けて使用する机ではなく、

床に直接座って使用する低い机である。江森一郎は、この寺子屋の机について、近代学校の教室のように子どもたちが全員教員の方に向きあうように並べられていたのではなく、寺子屋では師匠が子どもに個別指導をしていたと指摘している。近代学校の教室における机の並べ方は、近代学校の特徴である一斉教授スタイルに対応している。近代学校になって登場する、黒板・机と椅子・教卓・時計という一連のモノは、近代学校の教室に前後という方向性を確立させ、時間割にのっとって教室内の子どもたちが全員同一内容の教育を一斉に受ける、一斉教授の仕組みを支える役割を担っているのである。

郷　校

　寺子屋と同じく庶民の子どもに初等教育レベルの教育を行っていた学校が、郷校である。寺子屋と違うのは、郷校は藩が創設した学校であるという点である。郷校の史跡として名高いのが、閑谷学校（岡山県）である。2015 年に文化庁が認定した「日本遺産」にも、日本最古の高等教育機関とされる足利学校（栃木県）や水戸藩校の弘道館（茨城県）、そして後に紹介する私塾の咸宜園（大分県）とともに、「近世日本の教育遺産群」として認定された。

閑谷学校（岡山県備前市、1701 年竣工）

　閑谷学校は、岡山藩主池田光政によって 1670 年に創設された郷校である。校舎全体が完成するまでに 30 年余りが費やされ、その校舎は岡山県備前市に現存している。
　訪れてまず目を引くのは、敷地の周囲を 765 メートルにわたって取り囲む

石　塀（講堂の屋根がみえている）

講　堂

石塀である。閑谷学校は山際に位置しているが、この石塀は山の中腹部分にも積み上げられている。石塀の上部は角が取れて丸みを帯びたカマボコ型になっており、石塀の石は念入りに洗浄されて隙間なくみっちりと積み上げられていて、建築後300年以上を経過しても石と石の隙間からは雑草すら生えてこない見事なものである。

　敷地のなかに入ってみると、山際に位置していることと学校のウチとソトとが石塀で仕切られていることとがあいまって、校名の通り閑かな雰囲気が立ちこめている。その雰囲気のなかに堂々とそびえ立つのが講堂である。講堂は、備前焼の瓦が葺かれた屋根が見事であり、講堂内部の床板はまるで水をたたえているかのようにピカピカに光っている。

　庶民の子どもが対象の郷校において、これほどまでに見事な校舎が建てられたところに、武士の子どものみならず庶民の子どもへの教育をも重視しようとした、岡山藩主の想いをみてとることができよう。（1999年11月、2004年9月訪問）

藩　校

　江戸時代の支配層であった武士の子どもが通った学校が、藩が設立した藩校である。藩校は、藩を担う人材の育成を目的としており、高等教育レベルに至る教育を行っていた。藩校の史跡は、弘道館（茨城県）をはじめとして複数現存しているが、そのなかから、致道館を紹介する。致道館という名称の藩校史跡としては、庄内藩校の致道館（山形県）がよく知られているが、「周縁」の立場を標榜する本書としては、日出藩校の致道館（大分県）を紹介したい。

致道館（大分県日出町、1858年竣工）

　致道館は日出藩校として1858年に、日出藩15代藩主木下俊程によって日出城内二ノ丸（本丸の東側）に創設された。致道館は廃藩置県の際に閉校となったが、致道館の校舎はその後暘谷女学校や日出町役場など別用途で活用され続けた。戦後は、この校舎が建っていた地に日出中学校が建設されることになり、取り壊しの危機に直面したが、日出城本丸跡を挟んだ西側の二ノ丸跡に移築され、今日に至るまで保存されている。2008年に初めて訪れたときから、すでに老朽化が進んでおり、瓦葺きの立派な門も支えがないと倒壊しかねない

状態であった。2011年より1億2000万円ほどの費用をかけて修復工事を行い、門・主屋ともに当時の姿を損なわない形で、2015年3月にリニューアルオープンされた。

門をくぐり、玄関を上がると、1階は中心部に教場が2部屋、手前（北側）と奥（南側）に襖を挟んで隣接している。教場の左側（東側）は、手前（北側）に教授および学識詰所、奥（南側）に藩主休息所が襖を挟んで隣接している。藩主も年に数回講義をしていたとのことで、藩主が来校する際に使用する藩主休息所からは、縁側越しに眼下に広がる別府湾が一望できる。教場の右側（西側）には生徒詰所が隣接しており、生徒詰所から2階に通じる階段が設けられている。この急な階段を昇ると、2階は生徒室になっている。最盛期の生徒数は250名で、そのうち50名の寄宿生はここに寝泊まりしていたという。生徒室は、太い梁が印象的である。（2008年2月、2017年6月ほか複数回訪問）

外　観（改修前）

門と主屋玄関

生徒室

私　塾

　江戸時代の私塾は、教育内容によって、日本の古典を教授する国学塾、中国の古典を教授する漢学塾、オランダからもたらされた西洋医学など西洋の学問を教授する洋学塾（蘭学塾・医学塾）などに分類され、中等教育レベルのものから当時の学問の最先端部分を含む高等教育レベルのものまで、さまざまなものが存在した。私塾は、武士の子どものみならず、庶民の子どもにも門戸を開放し、「士庶共学」を実現していた。私塾の史跡も全国各地に現存しているが、本書では、咸宜園（大分県）、ならびに適塾（大阪府）を紹介したい。

咸宜園（大分県日田市、1781年竣工【秋風庵】・1849年竣工【遠思楼】）

　咸宜園は廣瀬淡窓が1817年に創設した漢学塾である。入門時に年齢・学歴・身分を奪う「三奪法」により、すべての塾生を無級からスタートさせ、無級から9級まで試験によって月ごとに評価する「月旦評」を導入することで、徹底した実力主義が貫かれたところに、咸宜園の教育の特徴があったという。また、塾生は、規則正しい生活を送ることも要求されたという。咸宜園の出身者には、清浦奎吾や大村益次郎などがいる。

　廣瀬淡窓の伯父が1781年に建てた別荘である秋風庵から道を挟んだ西側に、すでに現在地とは別の場所で開いていた桂林園の塾舎を移築し、さらには塾生の居宅である考槃楼を新築したのが1817年で、これが咸宜園の始まりということになる。その後、この塾舎（西塾）と考槃楼のある西家側に新しい塾舎（南塾）が建てられる一方、秋風庵のある東家側にも、塾舎（東塾）や講堂、

秋風庵

遠思楼

さらには書斎である遠思楼が新築された。

　これらの建物のうち現存しているのは、東家側の秋風庵と遠思楼のみになる。秋風庵は竣工以来、この地に建ち続けている。1849 年に竣工した遠思楼は明治期に中城町に移築され、1953 年に咸宜園に再移築されたが、このときに建てられた位置や向きなどが咸宜園時代と異なっていたため、2000 年にもともとの位置・建てられ方に復元改修されたという。1 階は書庫、2 階は読書・思索や塾生たちと詩会や小宴を催す場として使用されたといい、2 階の部屋に設えられた丸窓が印象的で、2 階からは敷地内が一望できる。（2017 年 6 月訪問）

適塾（大阪府大阪市、竣工年不詳）

　適塾は、蘭学者であり医師であった緒方洪庵が 1838 年に創設した蘭学塾である。適塾における教育は蘭書の会読が中心であり、予習に際してはヅーフ部屋と呼ばれた部屋に 1 部だけ置かれていたヅーフ辞書を奪い合って使用したという。出身者には、福沢諭吉や先述の咸宜園でも学んだ大村益次郎らがいる。

　適塾の史跡は、大阪市営地下鉄淀屋橋駅より徒歩 5 分ほどのところのオフィス街のなかに現存している。この建物は創設時のものではなく、入塾生が増えて手狭となったため、1845 年に移転した際に購入した町家である。建物は 2 階建てで、洪庵の住居を兼ねている。2 階には、塾生が寝泊まりした塾生大部屋がある。塾生大部屋の中央部には柱が立っているが、その柱には刀で切りつけられた痕が多数残っている。先述のごとく 1 部しかない辞書を奪い合って熱心に勉強した一方、日常生活に関しては自由放任であったようで、このような

外　観

塾生大部屋

エネルギーが次の明治という時代を切り拓いていったのであろう。（2000 年 1 月、2018 年 1 月訪問）

2．明治初期の学校建築

　日本における近代学校制度は、1872 年の学制発布に始まる。その前年の 1871 年には廃藩置県が行われ、文部省も設置された。明治政府は廃藩置県によって中央集権的な国家の建設を目指したが、同じタイミングで文部省が設置されたところに、その手段として学校教育制度を重視していたことが看取できる。学制の序文に相当する「学事奨励に関する被仰出書」では、福沢諭吉の『学問のすすめ』に影響を受けながら、これからは身分の違いなく誰もが立身出世のチャンスがある時代が到来したということで、そのために学校に通い勉学に励むことが奨励されている。制度化される以前の江戸時代の学校では、身分によって通う学校の種類も異なり、とりわけ寺子屋では入学年齢も在学年数も子どもによってバラバラであり、教員である師匠の身分もさまざまであった。対照的に近代学校においては、国民全員に学齢期に一定の在学を義務づけるという、国民皆学を原則としている。国民皆学を制度化することによって「国民」を創出することが近代学校のねらいであり、この制度を定着させるために、立身出世を説いて子どもたちを学校に通わせることを奨励したのである。

　学制は、全国を 8 つの大学区に分けてそれぞれに大学を設置し（8 校の大学）、さらに大学区を 32 の中学区に分けてそれぞれに中学校を設置し（256 校の中学校）、さらに中学区を 210 の小学区に分けてそれぞれに小学校を設置する（5 万 3260 校の小学校）という計画であった。現在の小学校数が約 2 万校であるので、「被仰出書」に「必ず邑に不学の戸なく家に不学の人なからしめん事を期す」と述べられている通りに、全国各地にもれなく小学校を設置しようとしたことがわかる。

　さて、その近代学校の建築であるが、まずは教室に着目してみよう。先述のごとく、江戸時代の寺子屋においては、子どもたちの机は教員である師匠の方を向いて並べられてはいない。ところが近代学校においては、教員が前方に位置し多数の子どもたちが教員の方を向くという座席配置となっていて、黒板・

机と椅子・教卓の配置によって教室に前後という方向性が確立しており、こうした一連のモノの配置が近代学校の特徴である一斉教授を支えている。また、一斉教授スタイルは時間割にのっとって運用され、近代学校の教室においては、同一時間であれば全員が同一の内容を学習する。時計やチャイムも近代学校においては必置のモノであり、時間割通りに1日を過ごすことによって、西洋の時間感覚が身体化される。

　このように、子どもたちは教室で授業を受けることを通して、時間を守る、授業中は全員が教員の方をみる、その教員が話しているときは静かに黙って聞く、といった態度や行動様式が身体化される。学校教育を通して身につけるのは、教科の授業内容だけではない。このような明示的なカリキュラムに対して、暗黙裏に子どもたちが身につけていく態度や行動様式のことを、教育学では「隠れたカリキュラム」という。この観点からみれば、近代学校の教室の設えそのものが、子どもたちに、近代学校ひいては近代社会に適応した一定のふるまいを身につけさせるという、教育的な機能を担っていることがわかる。

　一斉教授スタイルに適合するように設えられた近代学校の教室について、ミシェル・フーコーは、「一望監視装置」であるところにその特徴を見出した。フーコーによれば、この「一望監視装置」は、学校をはじめ病院・工場・近代監獄といった、近代の制度がつくりだしたあらゆる施設に共通に見出されるものである。「一望監視装置」のねらいは、少数の監視者で多数の人間を効率よく監視できるということももちろんあるが、それ以上に、絶えず監視されているという状況に置くことで、みる-みられるという関係を創出し、みられるという視線を内面化させることで、「自律する主体」を立ち上げて「自発的服従」を調達するところにある。フーコーは、この「自発的服従」に近代の権力の特徴を見出したのである。

　フーコーの議論を近代学校にあてはめれば、次のようにいえるだろう。すなわち、寺子屋の個別教授ではなく、近代学校では一斉教授を採用したおかげで、1人の教員でいちどに多数の生徒を教えることができて、効率的な教育が可能となった。のみならず、教室内で子どもたちは、絶えず教員の監視下に置かれることとなった。もちろん、監視の目をかいくぐって授業内容とは別のことをこっそり行う「内職」や、そもそも監視の目を気にせずに授業とは別様の振る舞いをなすことで授業の成立を妨げる「学級崩壊」などの、「問題行動」

を引き起こす子どもたちもいる。一方で、多数の子どもたちは、内申書の評価もあるので、教員からの問いかけに「自発的」に挙手しながら、より偏差値が上位の学校への進学を目指して「自発的」に学習する。結果として、学校教育において測定される「学力」によって、社会的地位が配分されるというシステムが維持される。学校教育において測定される「学力」が家庭の所得格差と相関関係にあることは、各種調査で明らかになっており、「学力」によって社会的地位が配分されるという仕組みは一見平等にみえて、じつは既存の階層構造を維持・更新する不平等な仕組みであることを暴露したのが、ピエール・ブルデューやサミュエル・ボウルズとハーバート・ギンタスらが提起した再生産論である。学校教育で尊ばれる「努力」こそ、階層構造を再生産する不平等な仕組みへの「自発的服従」を調達するイデオロギーにほかならないのである。

　先ほどの「隠れたカリキュラム」、そしてフーコーの議論を踏まえると、近代学校の教室の設えそのものが、近代学校に適応したふるまいを身につけさせることによって、近代社会への「自発的服従」を調達するという、子どもたちへの教育的な機能を担っていることがわかる。

　では次に、教室を含む、近代学校の校舎全体に目を向けてみたい。まずは、近代学校制度が創設されて間もない頃に竣工した、開智学校（長野県）を紹介したい。

開智学校（長野県松本市、1876 年竣工）

　開智学校は 1873 年に創立され、現在も松本市立開智小学校として存続している。1876 年に新築された校舎は、戦後の 1963 年まで現役の校舎として使

外　観

用された後、現在は保存されている。なんといっても校舎の正面からみた外観にインパクトがある。瓦屋根の中心部から八角形の塔が突き出ており、その下には唐破風屋根付きのバルコニーが設けられている。唐破風屋根の真下では、「開智学校」と書かれた旗を持って 2 人の天使が飛んでいる。屋根には和瓦が葺かれ、壁は漆喰壁だが、窓には当時は高価であったガラスが使われている。このように、開智学校は和洋が混在した典型的な擬洋風校舎である。なお、校舎内部は、中廊下式である。(2002 年 9 月訪問)

　明治になって日本社会に流入してきた西洋建築を、和の技術で何とか受け止めて造り上げられた苦心の賜物である建築を擬洋風建築といい、その校舎版が擬洋風校舎である。近代学校制度も西洋近代から取り入れられたものであるので、校舎にも、洋風を取り入れることが目指されたのである。擬洋風校舎は、明治初期に新築で建てられた校舎にみられ、開智学校以外にも全国各地に現存している。そのうち、中込学校（長野県）、開明学校（愛媛県）について紹介しておこう。

中込学校 （長野県佐久市、1875 年竣工）

　中込学校は 1873 年に少林寺を仮校舎として創立され、創立時には成知学校という校名であった。成知学校は、1876 年に中込学校と校名を改称し、現在も、佐久市立中込小学校として存続している。1875 年に校舎を新築したが、この校舎は、校舎増築にともない 1919 年に中込町役場に転用され、内部が大幅に改造された。1969 年に重要文化財・国史跡に指定されたことを受けて、1971 年から 4735 万円の費用をかけて解体復元工事に着手し、1973 年に竣工した。

　通常、校舎は正面からみたとき横長であるが、中込学校は縦長であるところに特色がある。校舎南側の正面をみると、屋根の中心部から八角形の板張りの塔が突き出ており、2 階には横幅いっぱいにベランダが設えられていて、正面に位置する玄関にはポーチが設けられている。1 階南側の玄関扉と 1 階北側の土間側の扉の上方に半円形の欄間があり、2 階廊下の北側の突き当たりには丸窓が設えられており、この欄間 2 か所と丸窓にはステンドグラスがはめこまれている。とくに 2 階丸窓のステンドグラスの印象は強いものがあり、外観

東側外観

正面（南側）外観

1階内部からみた玄関

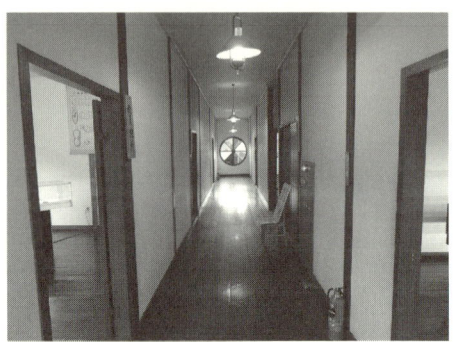

2階廊下

的にもよいアクセントとなっている。八角形の塔内部の天井には方位図が描かれ、天井から太鼓をつるして時を知らせていたので、この塔は太鼓楼と呼ばれたという。広いベランダとステンドグラスは、まさに文明開化を象徴しているといえよう。（2017年8月訪問）

開明学校 （愛媛県西予市、1882年竣工）

　開明学校は1872年に創立され、現在も西予市立宇和町小学校として存続している。当初は、江戸時代の私塾であった申義堂を校舎として使用していたが、1882年に校舎を新築した。1934年の新校舎竣工にともない、この校舎は小学校の校舎としては使われなくなったが、主として青年学校など教育目的に使用されながら、現在は教育資料館として修復・保存されている。外観は、開智学校や中込学校と比べてずいぶんすっきりした印象であるが、和風木造建築

にアーチ窓を取り入れた擬洋風校舎である。（2008 年 10 月訪問）

　擬洋風ということばには、洋風に似せて造った洋風もどきといったニュアンスがある。清水重敦は、こうした擬洋風建築への評価に対して異議を唱え、擬洋風建築は、「近世以来の技術を身につけた大工棟梁によって設計、施工された建築であ」り、西洋建築の一方的な日本への挿入ではなく、「自らの技術と文化体系によって、洋風という異質な対象を理解し、取り込もうともがく中に発露する独創性」を、擬洋風建築に見出そうとしている。こうした見方からすれば、擬洋風建築には、明治期になって流入してきた西洋近代を日本社会がどのように受容したのかの一端が立ち現れているといえよう。

　明治期の日本社会におけるウチとソトとの「境界」ともいえる擬洋風建築の一種である擬洋風校舎は、もちろん校舎であるから、担うべき中心的な役割は、日本に新しく創設された近代学校制度にのっとって、子どもたちを教育するための適切な空間となることである。しかし、和風の建物しかなかった当時の日本社会に、この擬洋風校舎が存在したことのインパクトは、たんに子どもたちが文字の読み書きや計算を教わる場所、ということに止まらなかったのではないか。まず、子どもたちへの教育的な役割といっても、文字の読み書きや計算といった授業における教育だけでなく、近代というまったく新しくこれまでとは異質な時代・文化が日本社会に到来したことを伝えるという役割を、和洋が混淆した校舎の外観が「隠れたカリキュラム」として担ったのではないか。そして、このことは、子どもたち以上に、地域に住む大人たちにこそ当てはまるのではないだろうか。

外　観

　ところで、擬洋風校舎は明治初期の学校建築に特有なものである。しかし、明治初期に新築で建てられた校舎は、擬洋風建築よりも和風建築の方が多い。そもそも、この擬洋風校舎は建設に巨額の費用がかかり、しかもその費用は地域の負担であった。橋本淳治らによれば、擬洋風校舎が建てられた地域は、蚕糸業が盛んであるなど経済的に富裕で、建設費用を捻出することが可能な地域に限られたという。

　さらには、明治初期の校舎で新築されたものは、小学校全体の2割にも満たない。明治初期においては、寺院や民家を校舎としている小学校が7割を超える。ここで先ほど述べた、寺子屋が幕末までに全国各地で約5万校も存在していたことを想起すれば、明治初期には寺子屋をそのまま近代学校にスライドさせた場合が多かったものと思われる。もちろん、寺子屋と近代学校では、先述のごとくその教育のありように大きな違いがあるのだが、明治に入って早々に創設された近代学校制度に対して、さしあたりは寺子屋の流用ということで対応したのであろう。

　さて、先ほど擬洋風校舎の外観のもつインパクトは、子どもたち以上に地域の大人たちにとって大きかったのではないかと述べた。それだけでなく、明治初期の小学校は、コミュニティセンターとしての役割をも担っており、子どもたちのみならず、地域の大人たちも校舎を大いに利用していたのである。旧京都市立有済小学校の校舎屋上に今なお現存している太鼓望楼は、そのことを端的に物語っているであろう。

旧京都市立有済小学校（京都府京都市、1937年竣工）

　京都の三条大橋から南東へ徒歩3～4分のところに位置する旧京都市立有済小学校は、2003年度をもって閉校となったが、1937年築の鉄筋コンクリート造校舎や、この校舎を覆い隠すように立っている樹齢350年を超えるムクノキは、ともに現存している。すでに閉校していた2009年に私が訪問したときには、校舎は、京都市立芸術大学音楽学部音楽教育研究会が運営する京都子どもの音楽教室として使われており（現在は、京都市立京都堀川音楽高等学校内に移転）、運動場は旧京都市立弥栄中学校第二教育施設として使われていた。また、有済学区の運動会は毎年この運動場で開催されているという。

　この校舎の屋上には、木造の太鼓望楼が載っている。これは、もともとは

校舎外観（ムクノキの大樹、屋上に太鼓望楼）

太鼓望楼

1879年に竣工した旧講堂の屋根に載っていたもので、1952年に旧講堂を取り壊した際に移築したという。火事をいち早く発見し鐘を鳴らして知らせる望火楼であるが、太鼓を鳴らして時刻を知らせる太鼓楼をも兼ねているために、太鼓望楼と呼ばれたものである。（2009年5月訪問）

　〈第5章〉で再び述べるが、京都では学制発布に先駆けて64校の番組小学校を開設した。これは、京都市中を64の「番組」に分け、それぞれに小学校を置き、子どもたちへの教育的な機能のみならず、コミュニティセンターとしての役割をも担わせようとしたものである。学制以降、番組は「学区」に引き継がれていくが、京都における「学区」は単なる通学範囲を指すのではなく、住民自治の単位である。こうした経緯から、番組小学校から明治初期の小学校に至るまで、京都では小学校に交番や役場などが設置され、小学校は行政・警察・消防などの機能をも担う「複合施設」であった。望火楼が設置されたのも、学区内における火災発生をいち早く発見して消防活動を行うためであり、火災が発生したさいには望火楼の鐘が鳴らされ、小学校から「学校火消」が出動した。現在、京都市では学校統廃合が進行し、閉校となった小学校・中学校が続出しているが、閉校後も学校跡地に消防分団が設置され続けているのは、この「学校火消」に由来するといえよう。

　望火楼は、京都にのみみられたわけではなく、他地域の明治初期の小学校にもみられた。校舎内で会合を開くなど、明治初期の小学校は、子どもたちのみならず、地域住民によっても使われ、コミュニティセンターとしての役割をも

担っていたのである。

3．日本の学校建築スタイルの成立

3‐1.「質朴堅牢」な北側片廊下型校舎

　今日、私たちが遠方からでも学校とわかるような日本の学校風景は、明治の中期、1900年をちょうど真ん中にしておおよそ10年ほどの間に成立した。1891年4月に、文部省による初めての学校建築に関する基準である16か条からなる「小学校設備準則」が出されるが、早くも同年11月に4か条に改正され、1899年には再び14か条に改正された後、1904年には大幅に削除されてわずか1か条に改正され、以後国民学校令施行規則までこの基準が変わることはなかった。この間、1895年には、この後の日本の学校建築スタイルの確立に大きな影響を及ぼしたとされている「学校建築図説明及び設計大要」も、文部省から出されている。佐藤秀夫は、「小学校設備準則」のめまぐるしい改訂に、「学校建築の基本パターンをこの際に何とか確定してしまおうとする権力側の焦慮にも似た『執着』の跡をみることができ」、あわせて「学校建築図説明及び設計大要」を出すことで、「学校建築の標準化・画一化をさらに具体的に進めようと図った」と述べている。では、どのように、日本の学校建築が定型化されていくことになったのだろうか。

　まずは、廊下である。明治初期の擬洋風校舎は中廊下式が多かった。ところが、「学校建築図説明及び設計大要」においては、中廊下式ではなく片廊下式を採用するようにという基準が示された。さらに、片廊下式を採用するとしても、設計大要では教室の向きを南または西南か東南とするように指示されていたが、夏の日差しが強く台風の影響も大きい西南地方では、逆に、北側に教室、南側に廊下を設ける学校が多かった。そもそも和風建築では南側に縁側を設けるので、南側に廊下を設けるのは自然な成り行きであり、地域ごと、学校ごとの事情に任せるという選択肢もあったはずである。しかし、廊下を教室の北側に設けるか南側に設けるかで廊下の南北論争に発展し、当時学校衛生主事であった三島通良が1901年に官報に掲載した論文において、衛生上北側廊下南側教室が好ましいと断定し、この論争に決着がついた。以降、日本の学校建

築においては、北側片廊下式に定型化されていくことになった。

　次に、教室である。上述の設備準則の複数の改定等を経て、4 間× 5 間の 20 坪が教室サイズの標準となった。当時の学級定員は 80 人なので、1 畳あたり 2 人ということになり、かなりのすし詰め状態である。戦後、文部省からの委嘱により日本建築学会から出された鉄筋コンクリート造校舎の標準設計においても、教室のサイズは 7m × 9m に定められた。1 間は約 1.818m であるから 4 間× 5 間とほぼ同サイズであり、明治中期に成立した教室サイズの標準が戦後にも引き継がれていることがわかる。

　さらに、校舎の外観も、先にみた明治初期の擬洋風校舎が文明開化を象徴する相当にインパクトのある外観であったのとは対照的に、明治中期以降は特色あるデザインや派手な彩色が施されていない地味な一文字形校舎が一般的となり、今日に至っている。こうした校舎のありようは、明治中期に校舎は「質朴堅牢」であるべきだと定められたことに由来している。喜多明人によれば、この「質朴堅牢」が初めて立法化されたのは 1891 年 11 月に改正された小学校設備準則においてであり、以降の 2 度の改正においても引き継がれている。1895 年の設計大要においても、「外観ノ虚飾ヲ去リ質朴堅牢」な校舎とするように述べられている。

　日本の学校風景にとっては、以上にみてきた「質朴堅牢」の北側片廊下型校舎に加えて、運動場が備わっていることも大きい。建物が密集している都心であっても、校舎前に運動場という広く空いたスペースがあるおかげで、敷地外からでも「質朴堅牢」な一文字形校舎が目に入りやすいのである。先の佐藤によれば、この運動場は 1900 年の第 3 次小学校令によって体操が必須科目となったことで、2005 年 3 月までにすべての小学校において設置が義務づけられることになったという。

　かくして、「質朴堅牢」な北側片廊下型校舎に運動場という形で、明治中期に日本の学校建築スタイルが確立され、今日に至るまで持続している。こうした定型化と並行して、先の佐藤や喜多が指摘しているごとく、地域住民による校舎の利用が禁じられていく。そのきっかけは、学校において集会を行うことを「教育上妨害少ナカラサル儀ニ付」禁止した 1881 年の文部省通達にさかのぼる。これは、自由民権運動の拠点として校舎が使用されていたことが背景にあったという。その後も、先述の第 3 次教育令において、災害発生の場合を

除いて校舎や運動場の「小学校ノ目的以外」での使用が禁じられるなど、明治初期に有していた学校のコミュニティセンターとしての役割は後退し、学校は子どもたちへの教育的な機能を担う場として特化していくことになる。

3－2. 定型化の背景

さて、以上のように、明治中期に「質朴堅牢」な北側片廊下型校舎に運動場という形で、日本の学校建築スタイルが定型化され、以降全国画一的に同じような学校風景が出現することとなるが、こうした定型化とそれが戦後も持続した背景についても述べておきたい。

背景としてまず指摘すべきは、小学校の就学率である。小学校の就学率は、1894年には6割、1899年には7割を超え、第3次小学校令において小学校への就学が無償化された1900年には8割を超え、2年後の1902年には9割に達する。このように、学校建築スタイルが定型化された時期は、小学校の就学率が急上昇した時期に重なる。学校に就学する子どもたちが急増する事態を前に、校舎に特色あるデザインを施す余裕や、子どもたちのみならず地域住民にとっても使い勝手のよい校舎を目指す余裕などは、まったくなかったであろう。加えて、先の喜多が指摘するのは、当時校舎の建設費は市町村負担であって財源に余裕はなく、それでいて就学を督促したい文部省としては、「質朴堅牢」という基準しかなかったということである。財源に余裕がないなかで、急増する子どもたちをいかに効率よく収容するかが追求された結果として、子どもたちへの教育的な機能を最低限担うことのみに特化した、「質朴堅牢」な北側片廊下型校舎という日本の学校建築スタイルが成立し、このスタイルにのっとって全国画一的に校舎が量産されていったのではないだろうか。

こうしたスタイルが戦後も継続したのは、戦後直後の学校や校舎が置かれた状況が背景にあるだろう。まずは、空襲によって校舎が甚大な被害を受けたという状況がある。校舎が空襲で焼失したために、運動場にて授業を行った「青空校舎」のエピソードはよく知られているであろう。あるいは、焼失した校舎の代わりに、兵舎や客車・バスなどを使用したケースもあったという。

しかも、戦後教育改革によって新制中学校が誕生したことも、校舎不足に拍車をかけた。戦後の教育改革に大きな影響を与えたのが、敗戦の半年後に来日したアメリカ教育使節団が1946年3月にGHQに提出した報告書である。

この報告書のなかで、6年間の小学校に続いて3年間の義務制の「下級中等学校」を設け、義務教育を6年から9年に延長することが提案された。この提案通りに戦後に誕生したのが、現在の中学校である。戦後の新制小学校は、1941年度から1946年度は国民学校であった、戦前の尋常小学校を引き継いでいる場合が多い。一方、戦前の旧制中学校は戦後は新制高等学校に引き継がれるケースが多く、戦後の新制中学校は戦前になんら母体をもたない、戦後教育改革によってまったく新しく誕生した義務制の学校である。戦後教育の理念を定めた教育基本法とともに、戦後の6・3・3・4制の学校制度を定めた学校教育法が公布されたのが1947年3月31日、この学校教育法に基づき新制の小学校・中学校が発足したのが翌日の1947年4月1日、新制の高等学校は1948年度からのスタートという、相当にタイトなスケジュールであった。戦前に母体のある小学校や高等学校ですら校舎が足りないという時期に、母体を持たない中学校においては校舎の確保により困難を極め、中学校単独で独立校舎を有して発足した新制中学校は全体の15%ほどでしかなかった。新制中学校はまさにゼロからの出発であり、独立校舎の確保が何よりの悲願だったのである。

　このように、戦後直後の学校においては校舎が足りない状況であり、校舎とは異なる建物を校舎として使用したり、運動場のほかにも廊下や体育館・講堂・昇降口などで授業を行ったり、二部授業、三部授業を余儀なくされたりした。さらには、戦後すぐのベビーブームの時期に生まれたいわゆる団塊の世代が学校に通うようになることで、校舎不足は一向に解消されないどころか、ますます深刻となる。以下に、『夕刊京都』の記事を拾いながら京都の場合をみてみよう。

　1953年10月22日には「校舎の天井に月が出た」との見出しで、井手町立泉ヶ丘中学校の校舎が戦時中の滑空飛行訓練場の宿舎を転用しており、天井が至るところ大穴が空いていて雨が降ると授業を中止しなければならないという状況が報じられている。翌1954年1月17日には、「通えば病気になる学校」というセンセーショナルな見出しで、旧陸軍野砲隊兵舎を転用した京都市立藤森中学校の校舎の惨状が危機感を持って報じられている。先ほど北側片廊下型校舎が明治中期以降の日本の学校建築スタイルであると説明したが、記事によれば、生徒らから「トンネル廊下」と呼ばれるくらい採光の悪い中廊下を採用

した建物であり、廊下の北側教室はまったく日が当たらず、体調を崩す生徒が南側教室に比べて圧倒的に多いという。さらには、床板の腐食が進んでおり、「毎日の清掃時には『とげ』をたてるものが一日平均2、3人を下らないといった状態で、大掃除には10人を超える負傷者を出すこともまれではな」く、「階下では2階のチョッとした振動にもホコリがパラパラと落ちて弁当も安心して食べられないくらいだから2階の床がいつ落下して大惨事を招くかも知れないというセッパ詰った危険にさらされている」という。経済白書に「もはや戦後ではない」と記述された1956年に至っても、2月8日付けの記事には「"校舎不足"ますます深刻」との見出しが付けられ、京都府下の小中学校では、教室不足から二部授業を行ったり、体育館・渡り廊下・階段などを教室として利用している状況が報じられている。

3‐3. 転換点としての1970年代

　以上にみてきたように、明治中期には、小学校への就学率が急上昇し、これに貧弱な市町村の財源でもって対応することを迫られたことを背景に、子どもたちへの教育的な機能を最低限担うことのみに特化した、「質朴堅牢」な北側片廊下型校舎という、日本の学校建築スタイルが成立した。このスタイルは、戦後しばらく校舎不足の状況が続いていくことで、今日に至るまで維持され続けることとなった。

　校舎不足の状況は、1950年代後半から1960年代にかけての高度経済成長によって改善されていく。1970年代までの日本の学校建築は、不足する校舎を確保するために量的拡充を進めてきたといえる。その動きが一段落した1970年代は、日本の学校建築、さらには日本の学校教育の転換点といえるだろう。校舎不足に端的に表れているように、1970年代を迎えるまでは「善きもの」としての学校が欠如しているという状況にあり、学校の量的拡充を目指すというコンセンサスが日本の社会で共有されていたであろう。1975年には、高等学校への進学率がほぼ100％に達し、進学したくても家庭の経済的事情により断念せざるを得なかった中学生が多数存在していたこれまでの状況からすれば、学校の量的拡充が一定達成されたといえよう。

　ところがこのことと並行して、同じ1975年に、それまで減少していた中学校における長期欠席者の割合が再び上昇に転ずる。1975年より前の時期と後

の時期では、長期欠席に対する意味づけが、家庭の経済的事情による長期欠席から、いわゆる不登校としての長期欠席へと転換している。滝川一廣は、ほぼ全員が高等学校への進学が可能となった途端、それまで学校が保持していた「聖性」や「絶対性」が消滅し、その必然的な結果として不登校としての長期欠席が増加していると指摘し、1975年に日本の学校教育の転換点を見出している。

　これまで量的拡充を目指してきた日本の学校教育の、質的充実を目指す試みへの転換が、次章〈第2章〉にみる1980年代以降の「第3の教育改革」なのかもしれない。学校建築についても同様に、子どもたちへの教育的な機能に特化した「質朴堅牢」な北側片廊下型校舎という日本の学校建築スタイルは維持されながらも、徐々にこうしたスタイルとは異なる校舎も、1980年代以降はみられるようになってきた。こうした「新しい」学校建築の動向について、次章でみていくことにしたい。

【参考文献】

天野郁夫・藤田英典・苅谷剛彦『教育社会学』放送大学教育振興会、1994

海原徹『日本史小百科〈学校〉』東京堂出版、1979（改訂新版1996）

江森一郎『「勉強」時代の幕あけ』平凡社、1990

咸宜園教育研究センター監修『図説咸宜園──近世最大の私塾』日田市教育委員会、2017

菅野誠・佐藤譲『日本の学校建築』文教ニュース社、1983

喜多明人『学校施設の歴史と法制』エイデル研究所、1986

京都市学校歴史博物館編『京の学校・歴史探訪』京都市生涯学習振興財団、1998

京都市学校歴史博物館編『学びやタイムスリップ』京都新聞出版センター、2016

くもん子ども研究所編『浮世絵に見る江戸の子どもたち』小学館、2000

近藤豊『明治初期の擬洋風建築の研究』理工学社、1999

小山静子・菅井凰展・山口和宏編『戦後公教育の成立』世織書房、2005

佐藤秀夫『学校ことはじめ事典』小学館、1987

佐藤秀夫『新版 教育の歴史』放送大学教育振興会、2000

佐藤秀夫『教育の文化史2 学校の文化』阿吽社、2005

清水重敦『日本の美術第446号 擬洋風建築』至文堂、2003

滝川一廣『家庭のなかの子ども 学校のなかの子ども』岩波書店、1994

長倉康彦・長沢悟・上野淳・小川信子・渡邉昭彦『新建築学大系29 学校の設計』彰国社、1983

箱崎和久『日本の美術第 538 号 近世の学校建築』至文堂、2011

橋本淳治・板倉聖宣「明治初期の洋風小学校の建設とその思想史的・経済史的背景」『教育学年報 6』世織書房、1997

ミシェル・フーコー『監獄の誕生』（田村俶訳）新潮社、1977（1975）

ピエール・ブルデュー，ジャン゠クロード・パスロン『再生産』（宮島喬訳）藤原書店、1991（1970）

S. ボウルズ，H. ギンタス『アメリカ資本主義と学校教育 I 』（宇沢弘文訳）岩波書店、1986（1976）

森重雄『モダンのアンスタンス』ハーベスト社、1993

『アメリカ教育使節団報告書』（村井実訳）講談社学術文庫、1979（1946）

第2章

教育改革と学校建築

1．1980年代以降の教育改革と学校建築

〈序章〉で述べたように、1980年代以降今日に至るまで30年以上にわたって、「第3の教育改革」を成し遂げるべく教育改革の動きが継続中であり、今日の学校はこの動向に巻きこまれ続けている。「第3の教育改革」というのは、明治初期の学制発布、戦後の教育改革に次いで、この2つの教育改革に匹敵するような教育改革を実現させようということである。「第3の教育改革」という文言自体は、すでに1971年の中央教育審議会答申において用いられているが、今日まで続く一連の教育改革の流れをつくったのは、1980年代の臨時教育審議会（以下、臨教審）であろう。臨教審は当時の中曽根首相直属で、1984年から1987年にかけて設置された審議会であり、期間中に4度の答申を出している。中曽根政権は、当時のアメリカのレーガン政権、イギリスのサッチャー政権と同様に、さまざまな分野で規制緩和を図り市場原理を持ちこむことによって競争を働かせようとする、いわゆる新自由主義的な政策を推進したことで知られている。このような新自由主義的な政策を、教育の分野にも導入しようと試みたのが臨教審であるということができよう。

日本国有鉄道からJRへ、そして日本電信電話公社からNTTへの民営化を成し遂げた中曽根政権下でも、教育の分野ではただちにそこまで徹底した新自由主義をもちこむことはできなかった。しかし、臨教審で議論された新自由主義的な教育改革が、学校選択制・学力テスト・民間人校長といった具合に、今世紀に入ると次々に実現しており、その点で「第3の教育改革」は臨教審から始まったととらえるのがよいだろう。

〈序章〉において確認したごとく、新自由主義的な教育改革、とりわけ今世紀に入って「ゆとり」教育から「学力」重視に舵を切って以降の教育改革の動きのなかでは、学校教育における多様な学びのなかから、数値で測定可能で生徒個別の「評価」に還元可能な「学習」のみが「学力」として取り出され、それが学校教育の「成果」として絶えず「評価」にさらされている状況であるといえる。こうした状況は、イヴァン・イリイチのいう「学校化」、すなわち、学ぶという自律的かつ創造的な相互行為が、あらかじめパッケージされた「学習」という商品の個別の消費に置き換えられていく様相としてとらえることが

可能なのではないか、ということも〈序章〉で述べたとおりである。

　さらに〈序章〉では、上記の状況を「中心」／「周縁」＝「境界」という図式で整理しておいた。すなわち、教育改革の動向に巻きこまれてますます「学校化」されている今日の学校においては、学校の持つ多様な意味や機能のうち、「中心」的な機能である子どもたちへの教育的な機能、しかも教育的な機能のなかでも数値で個別に測定可能な側面のみに特化しており、短期に明確には「評価」の難しい協同的な学びや創造的な学びは「周縁」に位置づけられ、さらには、たとえば地域社会の拠点であるといった、子どもたちに対する教育的な機能以外に学校が有する機能や意味も同様に「周縁」化されがちである。

　こうした「中心」に特化しがちな今日の学校の状況を、学校建築という「周縁」的な視点から相対化しようと試みるのが本書のもくろみであった。しかし、〈第 1 章〉においてみてきたように、明治中期（1895 〜 1905 年頃）に成立した日本の学校建築スタイルは、「質朴堅牢」な北側片廊下型校舎に運動場という、学校の「中心」的な機能である子どもたちに対する教育的な機能を担うことに特化したものであった。校舎のありようがこのように定型化していくなかで、地域住民の校舎の利用も禁じられ、学校が持っていたコミュニティセンターとしての役割も後退したのであった。

　しかし、このような日本の学校建築スタイルは維持されつつも、1980 年代以降、従来の日本の学校建築スタイルとは異なる校舎も登場するようになってきた。こうした「新しい」学校建築の動向としては、大きくは次の 2 点を指摘することができる。第 1 に、オープンスクール型校舎の、とくに小学校における流行である。第 2 に、学校を学校単体で建てるのではなく、他の（公共）施設を併設させる学校施設の複合化である。

　以下、オープンスクールと学校施設の複合化について、実際に訪問した学校建築事例を紹介しながら、みていくことにしたい。

2．オープンスクールをめぐって

2−1．「中心」的な空間と「周縁」＝「境界」的な空間

　オープンスクールについてみていくに先だって、まず、小学校・中学校・

高等学校までの学校と大学とで、校舎の造りにどのような違いがあるか、〈序章〉で示した「中心」／「周縁」＝「境界」という図式を用いて考えてみよう。

　小・中・高等学校と大学における敷地や校舎を含むあらゆる空間を、教育的に機能・用途が単一に定まる空間と、機能・用途が単一的に定まるが教育以外の機能・用途を有する空間、ないしは、そもそも機能・用途が多様もしくはあいまいな空間にわけてみるとどうなるだろうか。

　大学について考えてみると、学生ラウンジや食堂・コンビニ・理髪店など、必ずしも教育的に使われるわけではないスペースがふんだんに存在する。また、パソコンルームや図書館なども研究・教育上の活用を想定して設置されており、もちろんレポートの作成や授業での発表準備に勤しむなど想定どおりの使い方をしている場合もあるが、インターネットを楽しみながら空き時間を過ごすといった具合に、実際の学生の使い方は多様であろう。一方、多くの小・中・高等学校のパソコンルームは、授業でのみ活用される場合がほとんどであろうし、学校司書が不在の学校であれば図書室も同様であろう。廊下も、教室間を移動するための空間にほかならないはずだが、大学の廊下にはベンチが多数設けられており、授業時間にもかかわらずそこに腰掛けて話をしている場面に出会うことも多々ある。対照的に、小・中・高等学校の廊下には、「走ってはいけません」「右側通行」といった注意書きが貼られていることもしばしばであり、廊下が教育的に活用されていたりするのである。

　このように考えてみると、当初の設定においても、実際の使われ方においても、小・中・高等学校は、教育的に機能・用途が単一に定まる空間に埋め尽くされていることに気がつく。対照的に大学は、教育以外の機能・用途を有する空間、ないしは、そもそも機能・用途が多様もしくはあいまいな空間が多いことに気がつく。

　学校の「中心」的な機能は教育的な機能であるので、教育的に機能・用途が単一に定まる空間は、学校の「中心」的な空間である。一方で、教育以外の機能・用途を有する空間、ないしは、そもそも機能・用途が多様もしくはあいまいな空間は、「周縁」的な空間であるということができる。小・中・高等学校は「中心」的な空間で占められ、「周縁」的な空間は排除されているといえよう。

　対照的に大学には「周縁」的な空間が多く、その「周縁」的な空間に外部から大学の構成員以外の人々がやってくる。多くの大学の食堂やレストランは学生や教職員以外の地域住民も利用しているし、キャンパス内で近隣の子どもたちが遊んだり散歩したりしている姿をみかけることもしばしばであり、そもそも公道をまたいでキャンパスが広がっている大学も多い。私の勤務先の大学のあるキャンパスに至っては、複数設けられた校門のひとつに隣接して「墓地参道」の石碑が立っている。そこからキャンパスを横断しなければ、墓地にはたどり着かない。つまり、キャンパスの通路は墓地の参道を兼ねているのである。このように「周縁」的な空間が多いほど学校のソトとの接点も多く、「周縁」的な空間は学校のウチとソトが混在する「境界」的な空間であるともいえるだろう。

　大学も、もちろん学校教育法第 1 条に定めるところの学校である。しかし、以上にみてきたとおり空間に限っていえば、小・中・高等学校との違いは大きい。大きいと感じられないということであれば、当該の大学において、あるいは当人にとって、大学が「学校化」して立ち現れているということになるだろう。ともあれ、本書で学校といったときに、大学を除き小・中・高等学校に限定して考えているのは、このような見立てをしているからである。

2-2．オープンスペースは「周縁」＝「境界」的な空間なのか？

　では、ここでオープンスクールの話に移ろう。〈第 1 章〉で確認した日本の学校建築スタイルは、教室を直列に並べてその北側を片廊下でつなぐという北側片廊下型校舎であり、子どもたちへの教育的な機能を担うことに特化しており、「境界」的な空間は排除されているといえる。一方で、1980 年代以降に登場するようになったオープンスクールは、教室と廊下の壁をなくし、フレキシブルに多目的に使用可能なオープンスペース（ワークスペースなど学校によって名称が異なる）を付随させるものである。教室と廊下で完結していた従来の校舎に、オープンスペースといういわば「第 3 の空間」を挿入させる試みであるといえよう。本書の関心は、この挿入される「第 3 の空間」はどのような空間なのであろうか、ということである。それは「中心」的な空間なのか、それとも「周縁」＝「境界」的な空間なのか。

　以上の関心を持ちながら、オープンスクール型の校舎を紹介したい。まず

は、「教室＋廊下」の面影を残しつつ、両者の仕切りを外して廊下部分にオープンスペースを挿入させた、オーソドックスなタイプのオープンスクール型校舎を、次いで、もはや「教室＋廊下」の面影をとどめていない斬新な造りのオープンスクール型校舎を、みていくことにしたい。

淡路市立学習小学校（兵庫県淡路市、1987年竣工）

　学習小学校は、兵庫県の淡路島北部に位置する公立の小学校である。現在の校舎は1987年に竣工した鉄筋コンクリート造2階建て校舎である。用地取得費1億円あまりを含む、総事業費は9億円あまりである。

　普通教室は1学年2クラスの設計で、1学年でひとつのオープンスペースを共有する形になっている。普通教室は直列につながれ、その北側にオープンスペースが仕切りなく付随している。教室とオープンスペースに、廊下が並行している箇所もあり、「教室＋廊下」という従来型校舎の面影を残しつつ、両者の仕切りを外してその間にオープンスペースを挿入させるという、オーソドックスなタイプのオープンスクール型校舎であるといえる。教室・オープンスペース・廊下が並行しているところでは、廊下とオープンスペースの間は、ベンチとしてもローテーブルとしても使えそうな作り付けの低い仕切りがあるものの、教室・オープンスペース・廊下がひと続きの空間となっている。

　この学校で印象的だったのは、オープンスペースにあふれる子どもたちのモノの圧倒的な存在感である。オープンスペースという余白のスペースが、そこで過ごす子どもたちや教員によって存分に使いこなされ、この学校になじんでいるように思われた。

オープンスペースと普通教室

多目的ホール（左奥はオープンスペースと普通教室）

　普通教室とオープンスペース以外に目を転ずると、校舎の中心部に、1〜2階吹抜けの多目的ホールがある。オープンスクール型の校舎では、普通教室の周囲だけでなく、校舎の中心部にも大きなオープンスペースが設けられることが多い。この多目的ホールに隣接する普通教室は、ホールと仕切りなくつながっている。また、多目的ホールの運動場側の壁は全面ガラス張りであり、視覚的にも徹底的にオープンな造りとなっている。多目的ホールの片隅には、書架と読書用の机・椅子が置かれて図書コーナーとして活用されており、多目的という名称どおりに、多様な使われ方をしているようだ。

　オープンな造りに目が行きがちではあるが、ほかにも細かい工夫が随所にみられた。たとえば、図書室前の廊下にはベンチが設えられているが、これによって図書を閲覧するスペースが図書室内から廊下に拡張され、廊下が単なる通路以上の意味をもった空間となりうる。コンパクトな音楽室は、合唱や合奏がやりやすいように段差を設けて階段状に設えられている。また、階段の踊り場をガラス張りにすることで、外観的なアクセントをもたらすとともに、校舎内にいながら学校外の風景とつながっていくような仕掛けとなっている。

　以上のように、学習小学校の校舎は、オーソドックスなタイプのオープンスクール型校舎でありながら、随所に細かいひと工夫が光り、しかもそこで過ごす子どもたちや教員によって使いこまれることで、学校のありように存分になじんでいるように思われた。(2003年9月訪問)

池田町立池田小学校（岐阜県池田町、1980年竣工）

　池田小学校は、岐阜県大垣市より車で20分ほど北上したところに位置する池田町立の小学校であり、開校した1980年に工事費9億5000万円あまりをかけて、現在の校舎が竣工している。オープンスクールタイプの校舎であり、かつ同一敷地内に公民館や幼稚園（2005年度からは児童館）が併設された複合施設でもある。1980年代以降の学校建築におけるトレンドを、早くも1980年にユニークな形で取り入れた、先駆的な校舎である。

　なにより、普通教室とオープンスペースの配置が斬新である。普通教室は直列には並んでおらず、3つの教室でひとつのオープンスペースを取り囲む配置となっている。この3教室と1オープンスペースのセットが1学年のユニットであるが、オープンスペースに関しては2学年分が仕切りなくひとまとま

りの空間となっており、さらには教室どうしの仕切りは可動式なので、仕切り
を取り払えば2学年分全体が、低学年・中学年・高学年とひとつの大きな空
間となることも可能な造りである。

　訪問時には児童数の減少にともなって1学年2クラスで運営されており、
当初の想定からすると全校で6クラス少ないことになる。それゆえ、オープ
ンスペースに加えて教室として用意されたスペースも予備的なスペースとして
活用されており、地域の調べ学習で作成した成果物が掲示されていた。オープ
ンスペースに関しては、最初の訪問時にはわりとがらんとした印象を持った
が、再訪したときには、低学年用の図書コーナーが新たに設けられたり、子ど
もたちのTシャツが所狭しと干されていたり、制作途上の共同作品がそのまま
テーブルの上に置かれていたりと、子どもたちや学校のモノであふれかえって
いた。校舎が、子どもたちや教員に使われていくなかで、どんどん使い勝手の
良いようにアレンジがなされている印象をもった。

オープンスペースと6年生教室

オープンスペースと1年生教室

多目的ホール放送室

どうしても斬新な配置の普通教室やオープンスペースに目がいきがちであるが、ほかにも見所がある。個人レッスン室が4室備わった音楽室も驚きであるが、先にみた学習小学校同様、池田小学校においても校舎の中心部に多目的ホールが設けられており、しかもさまざまな趣向が凝らされている。多目的ホール全体を見渡せる（監視できる？）位置に空中に浮かぶように放送室が設置されており、また多目的ホールと隣接する体育館との間の仕切りは開閉可能で、仕切りを外すと多目的ホールと体育館が一体のスペースになるという。ちなみにこの仕切りは、年2回ほど地域の行事の際に開くという。多目的ホールでは、全校児童が給食をとるほか、ホール上方の壁には、歴代の卒業生が卒業制作で作成した「池田町のようす」「世界のくにぐに」「血液の流れ」などのパネルが掲げられており、また、放送室に至るらせん階段に隣接して「どうぶつえん」まで設置されていて、まさに「多目的」に使われているようだ。

このように、池田小学校の校舎は1980年竣工とは思えないほど斬新な設計であるが、その斬新さは、子どもたちや教員によって存分に受け止められているのではないかと思う。（2002年9月、2006年9月訪問）

以上、2校のオープンスクールをみてきた。2校のオープンスペースにおいては子どもたちや学校のモノが存在を主張しており、子どもたちや教員によって存分に使い込まれている印象をもった。しかし、新築の小学校では今やオープンスクールタイプの校舎は珍しくなくなり、教室と廊下の仕切りを外してオープンスペースを付随させただけで、子どもたちや教員と校舎とのかかわりの痕跡があまりないために、不必要に広くてがらんとした印象を受けることもしばしばである。上野淳は、1984年に文部省が「多目的スペース補助制度」を発足させ、その後10年の間にオープンスペースを有する学校が3000校を超すまでに増加した結果、「いたずらに広いがらんとしたスペースを設けることが時流にそったことと誤解される向き」があり、北側片廊下型校舎に代わる「オープンスクールという名のもとの画一化」が進行していることに、危機感を表明している。

では、そもそもなぜオープンスクールなのか。オープンスクール型校舎の計画・設計を手がけ、オープンスクールを日本の学校に導入することを推進してきた、先の上野や、長倉康彦、船越徹・飯沼秀晴らが、繰り返し語っている

のは次の点である。すなわち、今後の日本の学校教育は、従来の一斉教授型の「教える」システムから、個別的個性的に「学ぶ」システムに転換せねばならず、そのためには教室の壁を取り払ってオープンにし、オープンスペースを付随させることで、多様な学習形態にフレキシブルに対応できるようにしなければならない、ということである。また、長倉は、自身が提唱する「開かれた学校」について、オープンスクールによって教室を開くことに加えて、生涯学習社会に対応して地域に「開かれた学校」にしていく必要があることを、次にみる学校施設の複合化とあわせて語っている。

こうした語りは、1980年代以降の教育改革言説そのものである。たとえば、臨教審の最終答申は、今後の「教育改革の視点」として、「個性重視の原則」「生涯学習体系への移行」「変化への対応」の3つの視点を打ち出した。「個性重視の原則」が、オープンスクールが必要であることの理由として語られた、個別的個性的に「学ぶ」システムへの対応というということに重なっている。また、「変化への対応」といった際の「変化」とは、臨教審では国際化ならびに情報化のことを指しているが、この情報化に今後の学校建築が対応することの必要性についても、オープンスクールの必要性とセットで語られることが多い。さらには、どちらかというと次にみる学校施設の複合化との関連が強いが、生涯学習社会への対応が必要であるという認識も重なっているし、そもそも長倉の主張する「開かれた学校」は、臨教審第3次答申におけるキーワードである。

このようにみてくると、オープンスクールが必要な理由は、教育改革の動向に対応し、教育改革を後押しするためであるといえよう。フレキシブルに多目的に使えるオープンスペースが設けられたのは、個別的個性的に取り組むがゆえに生ずる多様な学習に対応するための教育的配慮なのである。先の船越・飯沼は、「学校全体が、子供たちの自発的な学習を引き出し、それを助ける装置・環境へと変質しなければならない」、オープンスクールの「オープンという言葉は、（中略）教育の内容や方法などのソフトな面においても、画一的で定型化したものを、多様で、個性的なものにしていくという意味が含まれている」と述べている。従来の教育を新しい教育に変える、つまり教育改革のためのオープンスクールなのである。先ほど、オープンスペースは学校の「中心」的な空間なのか、あるいは「周縁」＝「境界」的な空間なのかと述べたが、オー

プンスペースは学校のメイン機能である教育的な機能から導き出された空間であり、したがって、「周縁」＝「境界」的な空間ではなく、きわめて「中心」的な空間であるといえるのではないか。

　また、オープンスクールを訪れて気になるのは、死角がないという点である。〈第1章〉で、近代学校における一斉教授に対応した教室が、「一望監視装置」としての特徴を備えていることについて述べたが、オープンスクールでは、さながら学校全体が「一望監視装置」であるかのように感じてしまう。〈第3章〉でみる東野高等学校の建設に学園理事としてかかわった細井久栄は、オープンスクールの推進者が「生活の場」として学校をとらえていることに賛意を表しつつも、「生活の場」であるからこそむしろ、閉じた空間であるプライベートスペースが不可欠であり、プライベートスペースを持たないオープンスクールにおいては、子どもたちも教員も「衆人環境から逃げられない」ことを問題にしている。社会学者のリチャード・セネットも、外壁を全面ガラス張りにしたり、仕切りを外してオフィスをオープンスペースにするなど、現代の建築が可視性を高める傾向にあることを批判している。セネットによれば、オープンスペースでは、そこにいる人々が相互に監視しあうがゆえに沈黙が唯一の防御の形態となるという「可視性と孤立のパラドックス」に陥ってしまうのであり、「人々は間に何かはっきりわかる障壁があればあるほどますます社交的になる」のである。

　こうしたオープンスクールの死角のなさに対して、オープンスクールの推進者たちが手をこまねいているわけではない。オープンスクールには「デン」なる空間が用意されているのである。「デン」とは何か。先の船越・飯沼に寺嶋修彦を加えた3人は、次のように説明している。オープンスペースが、「あるタイプの子供たちにとっては落ち着く場所の少ない、身の置き所のない空間になっていた。このことが気になり、設計者は窓際に出窓状のコーナーを設けたり、ベンチを置いたりした。これを発展させたのが『デン』」であると。

　デンにもいろいろあって、塙町立常豊小学校（福島県）には「畳敷きの隠れ場所」がデンとして設けられていると知ったときには、考え込んでしまった。隠れ場所などというのは、子どもたちが自分で見つけていくような場所なのではないか。それを先回りしてあらかじめ用意してあげようという発想は、過剰な教育的配慮にほかならず、子どもたちを管理することにつながりかねないの

ではないだろうか。愛媛県で日土小学校をはじめとする複数の校舎を手がけた建築家の松村正恒は、次のように語っている。「今、オープンスクールということが盛んに言われますが、あれもひとつの管理教育だと思うのです。案外自由にさせているようで、そこから抜け出すことはできないようになっている」。デンという空間のことを考えると、松村の批判は正鵠を得ているように思う。

このようにみてくると、オープンスクールにおけるオープンスペースは、「周縁」=「境界」的な空間ではなく、教育的配慮に満ちた学校の「中心」的な空間にほかならないように思われる。

2‑3．デンという空間

いささか、論が先走りすぎたかもしれない。そもそもデンという空間について、ぴんとこない読者も多いであろう。そこで、デンが備わった学校を2校ほど、紹介したい。デンについても、オーソドックスなデン、次いでユニークなデンをみることにしたい。

鯖江市立中河小学校（福井県鯖江市、2005 年竣工）

中河小学校の現在の校舎は、建設総事業費 13 億 6000 万円をかけて 2005 年に竣工した、1学年2クラスで設計されたオープンスクール型の校舎である。低学年スペースと中・高学年スペースとでは、普通教室とオープンスペースの配置が異なる。

低学年スペースは、ひとつのオープンスペースを東側と南側から2教室ずつでL字形に取り囲む配置になっている。2教室と2教室が接する東南角には、オープンスペースとは本棚で仕切られた暗くて天井が低くベンチも備わった狭いスペース、すなわちデンが設けられており、クワイエットルームと称されている。本棚の左横に狭い入口が設けられており、本を持ってなかへ隠れることもできる。

一方、中・高学年スペースは4教室が一列に並び、その横に細長い長方形のオープンスペースが仕切りなく付随している。このオープンスペースの端に、木の壁と本棚で仕切られた、小屋のようなクワイエットルームが設けられている。オープンスペース側とは木の壁で仕切られ、教室側の壁一面は本棚になっている。オープンスペース側の木の壁の中心部に幅の狭い入口があり、な

かに入ると、低学年のクワイエットルームよりは広いが同様に暗く、ベンチが設えられている。

　このクワイエットルームは、子どもたちによってさまざまに使われているという。教員から教えていただいたエピソードのなかでたいへん印象に残ったのは、教員を交えた児童会の会議ではなにも決まらないのに、児童会役員だけでこのクワイエットルームで「密談」して出てくると、すべてが決まっているというエピソードである。料亭やホテルでの密談で万事が決定される、どこかの国の政治をみているかのようである。おそらくこうした使われた方は、この空間に対する当初の想定を超えているであろう。

　クワイエットルーム以外にも見所があり、とくに校舎の西端を南北にジグザグに蛇行して貫いているラーニングセンターに存在感がある。ラーニングセンターのいちばん北側に 1 〜 2 階吹抜けのシアターがあり、全校児童 250 人（訪問時）がすっぽりおさまり、集会などが行われている。シアターには、パソコ

低学年クワイエットルーム

中・高学年クワイエットルーム

ラーニングセンター（手前はシアター、奥はパソコンコーナー）

ンコーナー・図書コーナーが隣接しているが、それぞれが壁で仕切られずにつながっており、そのつながれ方も、階段を昇ったり降りたり蛇行したりと、起伏に富んでいる。木がふんだんに用いられ、照明は越前和紙で覆われて光がやわらげられているなど、図書コーナーの作り付けの書棚も含め、落ち着きのあるしゃれたエリアとなっている。それゆえか、パソコンコーナー下をくりぬいて設けられた廊下に面した小スペースを、いつも居場所にしている子どもがいるそうである。クワイエットルームという用意されたデンではなく、自ら「デン」をあみだしているといえるかもしれない。（2006 年 12 月訪問）

棚倉町立社川小学校 （福島県棚倉町、1997 年竣工）

　社川小学校の現在の校舎は 1997 年に竣工し、体育館のみ翌 98 年の竣工である。工事費は約 12 億円。敷地は 7.3 ヘクタールに及び、その東半分を広大な学校林が占めている。校舎は敷地の中心部に位置し、その西側は運動場となっている。

　校舎の東側・南側に隣接する雑木林や灌漑用の溜池は、「感性の教育の場（エコミュージアム）」と位置づけられ、校舎と一体のものとして計画された。雑木林に隣接している南東方向から運動場のある北西方向にかけて、敷地全体に緩やかな傾斜があるが、校舎はこのもともとの傾斜地形を、そのまま活かした造りとなっている。

　校舎は、運動場に面した中央棟を西側にして時計回りに、管理棟・特別教室棟・体育館・高学年棟・中学年棟・低学年棟が、中庭と音楽堂を囲む形で楕円形に配置され、それぞれが独立した建物となっている。中央棟・管理棟・特別教室棟・体育館までが中庭より北側に配置され、普通教室 3 棟は南側に配置されている。全体的に、躯体は鉄筋コンクリート造、内部は木造になっており、外観のコンクリート打放しと、いたるところに木がふんだんに用いられた内装とのコントラストが印象的であった。

　普通教室は、東から順に高学年棟・中学年棟・低学年棟がそれぞれ平屋建ての独立した建物として並んでおり、もともとの傾斜地形にあわせているため、この順に 2 階から 1 階レベルの高さへと低くなっていく。普通教室前の廊下はゆるやかに右にカーブを描きながらなだらかに下っていき、中央棟 1 階の多目的ホールに至る。

　それぞれの普通教室棟は、1学年1クラス、各棟それぞれ2クラスずつの設計で、2つの教室とオープンスペース・トイレ・カウンター付きの教師スペース、そしてデンが、壁で仕切られずにひとつ屋根の下におさまっている。それぞれの建物内部はこのようにきわめてオープンな造りになっているが、一方で、低・中・高学年ごとのまとまりを重視してお互いを独立させることによって、メリハリが付いている。内部は柱をはじめ、天井や床・壁に至るまで木の存在感が圧倒的であった。また、隣接する雑木林へと誘うように、教室と外部の仕切りはガラス張りであり、教室内部にいても視覚的に雑木林とつながっていて、物理的にもすぐに雑木林に出られるようになっている。ただ、自由に雑木林に出てよいにもかかわらず、子どもたちは運動場で遊ぶことが多いという。

　デンももちろん木造であるが、3つのデンはすべて仕様が異なる。高学年棟のデンはカーペット敷きの小スペースになっており、部屋全体が明るいなかデ

高学年棟デン

中学年棟デン

低学年棟デン

音楽堂

ンの一角だけ暗く、そこに円形にくり抜かれた窓からさし込む日の光には神々（こうごう）しさすら感じる。中学年棟のデンは障子が付いた畳敷きの小上がりになっており、和紙に包まれた照明が天井から吊るされて、さながら居酒屋の個室のような趣である。以上2つのデンは、ともに部屋の隅の方に位置するのに対し、低学年棟のデンは教室と教室の間に位置する2階建ての小屋となっている。ただし、子どもたちに聞いてみると、2階部分には昇らないように指導されているようである。

なお、私が2007年に訪問したときには、2〜6年生は想定どおり1クラスであったが、1年生が2クラスであった。そのため、オープンスペースも教室として動員することで中学年棟に2〜4年生の3学年が同居し、低学年棟は1年生2クラスが使用していた。

廊下はガラス張りで、ラウンジと称するベンチスペースが設けられている。また中庭には八角形でとんがり屋根の音楽堂があり、その東側には音楽堂をステージとする野外劇場が設けられ、客席は敷地の傾斜に合わせて階段状に設えられている。

このように、社川小学校の校舎は、雑木林が隣接し傾斜があるというもともとの地形・環境を活かして設計がなされ、木とガラスが多用されることによって、視覚的・物理的にこの地とつながりうる仕掛けがふんだんに盛り込まれており、この地と一体のものとして校舎を造ろうとした意思が現れているように感じられた。(2007年9月訪問)

以上、2校のデンをみてきた。「教室＋廊下」で完結する従来の日本の学校建築スタイルには存在しない、ユニークな仕掛けではあるとは思う。一方で、先に記したとおり、子どもたちに先回りして隠れ場所であるデンを用意してあげようとする過剰な教育的配慮が、子どもたちを管理することと紙一重であることも危惧するところである。しかし、中河小学校のクワイエットルームにまつわるエピソードは、子どもたちに隠れ場所としてデンを用意してあげようという発想も、そういう発想は子どもたちの管理につながるという危惧も、当の子どもたちはかるがると出し抜いて、自律的かつ創造的にデンという空間とかかわっていることを物語っている。そもそも、用意されたクワイエットルームではないスペースを居場所にしている、つまり自ら「デン」をあみだしている

子どももいるのであった。そうであるならば、デンについての語りをやめて、教育的な機能からはみ出す「周縁」的な「余白」・「遊び」の空間として、この空間を子どもたちに委ねるのがよいのかもしれない。

3．学校施設の複合化をめぐって

3−1．学校施設の複合化

　オープンスクールと並ぶ、1980 年代以降の学校建築のもうひとつのトレンドは、学校施設の複合化である。それは、学校と他の施設を併設することである。学校に併設される施設は、図書館・公民館・保育園・幼稚園・高齢者福祉施設といった公共施設がほとんどであるが、〈第 5 章〉でみる京都市立京都御池中学校の場合、中学校に高齢者福祉施設・保育園・市役所のオフィス（現在は撤退）が併設されているほか、大通りに面した 1 階部分には民間の店舗が入っている。

　この間、文部（科学）省は学校施設の複合化を推進してきた。1991 年には都道府県教育委員会宛に「学校施設の複合化について」という通知を出し、また 1997 年 10 月と 1999 年 6 月には文部省に設置された学校施設整備指針策定に関する調査研究協力者会議による報告書『複合化及び高層化に伴う学校施設の計画・設計上の配慮について』と『高齢者との連携を進める学校施設の整備について』をそれぞれ公表した。最近では、2015 年 11 月に文部科学省に設置された学校施設の在り方に関する調査研究協力者会議による報告書『学習環境の向上に資する学校施設の複合化の在り方について』を公表している。これらの報告書によれば、学校施設の複合化においては、併設された施設相互の交流を通して、少子高齢化社会・生涯学習社会に対応した「学校と地域社会の連携」が目指されている。また、複合化することで学校単独で整備するよりも、「子供たちに多様な学習機会を創出するとともに、地域コミュニティの強化、ひいては地域の振興・再生に寄与すること」が期待されている。

　こうした推進施策もあって、『学習環境の向上に資する学校施設の複合化の在り方について』によれば、2014 年 5 月時点で「公立小中学校の複合化事例は、全国で 10,567 校あり、公立小中学校数全体の約 35 ％を占めている」という。もっとも小中学校と他施設との複合事例延べ 1 万 3394 件のうち、放課後

児童クラブ（学童保育）との複合化は6333件、地域防災用備蓄倉庫との複合化は5553校である。これら2施設以外の、すなわち当該小学校の児童と重複しない利用者が日常的に存在する施設との複合化事例は、1508件にとどまっている。

ところで、上記の通知や報告書において、学校施設の複合化が必要な理由として語られていることも、オープンスクールと同様に1980年代以降の教育改革言説と連動している。先にみたとおり、臨教審の最終答申における今後の教育改革の3つの視点のうちのひとつが「生涯学習体系への移行」であるし、「学校と地域社会の連携」ないし「学校・家庭・地域社会の連携」も、この間の教育改革のキーワードのひとつである。たとえば、2002年度より実施されている完全学校週5日制は、1996年の中央教育審議会答申で「学校・家庭・地域社会の連携」とセットで提言されたことを受けたものである。「子供たちに多様な学習機会を創出する」ことも目的に掲げられているくらいなので、学校施設の複合化も、校舎が「中心」的に担う教育的な機能からその必要性が導き出されている。

そうであったとしても、本書の関心は次のようなところにある。これまでにも述べたように、学校というところは、「周縁」＝「境界」的な空間が排除され、教育的な機能を担う「中心」的な空間に特化した「共同体」である。学校施設の複合化は、教育的な機能を担うべく推進されているとはいえ、教育的な機能が「中心」である学校に、他の機能を担う施設を併設させることであるので、学校のウチ側に「他者」が入ってくることになる。そうであれば、学校のなかにウチとソトが混在し、学校という「共同体」が相対化されるような「境界」的な空間が立ち上がることもあるのではないか。このような関心を持ちながら、学校施設の複合化が行われた校舎をみていくことにしよう。

3−2．学校施設の複合化の先進地を訪ねて

まずは、学校施設の複合化が進んでいる、東京都千代田区に焦点を当てる。東京都千代田区では、佐久間小学校の新校舎が、佐久間幼稚園・いずみ保育園・教育研究所・ちよだパークサイドプラザ（区民図書室、多目的ホール、会議室、集会室、学童保育室、幼児・児童室）との複合施設として1987年に竣工したのを皮切りに、学校施設の複合化が進められてきた。千代田区において複合施

設の建設が進められた背景には、学校統廃合がある。千代田区では、それまで 14 校あった小学校、14 園あった幼稚園を、それぞれ 8 校・8 園とする学校統廃合を 1993 年に実施した。若林敬子や酒川茂によると、この統廃合に対しては、狭い敷地に子どもたちを詰め込むことで教育環境の悪化につながるといった批判や、多くの小学校が明治初期に創立された伝統校であることから、8 校を新規に開校し 14 小学校すべてを閉校にするのは伝統や歴史を無視するものであるなどの批判にさらされ、地域住民からの根強い反対があった。酒川によれば、「統廃合に際しては、学校施設の開放によるコミュニティスクール化、生涯学習（関連）施設との複合化を考慮する旨の指針も示された」ということで、結果として、統廃合によって新たに開校した小学校が次々と複合施設となっている。統廃合に先駆けて複合施設となっていた佐久間小学校も 1993 年に今川小学校と統合して和泉小学校となり、複合施設である校舎は和泉小学校に引き継がれて今日に至っている。

　千代田区立の小学校は幼稚園と一体で整備されてきた経緯があり、同一敷地内に併設という点では、千代田区立の小学校はもともと幼稚園との複合施設であったともいえる。ただ、統廃合後の千代田区立小学校の新設校校舎にみられる複合施設の特徴は、同一の建物における併設であり、さらに幼稚園に加えて他の施設も併設されていることである。この特徴に合致する複合施設を校舎とする小学校は、8 小学校中 5 小学校となる。5 小学校と併設施設を一覧にしたものが次頁の表である。

　千代田区立小学校 8 校のうち 5 校で、同一の建物内に 3 施設以上が併設された複合施設が整備されている点で、千代田区は学校施設の複合化の先進地であるといえよう。さらに目を引くのは、5 小学校のうち 3 小学校が図書館との複合施設であるという点である。先述の『学習環境の向上に資する学校施設の複合化の在り方について』によれば、小中学校と他施設との複合事例延べ 1 万 3394 件のうち、図書館との複合事例は全国にたった 45 件しかないことからすると、千代田区の小学校の図書館との複合化の事例は際立っているといえよう。そこで、本書では、千代田区における小学校と図書館との複合化に着目してみたい。

　学校にある学校図書室と一般の図書館とでは、想定される利用者が「子ども」なのか大人も含めた「一般」なのかで異なるし、したがって求められる役

千代田区立小学校の複合施設校舎

小学校	竣工年	併設施設
和泉小学校 （竣工時は佐久間小学校）	1987 年	いずみこども園（竣工時は、佐久間幼稚園、いずみ保育園）、ちよだパークサイドプラザ（区民図書室、多目的ホール、会議室、集会室、いずみこどもプラザ〈竣工時は、学童保育室、幼児・児童室〉、いずみ子育て広場） ※竣工時は、さらに教育研究所も併設されていた
昌平小学校	1996 年	昌平幼稚園、神田児童館、昌平まちかど図書館、小学館アカデミー昌平保育園
千代田小学校	1998 年	千代田幼稚園、教育研究所、神田まちかど図書館、マミーズエンジェル千代田保育園、児童家庭支援センター、子ども発達センターさくらキッズ
麹町小学校	2003 年	麹町幼稚園、麹町区民館、麹町出張所
富士見小学校	2010 年	ふじみこども園、富士見わんぱくひろば

※各学校の学校要覧、ならびに章末に掲げた参考文献をもとに作成。なお、下線を付した施設は、竣工時には存在せず、後に併設された施設である。

割も違ってくるだろう。学校図書室は、学校司書が常駐している場合は別として、読書指導や授業など学校の教育活動の一環としてのみ利用されることが多いだろう。また配架されている図書も、「教材」としての位置づけを獲得することができた「子ども向け」の図書が中心になりがちである。しかしながら、学校に一般の図書館を併設させるとなると、本来ならば学校のウチ側に存在しない大人の文化という「異文化」や、図書館利用者や図書館スタッフといった「他者」が、学校のなかにやって来ることになり、学校のなかの「境界」的な空間が生成する可能性を有しているのではないだろうか。このような観点から、千代田区における小学校と図書館との複合施設をみてみよう。

千代田区立千代田小学校（東京都千代田区、1998 年竣工）

　千代田小学校は神田駅から徒歩5分のところにあり、その校舎は併設された施設も含めて、神田さくら館と名付けられている。神田さくら館は、1998年に竣工した地上7階地下2階の複合施設である。竣工当初は、千代田小学校のほか千代田区立千代田幼稚園・神田まちかど図書館・千代田区立教育研究所が併設されており、現在はさらに、マミーズエンジェル千代田保育園・児童家庭支援センター・子ども発達センターさくらキッズの3施設が加わっている。なお、神田まちかど図書館は、千代田区立千代田図書館の分館である。

　神田さくら館は旧神田小学校跡地に建てられているが、旧神田小学校は関東大震災の復興事業として建設された復興小学校である。〈第 6 章〉でも述べるが、復興小学校とセットで小公園が整備されることが多く、神田さくら館の西側にも神田公園が隣接している。神田公園が隣接していてくれたおかげで、なんとかおおよそ全景を写真に納めることができたが、それにしても巨大な建物であり、なかなか既存の小学校校舎のイメージとは重ならないだろう。

　神田公園側からみると、神田さくら館には 3 か所の入口が並んでいる。向かって左側の入口が保育園の玄関、中央の入口が小学校と幼稚園の玄関、右側の入口が教育研究所・さくらキッズ・児童家庭支援センターの玄関となっている。6 階にあるさくらキッズと児童家庭支援センター、7 階にある教育研究所へは、1 階入口からエレベータで直行する。なお、神田まちかど図書館の玄関は、これら 3 ヵ所の入口とは建物の反対側にある。

　小学校の昇降口を通過すると多目的ホールがあり、また小学校の普通教室部

神田公園からみた外観

プール

神田まちかど図書館

神田まちかど図書館内の学校図書室

分は、学年ホールが壁なく付随するオープンスクールタイプの造りとなっている。幼稚園と小学校が共用する校庭（運動場）は2階にあり、また地下には地下1～2階吹抜けのスポーツクラブと見まがう立派なプールがあり、幼児用プールに加えてジャクジーまで付いている。「学校と地域社会の連携」を志向する複合施設らしく、学校が使用しない時間帯は校庭やプールなどの施設を地域に開放している。平日であれば午後6時～9時に、地域住民に加え千代田区に在勤・在学であれば利用可能な校庭は、絶えず予約でうまっているほどの盛況であるという。また、プールは2時間あたり区民400円・一般600円で利用でき、こちらも盛況であるという。こうした地域開放の受付は、神田まちかど図書館のカウンターで行っている。

　2階校庭の下にあたる1階部分に、神田まちかど図書館がある。小学校部分には学校図書室はなく、学校図書室と神田まちかど図書館とが同一のスペースを共有する形になっている。訪問前には先述のように、学校のウチ（「子ども」）とソト（「一般」）との出会いを期待した。しかし、実際に訪れてみると、両者がワンルームであるにもかかわらず、小学校側の一角が学校図書室ゾーンとしてロープパーテーションで区切られている。学校図書室と小学校部分とは鉄の扉で仕切られており、小学校側からいえばこの扉を開けたすぐのところに学校図書室ゾーンがあるということになる。

　神田まちかど図書館はビジネスパーソンの利用が多いこともあって、教員は、子どもたちが一般ゾーンの利用者に迷惑をかけないか気を使っているようである。それゆえ、子どもたちが教員とともに学校図書室にやってくるときには、一般ゾーンは利用せず学校図書室ゾーンにとどまりがちであるという。なお、この学校図書室ゾーンは、子どもたちが使用しない給食時間と放課後は一般利用者にも開放されている。また、放課後は、千代田小学校の子どもたちは小学校側からではなく神田まちかど図書館の玄関より入館し、「千代田小学校児童」ではなく「千代田区民」として、神田まちかど図書館を利用するという。

　以上のように、神田さくら館は複合施設ではあるが、併設されている各施設の利用者どうしの動線は基本的にクロスしないように徹底されており、ワンフロアである神田まちかど図書館ですら、一般ゾーンから学校図書館ゾーンの一角が区分けされている。ただ、子どもたちが使用しない時間帯の学校施設は地

域開放され、利用者も多数いて盛況である。(2003 年 11 月、2014 年 9 月訪問)

千代田区立昌平小学校 (東京都千代田区、1996 年竣工)

　秋葉原に立地する昌平小学校は、1996 年に建設工事費約 79 億円をかけて竣工した、地上 6 階地下 2 階の複合施設である昌平童夢館のなかにある。竣工当初は、昌平小学校・千代田区立昌平幼稚園・千代田区立神田児童館・昌平まちかど図書館が併設されており、現在はここに、小学館アカデミー昌平保育園も加わった 5 施設の複合施設となっている。なお、昌平まちかど図書館も千代田区立千代田図書館の分館である。

　昌平童夢館は旧芳林小学校跡地に建てられているが、旧芳林小学校も復興小学校であり、北側に隣接している芳林公園も復興小学校とセットで整備された小公園である。公園のおかげで全景を撮影することができたのも神田さくら

芳林公園からみた外観

玄関（足元に 4 本のライン）

学年ホールと普通教室

普通教室からみた学年ホール（手前の本棚は
学校図書室の図書、奥の本棚は学級文庫）

館と同様で、やはり昌平童夢館も巨大ビルである。ただ、神田公園と異なるのは、芳林公園は午前7時～午後7時のみの開園で、その他の時間帯は閉鎖される点である。さらには、開園している時間帯も午前中は子ども専用ということで公園入口は施錠し、子どもたちは昌平童夢館2階にある昌平小学校昇降口付近から道路上に架かる歩道橋を渡って公園を使用するという。

北側の芳林公園側が昌平童夢館の正面となっており、玄関前に立つと地面には4本の白線が引いてあり、左から順に、図書館、小学校、幼稚園、児童館・保育園の入口へとつながっており、これにしたがって歩いて行けば目的の施設へ迷わずたどりつけるようにしてある。このラインがすべてを物語っているように、ここも神田さくら館同様、それぞれの施設の利用者どうしの動線は分離されている。ただし、施設間の連携はみられるようで、幼稚園と保育園はどちらも1階にあって幼保一体施設として運営されている。なお、保育園と入口が同じ児童館は、5階に配置されている。また、図書館は1階に配置されている。

玄関まわりは1～2階吹抜けのホールになっていて、小学校へは階段を上がって2階から入っていく。小学校部分は中心部分に、2～3階吹抜けの多目的ホールと4～5階吹抜けの体育館が位置しており、これらを東西から挟む形で、2階は1年生教室と2年生教室、3階は3年生教室と4年生教室、4階は5年生教室と6年生教室が配置されている。

1学年は、2普通教室＋1学年ホールのユニットで形成されている。教室に付随するオープンスペースである学年ホールは、これまでみてきた他の小学校のオープンスペースと比べても相当広い。しかし、がらんとした印象は受けない。なぜなら、このスペースに置かれている図書に存在感があるからである。

まず、学年ホールの壁際に高い書架が設えられており、学級文庫となっている。さらに、学年ホールの2クラスを仕切る位置にも低い書架が設置されている。ここには、昌平まちかど図書館内にある学校図書室の図書が整理されている。千代田区立の全図書館の蔵書につながる図書検索には、昌平小学校図書室の図書はかからないようにしてあり、千代田図書館内に設置された千代田区読書振興センターから学校を訪問する学校支援司書が、1階の学校図書室の図書を教員の要望に応じて上階の学校部分に持って上がっているのである。学校図書室の蔵書のうち上階の学校部分に持って上がっている図書は全体のおおよ

そ 3 分の 2 を占め、1 階の学校図書室に残っているのは 3 分の 1 ほどでしかないという。このように、学年ホールに学校図書室と学級文庫の図書が共存していて存在感があることが、広さの割にがらんとした感じがしないことにひと役買っているのではないだろうか。

さて、昌平まちかど図書館だが、学校図書室とワンフロアでありながら学校図書室部分だけ区分けされているのは、神田まちかど図書館と同様である。また、給食時と放課後に学校図書室を一般利用者に開放しているという点も同様である。子どもたちが学校図書室を利用する際には、ふらっとくつろぎにくるという感じではなく、調べ学習とか読みたい本があるといったような何らかの目的をもって来室しているようである。昌平まちかど図書館の利用者は地域住民が多いが、教員は子どもたちが迷惑をかけないか気を使っているようである。

ただ、神田まちかど図書館と違うのは、学校図書室の位置である。昌平小学校図書室を学校側からアプローチする際には、まずは昌平まちかど図書館の一般ゾーンを通りカウンターを通過しないとたどりつかない。両まちかど図書館ともに、学校図書室の図書もまちかど図書館カウンターで一括管理しているが、そのカウンターを学校図書室の利用時には必ず通過することになる。昌平まちかど図書館の司書は、子どもたちに「図書の先生」と呼ばれいろいろなことを尋ねられているというが、こうした配置によるところもあるのかもしれない。

昌平童夢館の 6 階は開閉式ドームを備えた屋上校庭（運動場）となっている。また神田さくら館と同様、地下には地下 1〜2 階吹抜けの、幼児用プール・ジャグジー付きの立派なプールが配置されている。神田さくら館同様、屋上校庭・プールをはじめ学校施設を地域開放していて、昌平まちかど図書館のカウンターで受付を行っている。とりわけ昌平小学校の場合、全天候型の屋上校庭が大人気で、たとえば、1 か月分の予約開始初日に 30 の貸出時間枠すべてが埋まることもまれではないらしい。多目的ホールも小学校の作品展会場となるほか、ダンスや音楽祭などで地域へ貸し出しているというし、プールも千代田小学校と同様の開放をしており、同様に盛況であるという。

以上のように、昌平童夢館も神田さくら館と同様に、複合施設ではあるが併設されている各施設の利用者どうしの動線は基本的にクロスしないように徹底

されている一方、子どもたちが使用しない時間帯の学校施設は地域開放され、利用者も多数いて盛況である。昌平まちかど図書館も、ワンフロアでありながらそのなかで学校図書館ゾーンが区切られているのは神田まちかど図書館と同様である。ただ、神田まちかど図書館と異なる点も見受けられる。ひとつは、学校図書室の配置が異なり、昌平小学校の子どもたちが学校図書室を利用する際には、一般利用者の動線とクロスせざるを得ないということである。もうひとつは、図書検索システムの運用上の違いもあって、学校図書室の図書を学校部分に持って上がることが可能であり、それゆえ昌平小学校のオープンスペースが広さの割には充実しているようにみえることである。(2014 年 9 月訪問)

千代田区立和泉小学校 (東京都千代田区、1987 年竣工)

　秋葉原駅から東へ徒歩 7 分のところにある和泉小学校の校舎は 1987 年に竣工し、地上 7 階地下 1 階の校舎内に、現在は、いずみこども園・ちよだパークサイドプラザが併設されている。竣工時には、和泉小学校は千代田区立佐久間小学校であり、竣工当初と現在とで複合施設を構成している施設も異なっており、その変遷を示したものが下の表である。

　和泉小学校へは敷地の南側からアプローチするのに対し、いずみこども園・ちよだパークサイドプラザの入口は敷地の東側に隣接する和泉公園に面している。和泉公園は北側に隣接する三井記念病院の建て替えにともなって再整備されたようで、新しい遊具が配置され、広々としていてきれいに手入れされている。公園と建物が壁で仕切られずに隣接しているため、公園も敷地の一部であ

ちよだパークサイドプラザと併設施設の変遷

竣工時 (1987 年)	現在 (2016 年 2 月訪問時)
千代田区立佐久間小学校〔地下〜5 階〕	千代田区立和泉小学校〔地下〜5 階〕
千代田区立佐久間幼稚園〔1 階〕 千代田区立いずみ保育園〔1 階〜2 階〕	いずみこども園〔1 階〜2 階〕
千代田区立教育研究所〔5 階〕	→現在は、千代田区立千代田小学校に併設
ちよだパークサイドプラザ (区民図書室〔5 階〕、多目的ホール〔6 階〜7 階〕、会議室〔7 階〕、集会室〔7 階〕、学童保育室〔6 階〕、幼児・児童室〔6 階〕)	ちよだパークサイドプラザ (区民図書室〔5 階〕、多目的ホール〔6 階〜7 階〕、会議室〔7 階〕、集会室〔7 階〕、いずみこどもプラザ〔6 階〕、いずみ子育て広場〔5 階〕)

るかのようにみえる。実際、公園と建物の間に位置する花壇は、いずみこども園の子どもたちが手入れをしているようである。

　公園に面した入口から建物に入ると、ちよだパークサイドプラザの受付と区民ロビーが設けられている。ちよだパークサイドプラザへはエレベータで直行し、平日の日中は学校が配置されている 2 〜 4 階にはエレベータは止まらない。建物内には階段もあるが、階段部分はロープパーテーションで区切られ、「職員以外の方は、階段での移動は、ご遠慮下さい」と書かれた看板が立てられている。

　このように、入口も違い、建物内の動線もクロスしないので、ちよだパークサイドプラザ部分にいると、小学校との併設施設であるという感じはまったくない。ただ、千代田小学校や昌平小学校と同様に、和泉小学校もプール・体育館・音楽室・家庭科室・図工室の地域開放を行っている。開放された学校施設の利用受付は、ちよだパークサイドプラザの多目的ホール・会議室・集会室の利用受付と併せて、ちよだパークサイドプラザ受付が一括で行っている。これは、ちよだパークサイドプラザが開館した当初からの特徴であったようで、ちよだパークサイドプラザの元館長である黒澤功は、「受付窓口の一元化を図ったことにより、利用者はその活動内容に適した施設を学校およびプラザから選べることになった訳であり、そのメリットは大きい」と述べている。

　さて、ちよだパークサイドプラザ区民図書室であるが、神田、昌平両まちかど図書館とは異なって、学校図書室と空間を共有しているわけではなく、和泉小学校図書室は和泉小学校内に別途設けられている。ちよだパークサイドプラ

ちよだパークサイドプラザ外観　　　　　　　ちよだパークサイドプラザ区民図書室
（右は和泉公園、左は和泉小学校運動場）

ザが開館したときには区民図書室と学校図書室が隣接しており、区民図書室が貸出返却専用図書室で閲覧室がないために、両者を仕切る中扉を開けて、区民図書室利用者に学校図書室を開放していたようである。しかし私が2016年に訪問したときには、区民図書室の隣室は子どもたちが放課後に勉強する和泉学習教室となっていて、そのような利用はなされていなかった。また、先の黒澤は、「区民図書室は、学校授業の中でも利用することが認められているので、児童の学習意欲の向上や読書量の増加に貢献して」おり、「区民図書室は学校図書室の別室のような存在でもある」と述べているが、訪問時の状況としては、授業中に子どもたちが区民図書室に来室することはほとんどないということであった。

　以上のように、和泉小学校に併設されているちよだパークサイドプラザ区民図書室だが、日常的に両者が併設されているということを意識することはなく、また両者の直接的なかかわりはほとんどみられない。ただ、平日の昼間は、地域住民のほか近隣のビジネスパーソンの利用が多い一方で、区民図書室には児童用の図書も置いてあり、また受付奥に絵本が配架された幼児コーナーが設けられ、他のフロアからやや閉じたスペースとなっている。そうしたこともあって、和泉小学校の子どもたちも放課後に本を借りにくるそうである。また、いずみこども園の子どもたちが迎えにきた保護者とともに帰りに立ち寄って本を借りたり、あるいはいずみこどもプラザの学童保育を利用している子どもたちが保護者の迎えが来るまで幼児コーナーで過ごしたりもしているそうである。区民図書室では区民図書室に配架されている図書に加え、千代田区立の全図書館から図書の取り寄せが可能なので、学校図書室の図書に飽き足りない本好きな子どもにとっては、放課後に区民図書室に立ち寄ることで、読める図書の選択肢が広がっていくことになるだろう。

　このようにみてくると、直接のかかわりはなくとも、区民図書室を利用する子どもたちにとっては、和泉小学校・いずみこども園・いずみ子どもプラザと区民図書室が併設されていることは、ありがたいことなのかもしれない。（2016年2月訪問）

　以上、千代田区における学校と図書館の複合施設をみてきた。基本的にいずれの複合施設も、学校と他の併設施設間とで利用者どうしの動線はクロスしな

いように徹底されており、両者が施設内で自然に出会う余地はあまりないように思われる。学校と図書館とのかかわりをみてみると、和泉小学校と併設されたちよだパークサイドプラザ区民図書室とは、和泉小学校に学校図書室が別途存在することもあって、両者の直接的なかかわりはほとんどない。また、千代田小学校と併設された神田まちかど図書館、昌平小学校と併設された昌平まちかど図書館は、ともにまちかど図書館内において、一般ゾーンから区分けされて学校図書室ゾーンが設けられている。学校図書館ゾーンが学校側に隣接しているか否か、学校図書室の図書を学校部分に持って上がることができるか否かといった違いがあるが、とりわけ教員にとって、子どもたちが一般の利用者に迷惑をかけないかは気を使うところであり、子どもたちにとってもふらっと来る感じではないようだ。

　先述の学校施設の在り方に関する調査研究協力者会議による報告書『学習環境の向上に資する学校施設の複合化の在り方について』では、複合化事例の現地調査報告も掲載されており、調査先のひとつに昌平小学校が選ばれている。報告書では、昌平小学校における「学校と図書館の交流」のポイントとして、「1 階に区立図書館と学校図書室を一体的に整備しており、児童は休み時間等に図書館を使うことができる」こと、それから「区立図書館の司書が、週 3 回、学校を訪れて読み聞かせなどを行っている」ことの 2 点をあげ、「同一施設という環境を生かし、公共施設の設備と人材を学校教育にも活用」と評価している。しかし、週 3 回学校を訪問する司書というのは、先述のごとく、千代田図書館内に設置された千代田区読書振興センターから学校を訪問する学校支援司書のことであり、学校支援司書は、昌平小学校に限らず千代田区立のすべての小学校を訪問しているので、この司書の訪問に関しては、昌平小学校と昌平まちかど図書館が併設されていることとはまったく関係がない。

　この協力者会議の学校施設と他の公共施設などとの複合化検討部会の部会長を務め、先述のごとくオープンスクールの推進者でもある上野淳は、次のように述べている。「小学校と地域図書館、社会教育館、屋内温水プールなどが大規模に複合化されている都心部の学校では、例えば、図書館利用学習の時間帯に児童がエレベータを使って地域図書館にあがっていき、実に楽しそうに本選びをする。学校の小さな図書室よりも蔵書メニューが豊富だし、司書のかたも親切に教えてくれる。いわば、学校教師と図書館司書のティームティーチング

である。午前中の図書館は訪れる人もまばらで、迷惑をかけることも少ない。放課後、帰宅前に図書館に寄り道をする子も自然と多くなっていく。図書館や社会教育館を訪れる地域成人が、訪れる『学校』の光景に自然と関心を持つようになってくれるメリットもあろう」。

　このように述べている箇所で和泉小学校が複合化事例として示されているが、先述のごとく、少なくとも私が訪問したときの状況としては、和泉小学校の授業中に併設されたちよだパークサイドプラザ区民図書室を訪れることはほとんどないとのことであった。また、神田、昌平両まちかど図書館において、千代田、昌平両小学校の教員がそれぞれの学校図書室を子どもたちが使うさいに、一般の利用者へ迷惑をかけないか気を使っているということも、先述のとおりである。

　このようにみてくると、報告書『学習環境の向上に資する学校施設の複合化の在り方について』や、作成にかかわった調査研究協力者会議は、学校施設の複合化に前のめりすぎている印象を持つ。千代田区における学校と図書館との複合施設をみていると、ここまで諸施設の利用者どうしの動線が分離され、さらにわずかな接点で緊張度が増すとなれば、そしてそのような安全管理が過剰に望まれる昨今の状況からすれば、複合施設である積極的な意味はあまり見出せない。最初から別の施設として建てた方がよいのではないかとすら思ってしまう。

　神田、昌平両まちかど図書館内の一角にある千代田、昌平両小学校の学校図書室の窮屈さをみていて想い出したのが、有田川町立藤並小学校の図書室である。やはり、学校図書室は、子どもたちも教員も気軽に立ち寄れる場所であった方がいいのではないだろうか。

有田川町立藤並小学校（和歌山県有田川町、2000 年竣工）

　藤並小学校の現在の校舎は、総事業費 28 億円あまりをかけて 2000 年に竣工している。1 学年 3 クラスで設計され、学年ごとにワークスペースを共有する形になっている。校舎配置の関係で、6 つのワークスペースのうち 4 つは三角形の形になっており、さらにこのワークスペースと廊下の仕切りに円状の穴が空いているなど、遊び心のある空間となっている。このワークスペースを使って、学年集会も開かれるそうである。

ワークスペースと廊下の仕切り（右は普通教室）　　　　　　　　　　図書室

木のふれあい広場

　校内の至る所にベンチがあり、たんなる通路ではない「余地」を有する廊下
となっている。このような廊下とつながっていく形で、校舎の 2 階中心部に、
廊下と壁で仕切られていないオープンな図書室が存在する。また、1 階の普通
教室に囲まれた中庭は「木のふれあい広場」と命名されているが、竣工から 2
年ほどはこの広場と外部をつなぐ門は常時開放され、地域住民がこの広場で
憩っていたようである。（2011 年 8 月訪問）

　さらに気になるのは、千代田区の学校統廃合とあまりに巨大な学校複合施設
との組み合わせである。〈第 6 章〉でみるように、関東大震災後の復興事業と
して建てられた復興小学校は、鉄筋コンクリート造で頑強であるだけでなく、
ディテールにも目配りのきいた懐の深いすぐれた建築であり、かつ災害時には
避難所、日頃は子どもたちや地域住民が集う場となるように、セットで小公園

も整備されていた。そのことを想い起こせば、先の若林が次のように批判的に述べていることに、同意せざるを得ない。「千代田区公共施設適正配置（公適配）構想の報告書は、本来『小中学校をコミュニティ再生の拠点とする』と提案したものであった。が全体の三分の一に学校を減らし、残る施設を高層化してここに子どもを収容するという案に転じられてしまった。／皮肉なことに、それら小学校校舎は、関東大震災の直後に徹底した耐震構造の鉄筋につくりかえられており壊すのに大変で工事費がかさむ。また小学校に付設して防火公園もつくられている。災害時に超高層化した施設よりコミュニティの中の土のある小学校がいかなる役割を果たしうるかも明白である。『そういう意味では小学校を統廃合するというのは愚策な都市づくり、地域を壊すような都市づくりでして、東京はずっとその方向に進んできました』との発言は的確である」。

　ただ、以上にみてきた3つの学校複合施設は、いずれも積極的に学校施設を地域開放しており、学校施設および併設施設ともに、放課後の子どもたち、さらには地域住民や近隣に勤務するビジネスパーソンの利用で盛況なのであった。その点では、複合施設の魅力を遺憾なく発揮しているともいえる。そうであれば、千代田区において複合化された学校を、「学校と地域社会の連携」によって「子供たちに多様な学習機会を創出する」学校といったように教育的な機能だけからみるのではなく、「放課後の子どもたちが憩う場としての学校」、あるいは「オフィス街におけるオアシスとしての学校」といった具合に、教育的な機能から解放してとらえてもよいのではないだろうか。

3-3.「意図した連携」と「意図せざるかかわり」

　東京都千代田区における学校と図書館との複合施設に深入りしてしまった。話を元に戻そう。学校施設の複合化をみる視点として先に示しておいたのは、次のようなことであった。すなわち、「子ども向け」の図書が「中心」になりがちな学校図書室に、一般の図書館を併設させるという学校施設の複合化は、本来ならば学校のウチ側に存在しない、大人の文化という「異文化」や、図書館利用者や図書館スタッフといった「他者」が、学校のウチ側にやって来ることになるので、学校のなかにウチとソトが混在し、学校という「共同体」が相対化されるような「境界」的な空間が生成する可能性を有しているのではないか、ということであった。しかしながら、東京都千代田区における複合施設を

みる限り、学校の子どもたちと併設された施設の利用者、スタッフとは、互いの動線がクロスしないように徹底されており、千代田小学校や昌平小学校の図書室のように、一般の図書館と同一フロアである場合ですら、学校図書室エリアがきっちり区分けされ、両者が混在するような「境界」は生成しづらい状況が確認できたかと思う。

　ところで、学校施設の複合化は、千代田区の事例でみてきたような、最初から学校を複合施設として建てる場合と、少子化にともなって生じてきた空き教室を他施設に転用する場合とがある。文部省も『余裕教室の転用』を 1999 年に発行するなど、空き教室の転用による学校施設の複合化も推進している。そこで次に、空き教室を高齢者福祉施設へ転用した全国で初めての事例である、宇治市立小倉小学校をみてみよう。

宇治市立小倉小学校（京都府宇治市、1979 年竣工、1995 年改修【高齢者福祉施設】）

　小倉小学校では、全国で初めて、空き教室の高齢者福祉施設への転用が行われた。訪問した 2002 年度の児童数は 641 人、各学年 3 クラスという学校規模で、児童数はピーク時の半分以下とのことである。一文字形で北側片廊下型の 3 階建て校舎が 3 棟（北校舎・中校舎・南校舎）並んでおり、このうちの北校舎の 1 〜 2 階部分を改造工事費約 1 億 9000 万円をかけて改修し、1995 年度から高齢者福祉施設が開所した。1 階がデイサービスセンター、2 階が在宅介護支援センターとデイホームとなっているが、3 階部分は学校施設であり、コンピュータ室・視聴覚室・相談室・多目的教室がある。

　北校舎の 1 階には高齢者福祉施設専用の玄関があり、デイサービスセンターの食堂や作業・日常動作訓練室は、そこがかつては教室であった痕跡がもはやまったく残っていないほど、見事に改修されている。対照的に、在宅介護支援センターやデイホームが入っている 2 階は、教室と廊下の面影を残している。3 階は学校のままであるから、階を上昇するにつれて「学校化」していく感じである。

　訪問前に目にした新聞記事では、昼休みに子どもたちが高齢者福祉施設を訪ねて高齢者とかかわる様子を伝えていた（「消えた枠 伝わる優しさ 残る余韻 宇治市立小倉小」『毎日新聞』1999 年 1 月 23 日夕刊）。そのこともあって、訪問前には、子どもたちへの教育的な機能を「中心」に担う学校のなかに、高齢者福祉

の機能を「中心」に担う高齢者福祉施設が同居するということで、従来の学校とは異なる様相が立ち現れているのではないかと想像していた。しかし、訪れての印象は、まったく「違和感」がないということである。そのように感じたのは、おそらく学校と高齢者福祉施設が、互いに別の施設として独立しているからであろう。玄関は別であり、高齢者福祉施設が同居する北校舎3階の学校施設へは、子どもたちや教員は1階の高齢者福祉施設の玄関を通らずに、中校舎と北校舎の3階どうしを結ぶ渡り廊下を通って行き来している。高齢者福祉施設であるので当然エレベータも設置されているが、2階までである。このように徹底して、学校と高齢者福祉施設のそれぞれの利用者や教員・スタッフの動線が交わらないように工夫されている。

　ただ、両者がまったくかかわりがないか、といえばそうではない。たとえば、小倉小学校が2002年に発行した冊子『学校教育と福祉施設の共生を目指して』によれば、福祉施設の開所当初は、「昼休みの時間には誰もが自由に遊びに行ってもよいこと」としていたという。訪問時には、このような昼休みの自由な往来はストップしていたが、それでも福祉委員会の子どもたちに限っては、従来どおり昼休みに高齢者を訪ねているとのことであった。また、「総合的な学習の時間」に子どもたちと高齢者との交流が行われたり、将棋クラブが高齢者から手ほどきを受けたりしているようである。このように、他の学校にはない、高齢者福祉施設が併設された学校ならではの特色ある教育活動の一環として、高齢者と子どもたちとのかかわりがある。学校からみたときには、高齢者福祉施設には福祉教育のためのいわば「特別教室」として、教育的な機能を付与されているのである。

　私が小倉小学校を訪問した数年後に、併設された高齢者福祉施設を私の勤務

北校舎外観（右は中校舎）

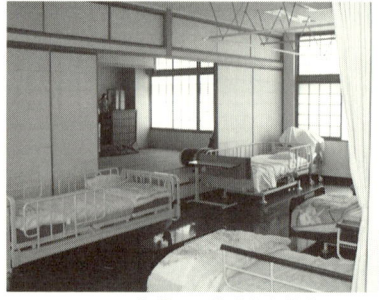
作業・日常動作訓練室

先の大学の学生が訪ねている。学生たちの報告によれば、職員相手には気難しい高齢者も、子どもたちには満面の笑みをみせるという。とかく世間から「隔離」されがちな福祉施設からすると、どのようなかかわりであれ、子どもたちの声が聞こえてくることは、それだけでありがたいことなのかもしれない。学校施設の複合化は、学校にとっての教育的な意義ももちろんあるとは思うが、併設される施設の側にこそ、単体で建てた場合とは異なる大きな意義があるのかもしれない。（2002年6月訪問）

　以上のように空き教室転用型の複合施設においても、学校と他の施設が同居しているといえども、それぞれの施設の利用者の動線はクロスしないように徹底されていることが多い。しかし、学校と併設された施設でまったくかかわりがないかといえば、そうではない場合もある。とくに、小学校・中学校では2002年度から、高等学校では2003年度から「総合的な学習の時間」が実施されているので、この時間における学校と併設施設との交流は複合施設においてはよくみられる「連携」であり、複合施設ならではのメリットを活かした教育実践であるといえよう。小倉小学校も、全国実施に先駆けて2000年度〜2001年度に京都府教育委員会の「総合的な学習の時間」のパイロット校に指定されており、福祉施設との交流を「総合的な学習の時間」に位置づけることを試みたようである。ただ、こうした「連携」は教育的に計画されたものであり、学校と福祉施設の利用者どうしが、教育的な意味づけから逃れた「他者」として出会うことはなかなか難しいことであろう。それゆえ、異なる機能を担う施設が同居していても、さして「違和感」を感じることはない。「違和感」を感じることのないよう、担うべき複数の機能ごとに過不足なく1対1で対応するように空間が配置されているのであろう。

　しかも、そのようにせざるを得ない社会的要請もある。セキュリティの問題である。注意深い読者は、先にみた2000年に現在の校舎が竣工した藤並小学校において、竣工から2年ほどの間は、「木のふれあい広場」と命名された校内の中庭が地域住民に開放されていたことを記憶してくれていることと思う。さらに、いまみた小倉小学校においても、私が訪問する以前には、子どもたちが昼休みに自由に福祉施設を訪ねていたのであった。この間に何があったのか。それは、2001年6月に発生した、大阪教育大学附属池田小学校における

乱入殺傷事件である。包丁をもった犯人が校内に侵入し、子どもたちや教員を切りつけ、8人の子どもたちが死亡し、15名の子どもたちと教員が重軽傷を負った事件である。五十嵐太郎は、この事件以降、学校のセキュリティが強化され、学校が「要塞化」していったことを指摘している。不審者を監視し取り押さえるために、各学校には防犯カメラやさすまたなどが設置され、警備員も配置されるようになり、運動会などで保護者や地域住民が学校を訪れる際には名札を首からさげることが求められるなど、学校が外部に対して過敏になり、閉ざすようになっていった。しかも、セキュリティの実際の効力もさることながら、昨今の学校にはアカウンタビリティが求められるので、各学校や教育委員会は安全管理に万全の対策を施していることを明示する必要に迫られている。学校のなかにウチとソトが混在する「境界」的な空間を見出そうという私のような態度は、昨今の学校にとってはふさわしくないものなのである。

　こうした情勢もあって、学校と地域社会の「連携」を意図した複合施設では、併設施設間どうしで利用者の動線がクロスしないように徹底されており、双方の利用者どうしのかかわりがあったとしても、あらかじめ計画された教育的な「連携」以上のかかわりは生じにくいものとなっている。学校施設の複合化によって学校に他施設を併設するだけでは、学校のウチとソトが混在する「境界」は生成しないのである。

　併設施設間での「連携」を意図した複合施設では、教育的に「意図した連携」以上のかかわりが生じにくい一方で、もともと「連携」など意図しておらず、計画・設計段階においても、あるいは利用者や教員・スタッフにとっても複合施設であると意識されないままに、学校と他施設が併設されることになった「複合施設」も存在する。そのような意図せざる「複合施設」においては、学校と他の施設との間で「意図せざるかかわり」が生じることもある。

洲本市立加茂小学校（兵庫県洲本市、1979年竣工【加茂公民館】）

　加茂小学校は兵庫県淡路島の洲本市に位置する。ここで取り上げたいのは、加茂小学校の校舎そのものではない。その体育館である。より正確にいうと、体育館に併設された加茂公民館である。

　実際に訪れてみて何より驚いたのは、体育館の舞台がそのまま公民館の談話室となっていることである。舞台（普段は公民館の談話室）と体育館の間は仕切

りによって遮られているのだが、小学校の行事があるときには仕切りを外し、談話室が舞台に早変わりするのである。

　舞台の左手に公民館の入口があり、舞台の奥（入口からみて談話室の左手）に、トイレや事務所、2 階へ上がる階段がある。また、談話室の奥（舞台の右手）には、さながら「楽屋」と称するのがぴったりの和室の研修室がある。2 階に上がると、会議室・講座室・展示実習コーナーがある。講座室には、体育館のギャラリーに通じる扉がある。

　体育館側にはトイレがない。それゆえ子どもたちは、舞台袖の扉を通って、公民館側のトイレを使用する。そして、ギャラリーにボールを上げてしまった場合にも、子どもたちは公民館を 1 階から 2 階へと上がり、講座や催しなど何らかの形で使用されていることの多い講座室を通って、そこからギャラリーに出る以外に、ボールを取りにいく術はないのである。

　ところで、この公民館は、「学校と地域社会の連携」を意図して「複合施設」となったわけではない。訪問時の館長によれば、建設費用を節約するためにこのような建物となったらしい。ちなみに総工費は、3360 万円である。敷地が確保できれば独立の公民館を建てる予定だったのが、その確保もおぼつかない。そんな苦しまぎれの産物なのだ。したがって、学校と公民館との「複合施設」の見学、などという奇特な訪問者は皆無だそうだ。

　このように、小学校の体育館との「複合施設」である加茂公民館には、「学校と地域社会の連携」によって「子供たちに多様な学習機会を創出する」といった学校側からの教育的な機能は、まったく付与されていない。にもかかわらず、学校にいながらにして、子どもたちが、教員や親以外の「他者」であ

体育館からみた舞台の仕切り

体育館舞台＝加茂公民館談話室

る大人と出会うということが自然に生じている。大げさにいえば、学校のなか
に、学校のウチとソトを媒介する「境界」的な空間が生成しているといっても
よいだろう。しかもそれが、意図せざる結果として生まれているところが痛快
である。(2003 年 7 月訪問)

　「学校と地域社会の連携」による教育という意図を持って、教育的な機能を
「中心」とする学校に、他の機能を担う施設を併設するという学校施設の複合
化においては、両施設あるいは両施設の利用者の間でかかわりが生じないか、
また生じたとしても、あらかじめ計画された教育的な「連携」以上のかかわり
は生じにくいものとなっている。一方で、「連携」を意図しないままに、たま
たま両者が同じ建物に同居することとなった加茂小学校体育館と加茂公民館と
の「複合施設」においては、両施設あるいは両施設の利用者の間に「意図せざ
る出会い」が生じている。
　そもそも、〈第 1 章〉でみたように、京都の番組小学校や近代学校制度が発
足した当初の明治初期においては、学校は子どもたちへの教育的な機能のみな
らず、役場や警察・消防などの多様な機能を担い、コミュニティセンターとし
ての役割をも果たしてきたのであった。そこでは、とりたてて「学校と地域社
会の連携」によって「子供たちに多様な学習機会を創出する」という教育的な
意図は自覚されないままに、教育的な機能を担うはずの学校に、それ以外の機
能や意味が添付されてきたのではないか。そうであるとするならば、学校施設
の複合化において学校のなかに「境界」的な空間が生成するためには、結果と
して自律的かつ創造的な学びが生まれることがあったとしても、あらかじめそ
こに過度な教育的な意義を付与しない方がよいのかもしれない。

【参考文献】

五十嵐太郎『過防備都市』中公新書ラクレ、2004
上野淳『未来の学校建築』岩波書店、1998
黒澤功「住民のみんなが使える学校 東京 千代田パークサイドプラザ」岡本包治編著『生涯
　学習のまちづくりシリーズ⑦ 学校を住民のものに』ぎょうせい、1989
酒川茂『地域社会における学校の拠点性』古今書院、2004
リチャード・セネット『公共性の喪失』(北山克彦・高階悟訳) 晶文社、1991 (1976)

長倉康彦『「開かれた学校」の計画』彰国社、1993

船越徹・飯沼秀晴「学校建築の新しい展開」建築思潮研究所編『建築設計資料 16 学校』建築資料研究社、1987

船越徹・飯沼秀晴・寺嶋修彦「学校─新しい世紀にひきつぐもの」建築思潮研究所編『建築設計資料 67 学校 2』建築資料研究社、1998

細井久栄「オープン・スクールの"明るさ"の中で感じたこと」『建築ジャーナル』2000 年3 月号

松村正恒「自然で簡素な建築をつくるに真剣だった」『学校建築の冒険』INAX、1988

文部省『余裕教室の転用』第一法規出版、1999

若林敬子『学校統廃合の社会学的研究』御茶の水書房、1999

「池田町立池田小学校」建築思潮研究所編『建築設計資料 16 学校』建築資料研究社、1987

「鯖江市立中河小学校」『School Amenity』2006 年 11 月号

「鯖江市立中河小学校」『近代建築』2006 年 8 月号

「棚倉町立社川小学校」建築思潮研究所編『建築設計資料 67 学校 2』建築資料研究社、1998

「夢と希望を求めた学校づくり 東白川郡塙町立常豊小学校」『文部時報』1994 年 12 月号

「New Face21 富士見こどもみらい館」『School Amenity』2011 年 10 月号

第3章

「境界人」としての建築家

　子どもたちへの教育的な機能という「中心」的な機能に特化しがちな今日の学校を、学校建築という「周縁」的な観点から相対化したいというのが、本書の出発点であった。

　しかし、〈第１章〉でみたように、明治中期（1895 〜 1905 年頃）に成立した北側片廊下型校舎に運動場という日本の学校建築スタイルこそ、学校の「中心」的な機能である教育的な機能に特化したものであった。〈第２章〉では、このようなスタイルとは異なる 1980 年代以降の「新しい」学校建築の動向である、オープンスクールと学校施設の複合化に着目した。しかしながら、そもそもこれらが必要であることの理由として語られていることは、1980 年代以降の教育改革言説そのものである。オープンスクールに設けられたオープンスペースは、従来の「教室＋廊下」のみで成立した校舎にはない新しい空間ではあるが、教育改革の動向に対応しようとして設けられた空間であるとともに、オープンすぎて身の置き所のない子どもたちのための隠れ場所であるデンという空間まで用意されることもあり、教育的な機能から導き出された教育的配慮に満ちた空間なのであった。一方、学校に他の公共施設を併設させる学校施設の複合化においては、昨今のセキュリティを求める社会的要請もあって、両施設の利用者どうしの動線はクロスしないように徹底されており、両者のかかわりはまったく生じないか、生じたとしてもあらかじめ計画された教育的な「連携」以上のかかわりは生じにくいものとなっていた。学校に他施設を併設するだけでは、今日の「学校化」された学校という「共同体」を相対化してくれるような、学校のウチとソトが混在する学校の「境界」は生成しないのであった。

　そこで〈序章〉で述べたように、以降の章では、校舎と自律的かつ創造的にかかわりながら、日本の学校建築スタイルや学校のありようそのものを相対化してくれる「境界人」に着目する。〈第３章〉で登場願いたいのは、教育的な機能が「中心」に据えられた学校のウチ側に、自らの建築思想というソトの価値観をすべり込ませようとすることで、学校のウチとソトを媒介する「境界人」としての建築家である。

　〈第３章〉で取り上げる建築家は、〈第１章〉でみてきた、学校の「中心」的な機能である教育的な機能に特化して北側片廊下型校舎に運動場という形で定型化され画一化されてきた日本の学校建築スタイルや、〈第２章〉でみてき

た、1980年代以降の教育改革に対応した「新しい」学校建築の動向に対して、批判的な視点を有している。「境界人」としての建築家の建築思想のうち、とくにこれまでの学校建築のありように対する批判となっている部分をふまえながら、そうした思想に基づいて手がけられた校舎のなかに、「学校化」した学校のありようを相対化する視点を見出すことを試みたい。

1. クリストファー・アレグザンダーと盈進学園東野高等学校

　最初に登場願いたい「境界人」としての建築家は、クリストファー・アレグザンダーである。アレグザンダーは、自然発生的な都市が、諸要素が混在しクロスする構造すなわちセミラチス構造をなしているのに対し、人工的に計画されたニュータウンでは、それぞれの要素が分離されクロスしない構造すなわちツリー構造をなしていることを指摘し、「都市はツリーではない」と論じたことで有名な建築家である。

　こうした観点から、彼は子ども用の遊び場を設えようとする発想に対して、次のように強烈な異議申し立てを行っている。「自尊心の強い子供は運動場では遊ばないものである。遊びそのもの、子供達のする遊びの舞台は毎日変わる。屋内で遊ぶときもあるし、仲良しのガソリンスタンド、空家、川岸、週末で休みの工事現場などで遊ぶときもある。遊びと必要な遊び場はひとつのシステムを形成する。このようなシステムが町の他のシステムと切離されて独立に存在すると考えるのは間違いである。（中略）遊びはあらゆる場所でおこなわれる。遊びは大人の生活のすき間を埋めてくれる。子供は遊んでいるうちに、まわりの環境に溶けこむ。柵がめぐらされたなかで子供はどうしてまわりに溶けこむことができるだろうか。セミラチスでは可能でも、ツリーでは不可能である」。

　「子どものため」に用意された遊び場においては、あらかじめその空間とのかかわり方が整理され秩序づけられており、子どもたちが自律的かつ創造的にかかわる余地は残されていない。セミラチス構造が生成するためには、人々と空間との自律的かつ創造的かかわりが重要なのである。遊び場に対するアレグザンダーのこの批判は、そのままオープンスクールにおけるデン、すなわち「子どものため」に子どもたちに先回りして用意された隠れ場所に対する批判

になっているだろう。

　さらに、アレグザンダーが提出したツリー／セミラチスの概念は、これまで本書で議論してきたことにも重なってくる。〈第2章〉において、小・中・高等学校と大学の校舎の違いについて考えたが、当初の設定においても、実際の子どもたちや教員の使い方においても、教育的な機能を単一的に担う学校の「中心」的な空間で埋め尽くされている、小・中・高等学校の校舎は、ツリー構造をなしているといえよう。対照的に、教育的な機能を担うことが想定されている空間ですら、その他の機能や意味が持ち込まれることで「周縁」的な空間となり、さらにその「周縁」的な空間が学校のウチとソトが混在する「境界」的な空間にもなっている大学のキャンパスは、セミラチス構造をなしているといえよう。

　また、学校施設の複合化に、このツリー／セミラチスを当てはめると次のようにいえるだろう。すなわち、私は、教育を「中心」的な機能とする学校に、他の機能を担う施設を併設させようとする学校施設の複合化に、セミラチス構造が生成する可能性をみようとしたのである。しかしながら、セキュリティを要請する昨今の社会的情勢もあり、両者の利用者どうしの動線は完全に分離され、両者のかかわりがないか、あったとしても教育的な「意図した連携」以上のかかわりが生成しにくい、ツリー構造とならざるを得ないのであった。

　さて、この自然発生的なセミラチス構造を生み出すために、アレグザンダーがあみだした設計手法がパタン・ランゲージである。言語における単語に相当するのがパタン（＝基本計画原理）であり、単語が文法や意味のルールによって結びつくところから文章が生まれるがごとく、パタンどうしが結びついてパタン・ランゲージが生まれ、それに基づいて建物が生成するというのである。

　そして、パタン・ランゲージは、そこに住む人々に共有されていることが重要である。アレグザンダーは『時を超えた建設の道』のなかで、「社会の人間が自分の建物を形づくるランゲージから隔離されている限り、生き生きとした建物は生まれてこない」と述べている。それゆえ、アレグザンダーはユーザー参加を重視し、実際の設計にあたっては、まずその建物のユーザーとの対話によってパタンを抽出するところから始められることになる。

　ただ、ユーザーが設計に参加するだけでは「生き生きとした建物」は生まれない、とアレグザンダーは考えている。『時を超えた建設の道』のなかで、ア

レグザンダーは次のように述べている。「町の創出や個々の建物の創出は基本的にはひとつの発生（ジェネティック）プロセスである。いかに数多くの計画や設計をもってしても、このような発生プロセスに置き換えることはできない」。アレグザンダーによれば、生きた建築物やコミュニティは、ユーザーが生活するなかで、その時々の変化に応じて調整しながら、徐々に生成するものなのである。

　このように、アレグザンダーの建築思想には、専門家である建築家が機能合理的に「完成物」を設えて、そこにユーザーをはめ込むという発想はない。セミラチス構造を志向するアレグザンダーは、自ら手がける建築物にユーザーが自律的かつ創造的にかかわり続ける余地を残そうとしているように思われる。

　では、以上のような建築思想を持つアレグザンダーが、日本において手がけた校舎をみてみよう。

盈進学園東野高等学校（埼玉県入間市、1985 年竣工）

　東野高等学校は、埼玉県入間市に 1985 年に開校した普通科の高等学校である。「自立・自律」の校是のもと、前身であり経営母体でもある学校法人盈進学園が一貫して掲げてきた「個性を伸ばす教育」を教育理念としている。私が2 度目に訪問した 1998 年度の生徒数は 955 名、3 度目に訪問した 2000 年度のクラス数は 23 クラスで、当時の 1 学年の定員は 400 名であった。校舎の設計を手がけたのは、クリストファー・アレグザンダーであり、総工費は 22 億5000 万円である。

　松葉一清によれば、当時の盈進学園の細井理事が東野高等学校校舎新築に際し、「学校らしい学校」を求めて全国各地の「理想的」と称される学校をみて回ったとき、次のように感じたという。「建築家のイメージが、使い方まで規定してしまう。さらには、建築家が教育現場で日常活動に追われる教師以上に教育理念に通暁しているため、教師がそれに反問できずに"理想"が建ち上がってしまっていた」。学校見学と並行して建築書を読みあさるうちに細井が出会ったのが、アレグザンダーが書いた『オレゴン大学の実験』であった。同書の「歴史性の高い施設はなるたけ保存の処置を講じ、必要最小限な建物を新築しながら更新していく」実践記録に、「近代建築による一挙更新に抵抗を強く感じていた」細井は強く共感した。また、アレグザンダーが主宰する環境構

造センターのハンスヨァヒム・ナイスによれば、細井が『オレゴン大学の実験』に心動かされたのは、設計のプロセスにユーザーが関与し、パタン・ランゲージによって「全体の学園の共通の合意事項を形成する」という、「ユーザー参加の原理」と「パタンの原理」であったという。かくして、細井は、東野高等学校の校舎設計をアレグザンダーに委ねることを決意するに至る。東野高等学校の設計にあたってもパタン・ランゲージの手法が採用され、先のナイスによれば、盈進学園の 84 名の全教員や一部の生徒との面接によって、200 に及ぶパタンが抽出されたという。

　東野高等学校のキャンパスへは、2 つの校門をくぐってアプローチする。校門は扉のないアーチ状の大きな建物となっている。第 1 の門ですらかなり大きい立派な門なのだが、2 つめにくぐる正門は 3 階建ての建物で、2 つの門ともに瓦葺きの切妻屋根である。正門をくぐると、右手には水色と白を基調にした大講堂が建っている。キャンパス内には敷地の 10 分の 1 を占める大きな池が広がっており、池に架けられた橋を渡った先には学生食堂がある。学生食堂といえば、ワンフロアの広いスペースが用意されているところがほとんどであるが、ここの食堂はいくつもの小部屋に分かれている。また、池の左端には、体育館が建っている。

　池の手前を左に曲がると、普通教室群が建っている。瓦を葺いた切妻屋根の、グレーを基調とした「蔵」のような建物である。「蔵」は 2 階建てで、ひとつの階に 1 教室ずつしかなく、それぞれが独立して建てられており、「蔵」どうしは 1 階部分のみアーケード状の半屋外廊下によってゆるやかにつながれている。「蔵」は 2 列に並び建っており、それらが向かいあう「ホームルーム通り」には、各ホームルームの庭があり草花があふれている。各教室には、このホームルーム通りに出っ張るような形で、木造のサンルームが付随している。ホームルーム通りの突き当たりには、多目的ホールが建っている。他にも、管理棟・教員棟・武道場など、広い敷地に 20 棟以上の建物が点在している。

　先の松葉は、東野高等学校の校舎は「見る人を昂揚させる」と絶賛し、その要因を、「木造」「日本的表現言語」「環境造形」に求め、これらに「脱近代」への志向を読み取っている。たしかに、学生食堂・体育館・多目的ホールは木造であり、普通教室棟本体は鉄筋コンクリート造であるが木造のサンルームが

第1の門

正 門

大講堂と普通教室（池に架かる橋は学生食堂へ通じる）

ホームルーム通り（中央奥は多目的ホール）

池越しにみた普通教室群（右は体育館）

付随しており、建物内部にも木材が多用されている。また、普通教室・2つの門・管理棟など、多くの建物が瓦葺きの切妻屋根であると同時に、正門の上半分に施された黒と白の市松模様が目を引く。さらに、校舎の配置計画は敷地のもともとの起伏が活かされており、池も敷地中央の窪地がそのまま利用されている。宮内康も、多様なポストモダンの建築家のなかに、「地域や風土に根ざした表現を目指し、その地の人たちの建築デザインへの参加を求めながら、設計を進める人たち」がいて、その代表者としてアレグザンダーを筆頭に挙げている。しかし、アレグザンダー自身は、自らの建築をポストモダンであると評価されることを嫌う。難波和彦との対話において、自らの建築においては、ポストモダンという「イメージ」ではなく、人間の感情や「リアリティ」を基本にしているとこたえている。それゆえ松葉は、アレグザンダーにとっては、このようなデザインは教員とともに作成されたパタンに従って決定されたものであり、教員から伝えられた戦前の木造校舎のディテールを取り入れて作成されたパタンから、擬洋風校舎に似た東野高等学校の校舎が生み出されたのではないかと推測している。

　アレグザンダーの建築においては、以上のようにユーザー参加による設計が重視される。さらには、先にみたとおり、専門家が「完成物」を造ってそこにユーザーをはめ込むのではなく、ユーザーが生活するなかで、その時々の変化に応じて調整しながら徐々に生成し続けるのが生きた建築物であると考えているのであった。では、東野高等学校のユーザーである教員や生徒は、この校舎とどのようにかかわっているのであろうか。以下、1999 年 3 月に訪問したときに、当時の校長や開校に際して施設の準備にかかわった教員からうかがった話をまじえながら、サンルームと自動販売機という 2 つのモノに着目して、校舎と教員や生徒とのかかわりをみてみよう。

　先述のごとく、鉄筋コンクリート造の「蔵」のような普通教室には、木造のサンルームが付随している。サンルームは、ギャラリー・休憩室・バルコニー・ベランダなどさまざまな名称で呼ばれている。このサンルームは教室内部からみると後方に位置しており、壁で仕切って教室からみえない隠れ部屋のようなサンルームもあれば、壁がなく柱があるだけで教室からみえているサンルームもあり、教室の床面から 1 段上がるサンルームもあれば、下がるサンルームもあるといった具合に、教室ごとに異なる仕様となっている。

　東野高等学校のパタン・ランゲージには、次のようなパタンが収録されている。「教室の多くは、一方に縁側があり、その向こうから入ってくる光は障子を通して射しこんでくる」。アレグザンダーはサンルームに関して、次のように述べている。「それぞれの教室には、引き戸の窓のバルコニー部分が付いています。生徒たちは、そこにいると、中では教室につながりながら外では仲間の生徒たちのいる街路ともつながる場所にいる、と思えるのです。ですからこのバルコニーは、そこで生活する子供たちの感情をいやすのに役立っているわけです」。教員から抽出された「縁側」のイメージが、諸要素が分離するのではなくクロスするセミラチス構造の生成を志向するアレグザンダーの建築思想と結びつき、建物のウチとソトを媒介する仕掛けとしてサンルームが生み出されたものと理解できるだろう。こうしたウチとソトを媒介する仕掛けは、多目的ホールの入口にもみられる。入口は複数設けられているが、入口でありながら扉がなく、腰掛けて話ができるアルコーブとなっている。

　サンルームの使われ方はさまざまで、私が訪問したときには、冷蔵庫やパソコンが持ち込まれているサンルームや、絨毯が敷かれたり暖簾がかけられたサンルームもある一方で、がらんとしていて単なる掃除道具置き場となっているサンルームもあった。開校当初の校長であった萩原一雄は、このサンルームについて次のように述べている。「休み時間は生徒の溜まり場になる。彼らはそこで歓談したり、弁当を食べたり、音楽に興じたりする。喧嘩の場になることも無論ある。しかし、生徒の生活にとって溜まり場は、精神衛生上必要欠くべからざるものがある」。私が1999年に訪問した当時の校長によると、窓に腰掛けて外をみている生徒もいれば、トランプをしたり、マンガを読んだりしている生徒もいるという。『SPACE MODULATOR』誌上に掲載された生徒座談会では、東野高等学校で一番好きな場所はどこかという質問に、サンルームを挙げた生徒が次のように語っている。「1人でヒュッと寄り掛かって、（音楽の：筆者注）テープをかけているのが、一番良いね、俺はね。落ち着くよ、気分が。（笑）」。「いつも、床に座って10人くらいで、お弁当食べてる場所だから」。

　開校に際して施設の準備にかかわった教員に話を聞いたところ、アレグザンダーはサンルームについて、自由にどういう使い方をしてもいいスペースと考えているのではないかという。アレグザンダーの建築思想から創出された空間

であるサンルームに、生徒が自由にかかわっていることが確認できるだろう。

さらに、東野高等学校の校舎をみるうえで、たいへん興味深いエピソードが自動販売機の設置をめぐるものである。

東野高等学校ではかつて、生徒が休み時間に校外へジュースを買いに行くことが問題になった。そのため、教員は、校内に自動販売機を設置しようとした。そうすれば、生徒が、校外に出ないだろうと考えてのことである。ところが、当時の生徒自治会は、自治会新聞『東野村のかわらばん』において、「自動販売機を美観もかえり見ずに便利なように置くのはルール違反ではないでしょうか」と「美観をそこねる設置方法」を問題にした（通巻第14号、1988年9月22日）。そんなおり、アレグザンダーが「東野村祭り」（文化祭）にあわせて来校しており、自治会新聞の記者がアレグザンダーにインタビューしている。記者は、「自動販売機がむき出しで置かれるとせっかくの木とコンクリートの微妙なつり合いがだいなしになってしまうんじゃないか」とアレグザンダーに問うている（通巻第15号、1988年11月1日）。

このインタビューの数日後に東野高等学校で行われた講演会において、アレグザンダーは次のように語っている。「ひとりの生徒は、（中略）はっきり私にこういいました。『このキャンパスは歴史に基づいている、という意味を持つのだそうですが、それは本当なのですね？ だから、自動販売機を追放しなければならないんです』。私は、『絶対に違う』と答えました。『自動販売機はたいへん実用的だし、日本人の生活のごく当り前の部分になりきっているのです。それは、欲しい時には誰もがいつでも何かの飲み物を買えるということなのです。ですから、学校を後生大事にするあまり、日常生活が入り込めない博物館のようなものにしてしまうのは、まったくおろかなことになるでしょう』。／ここでご覧になる建物のすべて、それらの形、特徴は、歴史的な建物に似せようとしてつくられたのではないという、実際のリアリティを見ていただきたいのです。それらは、日常生活の具体的なリアリティからきている、というだけのことです。申し上げるまでもなく、自動販売機は日常生活の具体的なリアリティの一部なのですから、それは、これらの建物と仲よくやっていかなければいけないことになります」。

アレグザンダーは、ユーザーの「リアリティ」が基本であるという、自らの建築思想に忠実である。生徒は、アレグザンダーがこのように語るのを聞い

て、校内での自動販売機の設置に同意することになったが、できるだけ目立たない形での設置を要望し、結果として自動販売機はグレーのビニールの囲いで覆われることになった。校内への自動販売機の設置という点においては、アレグザンダーと教員とで結論は同じであるが、アレグザンダーが自らの建築思想からこの結論を導き出しているのに対し、教員は生徒指導上の理由からこの結論に至っており、教員はアレグザンダーの建築思想を教育のロジックにうまく取り込んだといえるだろう。

ただ、セミラチス構造を志向するアレグザンダーの建築思想からすれば、生徒がむしろどんどんソトへ出かけていくような、逆に地域住民が学校のウチにやってくるような、学校が周囲とクロスするような校舎を目指していたのではないか。『オレゴン大学の実験』にも、「大学と都市の境界線を取り除くように尽力すること。都市の一部が大学内で成長し、大学の一部が都市のなかで成長するように促進すること」という、「開かれた大学」というパタンが採用されている。

このことにかかわって、訪問時の校長が私に次のように語ってくれた。「（外にジュースを買いにいくのは）ぼくらには、いいじゃないのという気持ちはあるんです。しかし、今の日本の社会的な目というのは、それはダメなんです。何かあればすぐ学校（の責任を求める）というのは、どこの小・中・高にもあるわけでね。たとえば、こんな例もあるんですよ。夏休み中だと思いますけど、合宿をやっていましたらね、夜中の 10 時・11 時くらいに近所の小学校の警備員から電話があって、おまえのとこの生徒がうちのプールで泳いでいる」。生徒に何かあればすべて学校に管理を要求する日本社会のありようこそが、ツリー構造を要請しているのである。

東野高等学校の校舎は、訪問時の校長が正直「なにこれ」と感じたというくらいに、既存の校舎のイメージから逸脱している。しかし、サンルームと生徒とのかかわりや、自動販売機をめぐるエピソードからうかがえるのは、アレグザンダーはこのような「違和感」を提示しただけであり、「違和感」をどうするかはユーザーに委ねられたのではないかということである。社会のありようとも関連するため、学校においてセミラチス構造が生成することは困難ではある。しかし、セミラチス構造を志向するアレグザンダーが手がけた校舎は、校舎を変えれば教育も変わるという考え方や、教育に合わせて校舎を設えるとい

う考え方とも一線を画す、学校建築をみるうえでの重要な示唆をもたらしてくれているように思う。その示唆とは、学校の日常生活のなかに、あらかじめ設定された教育的な機能にとらわれない、自律的かつ創造的な校舎とのかかわりが生成する余地があるということである。（1997年9月、1999年3月ほか複数回訪問）

2．象設計集団と宮代町立笠原小学校

先の宮内は、ポストモダンの建築家の一角をなす、「地域や風土に根ざした表現を目指し、その地の人たちの建築デザインへの参加を求めながら、設計を進める人たち」の例として、アレグザンダーに加えて象設計集団を挙げている。

近代建築あるいは近代そのものの特徴を一言で述べることは容易なことではないが、機能合理性と普遍性はその中核をなすといってもよいだろう。単純化していえば、機能合理性とは、設定された機能を担うことを合理的に追究することを最優先させるというもので、装飾や意味といった機能を担ううえで合理的でない余分な要素は極力排除されるべきであるという考え方になるだろう。普遍性というのは、時代や場所を超えて最適解はひとつに定まるという考え方であろう。近代とは、西洋文化が普遍的なものとして世界中に普及していく過程そのものであり、近代学校制度もそのひとつである。〈第1章〉にみた明治中期に成立した日本の学校建築スタイル、すなわち、教育的な機能を合理的に担うことに特化し、北側片廊下型校舎に運動場という形で全国画一的に整備されてきた日本の学校建築スタイルこそ、近代建築のありようそのものであると理解できよう。ポストモダンにおいては、普遍性に代わって、土着の、あるいはその地に根ざしたといった意味を持つ「ヴァナキュラー」がキーワードとなり、さらには機能合理性をはみ出し機能合理性に特化した空間に割って入る、装飾や意味といった「遊び」の要素が重要になるだろう。

象設計集団を設立したメンバーのひとり富田玲子は、北側片廊下型校舎に運動場という形で画一化されてきた日本の学校建築スタイルに対して、手厳しい見方をしている。「全国津々浦々の学校が養鶏場や収容所に見えたり、水道局や税務署や企業のオフィスと同じに見えます。教室は均質でみな同じ。校舎は

庇のないのっぺりしたコンクリートの箱で、陰影がありません。素材は硬くて冷たくて、子どもが触れてみたいと思うような材料でできていない。悪いことずくめです。（中略）運動場を確保するために建物は隅に押しやられ、建物との間に木を植えることもできません」。

富田が目指す建築は、「小さな建築」である。「小さな建築」とは、「ここはどこ、今はいつ、これは何、隣はだれ、私はだれ（中略）と、いつも感じていられるような」建築のことである。これまでの日本の学校建築スタイルとは異なる、「小さな建築」による校舎とは、いったいどのような校舎なのだろうか。

宮代町立笠原小学校 （埼玉県宮代町、1982 年竣工）

笠原小学校は、日本工業大学の誘致によって東武動物公園駅西側地区の人口が増加したことにともない、1981 年に児童数 688 名で開校した小学校である。総工事費 10 億 6000 万円をかけて竣工した校舎の設計を手がけたのは、象設計集団である。竣工時には 1 学年 4 クラスで設計されていたが、私が訪問した 2004 年度は 3 年生以外すべて 2 クラスであった。

笠原小学校の校舎は 2 階建ての鉄筋コンクリート造校舎であるが、瓦屋根に赤色の外壁という独特の外観である。とりわけ、低学年棟は 1 教室ごとに大きい屋根がかけられており、4 つの大きな屋根が目に飛び込んでくる。その大きな屋根を、ひと回り小さい屋根でつないでおり、分節しながら連なる屋根の形状にインパクトがある。

加えて外観に独自性を与えているのは、半屋外の廊下である。廊下は建物内に囲い込まれておらず、外部との仕切りがなく屋根だけが架かった半屋外の廊下となっている。廊下は教室の南側に位置しており、北側に廊下がある日本の多くの校舎とは逆の配置となっている。象設計集団によれば、「南の光が教室に直接入らないことが重要。教室を東西に開くか、または南面させるときは、深い庇、あるいは半屋外空間を設けたい」とのことである。

廊下を歩いていると、行き止まりに突き当たったり、展望が開けるスペースに出たり、2 階へと上がる吹きさらしの大階段に出たりと、屋内外が入り組む複雑な動線となっており、歩いていてたいへん楽しい廊下である。歩いていて楽しいだけでなく、低学年棟の半屋外の廊下には、2 人の子どもが膝をつき合わせて座ることのできる小さなベンチ小屋が設けられているなど、廊下にいる

ことそのものが楽しいような仕掛けがふんだんに盛り込まれている。このように廊下が校舎のウチとソトを媒介することで、校舎のなかにいながらこの校舎が建っている地の風土を体感することができ、さらには移動機能を担うのみならず、滞留して多様な出来事が生じうるようなスペースにもなっている。教室の南側に配置されていることとあわせて、縁側のようなイメージの廊下である。

　近年のオープンスクールでは、教室と廊下の仕切りを外して多目的なオープンスペースをその間に挿入させることが多い。しかし笠原小学校では、廊下は半屋外で開放的でありながら、教室と廊下の間は壁で仕切られ、教室内部に廊下側にせり出す形でベンチスペースが設けられている。象設計集団による説明は次の通りだ。「漠然と広いだけの多目的スペースは、ほとんど使われずに閑散としている場合が多い。学級の空間が基本単位だ。大きな多目的スペースが

低学年棟外観

低学年棟廊下

中・高学年棟廊下（廊下側に
ベンチスペースがせり出している）

中・高学年棟外観（1階瓦屋根は昇降口、左は中庭）

あるより、普通教室を充実させて、多目的に利用することを私たちは提案している」。

　昇降口は、中・高学年棟は1階各教室に設けられており、真上の2階教室とあわせて2クラス分の昇降口となっている。さらに低学年棟では2階各教室前にも昇降口があり、各昇降口と地面とは階段でつながっている。昇降口前には、地面が起伏に富み、たくさんの木が植えられて池もあるぜいたくな中庭が広がっており、こまめに昇降口を設けることで、教室内からこの中庭へすぐに出られるようになっている。この広大な中庭を通過して初めて運動場に出ることができるが、運動場と中庭もまた藤棚で仕切られている。

　この学校には現在、福祉交流センターである「陽だまりサロン」と、福祉作業所である「すだちの家」が同居している。最初から「複合施設」として設計されたわけではなく、少子化にともなって空き教室が出てきたので、それをほとんど改修せずにそのまま福祉施設として使っている。この建物が、たまたま学校であったり、たまたま作業所であるといった感じで、お互いの動線は隔てられてはいない。それゆえに、子どもたちや教員は福祉施設やそこに集う人々と自然に出会うことが可能である。富田によれば、子どもたちは昼休みに「陽だまりサロン」に自由に出入りし、高齢者と話をしているそうである。

　このように、笠原小学校校舎は屋内外が入り組み、いたるところに遊びのスペースが仕掛けられた変化に富んだ空間構成となっており、そこに住まう人々をお互いの、あるいはその地との「対話」へと誘う、意欲的で愉しく、そして設計者自らが自負するように「懐の深い」、そのような校舎であるという印象をもった。子どもたちや地域住民から「竜宮城」と呼ばれており、また、高校生や大学生となった卒業生が恋人や友人を連れて校舎をみせにくる、そのようなエピソードに納得がいくような、すばらしい校舎である。（2004年12月訪問）

　〈第2章〉でみたように、学校と他施設との「連携」を意図した学校施設の複合化においては、両者のかかわりが生じないか、生じたとしても「意図した連携」以上のかかわりは生じにくい、ツリー構造となってしまいがちであった。一方で、「連携」を意図しないままに、たまたま学校と他施設が同居することとなった加茂小学校体育館と加茂公民館との「複合施設」においては、両施設あるいは両施設の利用者の間に「意図せざる出会い」が生じていた。笠原

小学校の空き教室をそのまま活用した福祉施設も、当初からの計画ではなくたまたま「複合施設」となったがゆえに、「意図せざる出会い」が生じている。このように、学校のなかに「境界」的な空間が生成することを可能にしたのは、もともとの校舎が、「中心」的な機能である教育的な機能に特化しすぎずに、「他者」を受け入れる余地のある「懐の深い」校舎であったことによるところが大きいのだろうと思う。

3．黒川紀章と下野市立石橋中学校

黒川紀章については、今さら多くの説明を要しないだろう。国際的に著名な建築家であり、また晩年には東京都知事選や参院選に出馬するなど、建築家という枠組みを超えて行動し世間をにぎわせた有名人である。主な作品には、国立民族学博物館・国立文楽劇場・広島市現代美術館・クアラルンプール新国際空港・新国立美術館などがある。

黒川は生前、「自分は、建築デザイナーとしては歴史的にはたいしたことはないのは分かっている。私が歴史に残るのは思想家としてだ」と藤森照信に語ったそうであるから、簡単に黒川の建築思想がわかるはずもない。ただ、黒川の建築思想の核となることばが「共生」であることは、間違いないだろう。黒川のいう「共生」とは、異なる両者が出会う際、一方が他方を屈服させるのではなく、安易に妥協して調和するのでもなく、両者が対立や競争、批判しながら、共通点を探し協力を模索することである。そして、こうした「共生」によって、近代主義を乗りこえようとする。近代においては、建築や都市が設計される際、単一の機能ごとに空間を分離するが、この根底には「善／悪」「精神／肉体」といった二項対立が存在する。いずれの項でもなく、二項を飲み込むような曖昧で多元的な「中間領域」が、「共生」の思想の中心概念になると、黒川はいう。

黒川のいう「共生」は、井上達夫らが主張する「共生」、すなわち一方が他方に「同化」させられるのではなく、イリイチが提起したコンヴィヴィアリティ（自律的かつ創造的なかかわり）に基づく「共生」ときわめて近いように思う。また、近代の「機能による分離主義」に対する批判は、計画された近代の人工都市が諸要素が分離されクロスしないツリー構造をなしていると批判し

た、アレグザンダーのツリー／セミラチスの議論とほぼ重なるように思われる。そして、以上のような近代の分離主義、あるいはその根底にある二項対立を乗りこえ、異なるものどうしが対立しながらも同時存在する「共生」を実現するために黒川が主張する、曖昧で多元的な「中間領域」は、ウチとソトが混在し両者を媒介する「境界」といいかえてもいいだろう。このように、黒川の遺したいくつかのことばは、本書でこれまで考えてきたことと重なるのである。

　このような建築思想を有する黒川は、有名な建築作品を多数手がけているものの、学校建築はほとんど手がけていない。中学校2校に、大学が1校ほどである。そのうちの、石橋中学校をみてみることにしよう。

下野市立石橋中学校（栃木県下野市、1994年竣工）

　1994年に竣工した石橋中学校校舎は、他の黒川紀章作品に比して、注目をあびることはあまりない。そのことは、黒川が亡くなった直後の『週刊新潮』（2007年10月25日号）に、「『巨匠』の意外な作品集」として、世間的にマイナーな黒川作品ばかり8作品が、わずか2ページに収められたなかのひとつであることからもわかるだろう。

　宇都宮駅から2駅ほど東京よりにある石橋駅からタクシーに乗り、石橋中学校へと向かった。どこにあるのかと尋ねるまでもなく、平和な風景の中に突如出現する石橋中学校。その外観は、まさに「田園地帯で異彩を放つ学舎」という、先の『週刊新潮』の記事にあるキャプション通りである。「あんな豪華な学校を建てる必要があるんでしょうかねえ」とタクシーの運転手が話してくれたが、逆にいえば、かの黒川紀章に設計を依頼し、総工費35億8000万円をかけただけのことはあると、みた者に思わせる外観は備えているということだろう。石橋駅にからくり時計を設置し、石橋中学校に隣接して風車のある姿川アメニティパークを整備するなど、「グリムの里づくり」を進めてきた旧石橋町にとってのランドマークとしての役割は、十分に果たしているといってよいと思う。

　校舎は、鉄筋コンクリート造の4階建ての校舎で、北舎・南舎の2棟の一文字形校舎が平行に配置されてそれぞれ東西にのびているのだが、その北舎と南舎に木造の屋根を架け、両校舎の間に半屋内半屋外のスペース（＝アトリ

ウム）を確保するという構造になっている。北舎に特別教室、南舎に普通教室を配置して、生徒が長い時間を過ごす普通教室の日当たりをよくしている。また、北舎・南舎の中心部にスリットがゲートのごとく設けられ、北側の正門・来賓用玄関から、南側の運動場へ南北に通り抜けられるような造りになっている。

　外観で目を引くのは、2階の昇降口へ至るスロープである。来賓が使う正門や玄関を立派にしてあって、生徒が登校する通用門と昇降口は素っ気なく味気ないというのが、よくある校舎のパターンである。ところが、石橋中学校の場合は逆の印象である。生徒の昇降口は校舎棟の東端、北舎と南舎のちょうど間の2階部分に位置し、そこに向かってスロープが斜めにゆるやかに上昇しており、校舎のど真ん中へ吸い込まれていくようなアプローチである。

　校舎内部の最大の見どころは、アトリウムである。北舎と南舎に木造の屋根を架けただけの半屋外半屋内のスペースだが、屋根があるために天候を気にせ

東側外観（2階中央は昇降口）

アトリウム

2階空中廊下からみたアトリウム西端の大階段

北側外観（中央は来賓用玄関）

ずに立ち止まり、また通り抜けることができる。1階部分は、北舎の「廊下」と南舎の「廊下」の間に壁がなく、このアトリウムでつながれているために、廊下という概念そのものが消滅しかかっている。このアトリウムは、2つの校舎をつなぎ、2つの校舎を一体にしうるスペースである。

　アトリウムの東端には、観客席付きの円形のフォーラムがあり、西端には2階に上がる大階段がある。フォーラムは200人が着席することができ、学年集会を開催することが可能である。文化祭のおりにはフォーラムにおいて、PTAが豚汁をふるまうそうである。また、西端の大階段は、2階への動線という機能を担っているだけではない。この大階段をステージとして、全校生徒580名（17クラス、2007年度訪問時）がアトリウムの半分くらいにすっぽりおさまり、全校集会を開くという。それ以外にも、合唱大会など多様な学校行事が行われるそうである。2階部分からは、アトリウムでのこうした生徒たちの活動を、保護者がみることもできる。さらに、旧石橋町時代には大階段に特設ステージが設けられ、町民のためのサマーフェスティバルが開催されたそうである。このように大階段は、階段としての本来の機能以外に多様な意味を持ちうる空間である。

　2001年に大阪教育大学附属池田小学校事件が発生するまでは、北舎中央のスリットにある来賓用玄関は常時開放されていたというから、アトリウムがまさに学校のウチとソトとを媒介する「境界」的な空間だったのである。多様な意味づけが可能であり、学校のウチ／ソトを飲み込みうるような「中間領域」を、学校内部に挿入させることに成功しているといってよいだろう。

　このアトリウムの2階から4階部分は、北舎と南舎を結ぶ空中廊下（ブリッジ）が5本架けられている。この橋も、南舎から北舎に垂直にのびる橋もあれば、斜行する橋もあって、変化を持たせている。黒川自身、この橋について、「子供たちに建築空間のもつ楽しさを発見させるだろう」と述べている。また、北舎・南舎の西端と東端にはガラスブロックで囲まれた階段室があり、階段はらせん状に上昇していく。このように、単調な動線を避けて変化を持たせるような工夫が随所にみられる。

　石橋中学校校舎は、最初から「学校建築」をめざした建物ではなく、あくまで黒川の建築思想から生まれた黒川「作品」なのであろう。黒川自身、「今、学校の建築に欠けているものは、本物の建築のもつ感動や親しみではないか」

と考え、旧文部省の審議会委員を務めたときに、「学校建築を建築作品として充実したものにすること」を提案したという。学校建築を教育的な機能だけで考えるとき、黒川がいうような建築「作品」は必要ないのかもしれない。しかし、黒川を、学校のウチとソトを媒介する「境界人」だったと考えれば、学校のウチ側に、教育的な機能からは生まれえない印象的な空間がそこかしこにちりばめられた、石橋中学校校舎の持つ魅力を理解することができるだろう。

(2008 年 2 月訪問)

4．山本理顕と大崎市立岩出山中学校

　次に登場願いたい「境界人」としての建築家は、山本理顕(りけん)である。

　一般的には、内容、中身（山本はそれを「仮説」とよぶ）があって、建築はそれに付随するものだと漠然と考えられているであろう。ところが山本は、逆に建築があって初めて曖昧だった「仮説」が現実化し、建築が「仮説」を補強するのだと考える。そしてこのことを自覚することで、社会で自明視されている「仮説」に、建築のサイドからゆさぶりをかけようと試みている。

　山本がこだわってきたのが、住宅建築である。たとえば、育児や介護の問題ひとつとっても明らかなように、今や家族というシステムは機能不全に陥っている。にもかかわらず、依然として家族が社会の最小単位とならざるを得ない状況にある。そしてそのような家族という「幻想」を補強し続けているのが、nLDK を定型とする住宅である。とするならば、住宅の定型をばらしていくことで、家族という縛りの仕切り直しを試みることができるのではないか。このように考える山本は、先にリビング、キッチンといった共同スペースがあって、そこを通過してから個室にたどりつくという従来の住宅の部屋の配置をひっくり返し、逆に個室を入り口にしてそこを通過しないと奥のリビング、キッチンにたどりつかないような住宅を手がけている。そうすることによって、個人をソトに直接向き合わせ、共同性を個人の選択にゆだねることで、血縁に拘束されない「ドライ」な共同性が生成するような住宅のありようを模索しているのである。

　このような（住宅）建築に対する考え方が学校建築へ応用されるとどうなるか。まず、これまで教育（学）の分野においては、学校建築の問題は、学校

の「中心」に位置する教育実践に対して、それを支える教育条件の問題として「周縁」的に扱われるのが常であった。山本の考え方を援用すれば、この「中心」／「周縁」図式が反転し、「周縁」である学校建築こそが、逆に学校の「中心」において自明視されている教育実践のありようを補強し続けていることを自覚し、学校建築の側から学校の「中心」にゆさぶりをかけていくということになるだろう。以下にみる岩出山中学校竣工後の対談で、山本は次のように語っている。「プログラムの側から空間側に一方通行で定義をするのではなくて、空間の側からプログラムを再定義することが可能であると。（中略）評価し得る建築というのは、そこでプログラムの再定義みたいなことを必ずやっているのではないでしょうか」。こうした見方は、「周縁」に位置する学校建築という観点から、「学校化」する学校を相対化しようという本書の関心につながってくるだろう。

　また、〈序章〉で述べたように、学校、とりわけ日本の学校は、「一斉共同体主義」に基づき、学校や学級あるいは班といった集団への過度な同調が求められる「共同体」である。このような「共同体」的な学校の設計を、家族という「共同体」を補強し続けてきた従来の住宅のありようを問い返し、選択可能な「ドライ」な共同性が生成するような住宅のありようを模索する建築家が手がければ、学校のウチ側に、「共同体」を相対化してくれる「境界」的な空間が生成するような仕掛けがみられるのではないかという期待を持ってしまう。はたして、実際の校舎はどうであろうか。

大崎市立岩出山中学校（宮城県大崎市、1996年竣工）

　岩出山中学校は、旧岩出山町内の3つの中学校の統廃合によって、1996年に開校した学校である。開校に合わせて竣工した校舎の設計を手がけたのは山本理顕で、鉄筋コンクリート造（一部鉄骨造）の校舎と体育館の総工事費は約27億円あまりである。私が訪問した2001年度の生徒数は468名、総クラス数は特殊学級2クラスを含めて15クラスであった。

　この中学校は丘のうえに位置し、教室棟と体育館とをさえぎるように立つ「風の翼」とよばれる巨大な壁が、旧岩出山町内の至る所から目を引き、ランドマークとなっている。「説明としては、北風除けで、シンボリックなものをつくりたいという村長の力強い意思もあったんですが、それ以上に、自分のス

ケッチでそういう衝立のような、ちょっとカーブした壁みたいなものをつくるのは、あの風景のなかに合うんじゃないかと思っていました。（中略）『風の翼』は自分の意図を建築的に再構成するために最も重要な働きをしたんですが」。このような山本の説明は、教育的な機能からは導き得ない建築のロジックを学校に持ち込む「境界人」ならではといってよいだろう。

　岩出山中学校の校舎は、系列教科教室型の教育システムを想定して設計されている。生徒が各クラスの教室にいて教員が入れかわり立ちかわりやってくるという従来の日本の学校のスタイルではなく、逆に生徒の側が教科ごとに教室を移動するというのが教科教室型であるが、この学校の場合は複数の教科をセットにして、言語系・自然系・生活系・芸術系の4つの系列教科のブロックに分けている。教室棟には、言語系・自然系・生活系の3ブロックが入っており、各ブロックごとに教室と教科の職員室である研究室とが配置され、教室と研究室との間にメディアセンターとよばれる1〜2階吹抜けのオープンスペースが設けられている。教室は南面しており、各ブロック1階と2階に3教室ずつ、それが3ブロックなので合計18教室が設えられている。なお、芸術系のブロックは、教室棟から空中ブリッジで結ばれた芸術棟にまとめられている。

　教室棟2階には、生徒フォーラムと呼ばれる細長い多目的ホールがある。このホールからはメディアセンターが見下ろせ、メディアセンター越しに1〜2階に配置された各教室を見渡すことができる。また、生徒フォーラムの上方には、教科教室型に対応して生徒が荷物を置くことのできる生徒ラウンジがロフト状に設けられている。生徒フォーラムに立つと、ここを中心として校舎内が非常にオープンである印象を受ける。一方で、階段はコンクリート打放しの階段室に囲い込まれ、教室やメディアセンターと生徒ラウンジがこの階段室によって切り離されているといった具合に、「閉じた」空間もそこかしこに見受けられる。

　教科教室型という教育システムを滞りなく運用するという観点からこの校舎をみたときには、こういった「閉じた」空間に対する注文がつけられる。たとえば、長澤悟は、教室・メディアセンター・生徒フォーラムの3者の動線や機能が「もう少しつながりがあると、多様な学習展開や教科のしつらえが自然に生まれやすかったでしょうね」と述べ、中村勉も、「気になったのは、階段

運動場からみた教室棟外観（背後は風の翼）

生徒フォーラム

2階教室前からみたメディアセンター（奥は生徒フォーラム）

生徒ラウンジ（下は生徒フォーラム）

光のアーケード（左は風の翼、右に昇降口）

室が硬すぎることです。空間を分節する効果はあるのですが、上下の動線が見えない箱の中に閉じ込められ、気持ちが切れてしまう。例えば、調べ学習の時など」とこたえている。

　しかし、こうした「閉じた」空間は、あえて設けられているのではないか。山本自身は次のように語っている。「私たちの提案では、『生徒フォーラム』と『生徒ラウンジ』を一体にしてその場所を生徒たちの日常生活のための中心的な場所として扱っています。つまり、この中学校を単に3年間単位の教育の場所と考えるのではなくて、まず、13歳から15歳までの子どもたちが共同生活をするための場所であるべきだと考えたわけです。与えられたプログラムに『生徒ラウンジ』という言葉があったわけではなくて、それはただロッカールームというようなものでした。それをかなり拡大解釈して、こうした生活空間に仕立ててしまったわけですけれども、出来上がってしまうと、むしろはじめからこうした空間が望まれていたかのように見える」。

　生徒ラウンジを教育的な機能からみれば、教科教室型の教育システムに対応するために設けられた、生徒のロッカールームということになる。しかし、生徒ラウンジにはロッカーのみならず、造り付けのベンチや小スペースも併せて設けられている。子どもたちへの教育的な機能を担う中学校を、「子どもたちが共同生活をするための場所」ととらえなおし、その役割を生徒ラウンジに担わせるためであろう。もともとは教育的な機能を担うために要請されたロッカールームを、生活空間としての生徒ラウンジに読み替えて「プログラムの再定義」をやってのけてしまうあたりは、「境界人」としての建築家の本領を発揮しているといえるだろう。結果として、生徒ラウンジは、教室やメディアセンターといった教育的な機能を付与された「中心」的な空間からは直接つながらない、教育的な機能以外の機能や意味を持った「周縁」＝「境界」的な空間になり得る可能性を有しているのではないだろうか。

　同様の観点からすると、昇降口も印象的である。教室棟に設けられた昇降口は、教室棟と体育館との間を「風の翼」と並行して東西に通り抜ける「光のアーケード」に面しているが、6つの小部屋に分かれている。これらの昇降口から教室棟内部へ入っていく入口がまた狭く、入口をくぐった先にもまた狭い階段室が待ち受けている。こうした「閉じた」空間を通過してから、ようやく奥のオープンな空間へとたどりつく。このようなアプローチは、ひとつの広い

昇降口があって奥にいくほど各教室に細分化されていくという、一般的な学校の設えとは逆ではないだろうか。

　ここにはひょっとすると、山本が住宅建築においてこだわりをみせる選択可能な共同性といった考え方に関係してくるのかもしれない。校門をくぐってひとつの広い昇降口を通過するという行為は、そこで一気に児童化・生徒化され、「共同体」の成員へと転換される儀礼である。岩出山中学校の分節化された昇降口は、そのような儀礼をすりぬけ、学校という「共同体」のウチ側に「他者」性を引きずったまま侵入する可能性を担保し、そのことによって「共同体」のなかに「境界」性を帯びた空間が生成するための余地を残そうという仕掛けなのではないか、というのは考えすぎだろうか。（2002年3月訪問）

5．小嶋一浩と宮城県迫桜高等学校

　以下にみる、宮城県迫桜高等学校の校舎の設計を手がけたのは、C＋A（シーラカンスアンドアソシエイツ）の小嶋一浩と三瓶満真である（なお、C＋Aは1986年に設立されたシーラカンスを、1998年にC＋Aとシーラカンス K&H に改組したもので、2005年には CAt と CAn に再編されている）。

　小嶋は、「黒と白」というキーワードを用いて、自らの建築を説明している。それによれば、「黒」は「用途と空間が1対1対応して固定しているスペース」、「白」は「そこで行われるアクティビティの違いにより呼び方が変わるような流動的なスペース」のことである。たとえば、日本の伝統的な民家は、ちゃぶ台を置けばそこが食堂になり、布団を敷くと寝室になり、さらには襖を外して2部屋つなげれば宴会も可能であるといった具合に、同じ部屋でもそこで何が行われるかによって部屋の位置づけが自在に変化する「白」のスペースで満たされている。一方、日本の学校建築においては、空間の配置計画の段階で教育的な機能をすべて抽出し、それらの機能に1対1対応で空間を配置するという設えがなされてきた。それゆえ、教室は教室であり、廊下は教室をつなぐ機能をもっぱら担う空間であり、教室と廊下以外の空間は教育的な機能を担うには関係のない空間として排除されてきた。このような、教育的な機能に特化した校舎こそ、まさに「黒」1色というほかないであろう。小嶋らが手がける学校建築は、「黒」で埋め尽くされた従来の校舎に、いかにして

「白」を挿入しアクティビティを誘発するかという挑戦として理解できるだろう。

　〈第2章〉のオープンスクールのところで述べた、機能・用途が単一に定まる空間と、機能・用途が単一的に定まるが教育以外の機能・用途を有する空間、ないしは、そもそも機能・用途が多様もしくはあいまいな空間との区分けというアイデアは、この「黒と白」の議論にヒントを得たものである。「黒」の空間で埋め尽くされた学校において、「白」の空間、本書のこれまでの議論でいえば、「周縁」＝「境界」的な空間が割って入る余地はあるのだろうか。

宮城県迫桜高等学校 （宮城県栗原市、2001年竣工）

　迫桜高等学校は若柳高等学校と栗原農業高等学校の統廃合によって、2001年に開校した学校である。単位制・総合学科であることを教育の大きな柱としており、人文国際・自然科学・福祉教養・アグリビジネス・エンジニアリング・情報科学の6系列で選択科目群が用意されている。通常の高等学校に比べて、生徒1人1人の授業の選択幅が広いのが特徴である。私が訪問した2001年度の1学年の定員は240名であった。

　開校に合わせて竣工した校舎の設計を手がけたのは、C＋Aの小嶋一浩と三瓶満真である。鉄筋コンクリート造（一部PC造・鉄骨造）校舎の工事費は約63億円である。

　遠方から目に入ってくる外観は、とても学校にはみえず、工場か企業の研究所のようである。「夢はばたけ未来へ！」と書かれた垂れ幕や、避難場所の表示があるので、なんとかここが学校であるとわかる。

　校舎は、120メートル角の正方形で2階建ての建物である。ただし、ひとつの正方形の建物が建っているのではない。正方形にはスリットが入っていて、内部には屋外通路が複数通っており、その屋外通路も、屋根が架かっているところと架かっていないところがあり、屋内外が入り組む複雑な空間構成となっている。

　小嶋のいう「白」のスペースは、フレキシブル・ラーニング・エリア（FLA）に具現化されている。通常の学校では、廊下は、教室と教室を移動する機能を担う「黒」のスペースである。しかし、小嶋らは、部屋同士をFLAでつなぐことによって、そこを単に通過するスペースではなく、単位制による空き時間

の発生を見越した「滞留場所」として提案している。三瓶によれば、「各人の興味に従って自由な学習をしたり、ミーティングや少人数のゼミなどにも利用できる居場所としての性格をもたせている」という。そのために、FLA には、デザインが統一されたテーブルや椅子、ベンチが設えられている。このベンチは、校舎内だけでなく屋外通路にも置かれており、屋外通路も単なる通路ではなく、「滞留場所」となりうるスペースとして考えられているようだ。

　1階と2階に9教室ずつある普通教室は南面しており、1階教室のすぐ外には運動場に面してウッドデッキが設けられている。普通教室と廊下との仕切りは全面ガラス張りであり、廊下から教室は丸見えである。これが、美術室では、廊下との仕切りはなくオープンになっており、アトリエやギャラリーのような趣である。さらには2階廊下から、1〜2階吹抜けの自動車実習室や体育館を見下ろすこともでき、校舎内で行われている多様な活動を可視化する仕掛けがふんだんに盛り込まれている。これは、単位制・総合学科というこの学校

校門からみた外観

フレキシブルラーニングエリア

屋外通路

プールサイド（右）と昇降口（左）

の教育上の特徴をふまえて、設計サイドが意図的に仕掛けた結果である。小嶋は次のように語っている。「カリキュラム上、生徒たちは授業に応じて学校の中をかなり移動します。朝のホームルームは普通教室に集まって、その後実習室ゾーンに行く。必然的にいろいろな学科を横切ることになります。自分が選んでいない科目も日常的に見えていることが良いのではないかと思ったわけです。特に１年生は、１年の間に自分の進路を考えて専門を決めることになります。例えばエンジン実習の部屋は、音が煩いということで建物から切り離されて裏に置かれる場合が多いのですが、それだと悪いヤツの溜まり場になって怖いというイメージを新入生が持ってしまうかもしれない。そういう雰囲気にはしない方が良いと思いました」。

体育館付近の２階廊下は暗くて狭いが、歩いているうちに２階にあるプールサイドに出くわす。そこは、屋外であるが屋根が架けられており、外部通路を挟んで１階の昇降口を見下ろすことができる。このように、明／暗、開／閉、屋内／屋外が、変幻自在に立ち現れ、従来の校舎にありがちな単調な動線は排され、歩いていて飽きのこない校舎である。小嶋自身、「総合学科では移動そのものがプログラムなのだから歩き回っていて楽しいこと」を意識して設計を手がけたという。しかも、このような変幻自在な動線が正方形に収まっていて、スリムでシステマティックな印象と両立している。

明確な建築思想をもった建築家の苦心の結果、従来の校舎のありようとは異なる校舎が実現している。それが、建築思想を表現した建築作品としてだけではなく、この学校の特徴に寄り添いながら、そのよさを引き立てる建物として立ち現れている点が、この校舎の魅力であるといってよいだろう。（2002 年 3 月訪問）

6．青木淳と御杖村立御杖小学校

青木淳（じゅん）は、ルイ・ヴィトンの複数の店舗や潟（がた）博物館・青森県立美術館などの設計を手がけた、著名な建築家である。学校建築を手がけたことは、以下にみる御杖（みつえ）小学校くらいしかないが、著書のなかで 1980 年代以降の「新しい」学校建築の動向に対する鋭い批判を投げかけている。

青木は「原っぱ」と「遊園地」を対比しながら、次のように述べている。「か

つての標準的小学校は、空間だけを取り出してみれば、ほとんどが原っぱと同じ質を持っていた。後の小学校によくあるような、ぼくにはなぜそんなことが必要なのかがまるで理解できない、教室の境を曖昧にし、子供たちのいろいろな精神的欲求に対応して、あらかじめいろいろな場所を用意してあげようとしてつくられた、押しつけがましく、人の心にまで土足であがり込むような小学校のつくり方とは対極にある空間である。後者の小学校の質は遊園地に近い。一見自由に思えても、その自由は見えない檻のなかの自由だ」。

「教室の境を曖昧に」するオープンスクールのような近年の学校建築のありようを、「遊園地」すなわち「あらかじめそこで行われることがわかっている建築」であるとして批判している。

そして「狭義の『建築計画学』」について、次のように批判している。「小学校では、かくかくの行為が行われるので、しかじかの空間を必要とする、というような順番で考える。その空間で行われることはあらかじめ決まっている。小学校ができ上がると、意図どおり教師や児童生徒が動いてくれたかどうかが検証される。いかにうまく人間を空間というシナリオどおりに行動させられるかが問われている。／こういう『建築計画学』の精度が上がり、それが細かく適用されればされるほど、ぼくには小学校が『見えない牢獄』に近づくように見える。自分では自由に飛び回っているつもりの孫悟空が実は釈迦の手の平に幽閉されていたように、児童生徒は意識はしていないが徹底したシナリオの外に一歩も出られなくなっているように思われるのである」。

〈第1章〉でみた「一望監視装置」によって「自発的服従」を調達するという、フーコーの近代の権力に関する議論が想起されるだろう。そして、〈第2章〉でみたオープンスクールに対して、「案外自由にさせているようで、そこから抜け出すことはできないようになっている」という松村正恒の批判や、デンに対する私の違和感、すなわち子どもたちの行為を先回りして規定するような過剰な教育的配慮が、子どもたちを管理することにつながりかねないのではないかという危惧とも、通ずるものであろう。

一方、青木は、閉校となった旧新宿区立牛込原町小学校の廃校舎を活用した美術館を、「原っぱ」すなわち「そこで行われることでその中身がつくられていく建築」であるとして、評価している。最初から美術館として建てられた美術館が「空間が作品に対して勝ちすぎている」のに対して、「標準的小学校」

の廃校舎を活用した美術館では両者が対等であり、「圧倒的にいい美術館だった」と絶賛している。もちろん、「標準的小学校」は教育的な機能を担うべく「明確な決定ルール」に基づいて造られているのだが、閉校によって「その決定ルールの根拠が背後に消えてしまったとき、その空間ははじめて、そこでのなんらかの行為と等価になったのである」。

　「子供たちは、いくらでも、原っぱを使った新しい遊びをそこから引き出すことができた。原っぱの楽しみは、その場所での遊び方を発明する楽しみであり、そこで今日何が起きることになるのかが、あらかじめわからないことの楽しみだった。／それが、人間の空間に対するかかわり方の自由ということの意味だ」。このように述べる青木は、「建築とは、自分を取り巻く環境は自分次第である、そういう感覚のために行う行為だと考えている」という。

　オープンスクールに代表される近年の日本の学校建築の動向を、管理された「遊園地」として鋭く批判する一方で、従来の定型化された日本の学校建築スタイルに基づく校舎について、教育的な機能に特化して造られているにもかかわらず、「原っぱ」的な空間、すなわち本書のいい方でいえば、校舎との自律的かつ創造的なかかわりが生成するような可能性を有している空間であるというのである。この点については、〈第5章〉や〈第6章〉でみる廃校舎活用にかかわってくるところであろう。

　では、自由な「原っぱ」を志向する青木が手がけた、御杖小学校の校舎をみてみよう。

御杖村立御杖小学校（奈良県御杖村、1998年竣工）

　御杖小学校は、もともと村内にあった3つの小学校が統廃合して、1996年に開校した小学校である。開校してしばらくは、閉校となった小学校のうちのひとつ旧菅野小学校の校舎を使用していたが、1998年に新たな造成地において新校舎が完成し、1998年度2学期より新校舎を使用し、現在に至っている。なお、工事費は15億円あまり、学校の規模は1学年1クラスである。

　御杖小学校の校舎は円形の鉄筋コンクリート造校舎であり、すぐそばを走る国道369号線から見上げると、「宇宙船」が降り立ったような印象を受ける外観である。校舎内部は、体育館の周囲を教室が包囲しているという斬新な造りであり、ドーム球場の観客席が教室になっている、といったところである。学

外　観

校舎内部

3年生教室・4年生教室とオープンスペース

低学年用トイレ

図書室

校案内のパンフレットでは2階建てということになっているが、厳密にいえば2階建てではなく、体育館を包囲する教室はらせん状に上昇していき、体育館と教室との間に挟まれたスロープを上っていけば、いつのまにか2階に到達するのである。

体育館に面したスロープと教室との間に仕切りがあり、仕切りをあけるとオープンスペースが教室の手前に挿入されており、オープンスペースと教室の間に壁は存在しない。この仕切りは開閉可能で、寒さが厳しい冬は閉じて保温につとめている。逆に夏は開けており、体育館・スロープ・オープンスペース・教室が壁なくつながり、さらに教室と外部の仕切りは全面ガラス張りで、体育館内から教室、さらには校舎外部まで視覚的にひとつながりとなる。

こうしたオープンな造りの延長上に、低学年用トイレが位置づくのかもしれない。1〜2年生の教室では、ワークスペースが教室後方に壁で仕切られずにつながっている。このワークスペースにサイコロのごときコンクリートの箱が設置されているが、これが低学年用トイレである。教室からみると、まさに教室の後ろにこのコンクリート箱が鎮座しており、トイレのコンクリート壁が教室の掲示板を兼ねている。なお、この御杖小学校のトイレについては、〈第6章〉で再び取り上げる。

この「宇宙船」のような校舎には、同じく円形の「子機」が付随している。「親機」から「子機」へは2階でつながっており、「子機」の入口から右にカーブを描きながら1階へと下降していくのが図書室である。その先には、地域開放用の玄関があり、さらにその奥に、学童保育に使われている畳敷きの談話スペースがある。このスペースも、やはり右にカーブしていて扇形の部屋となっている。図書室・談話スペースに取り囲まれる形で、「子機」の中心部に円形のコンピュータ室があり、図書室・談話スペースとは壁で仕切られた「隠し部屋」のようになっている。徹底的にオープンな「親機」と隠れ家的な「子機」という対比だろうか。

御杖小学校の校舎の設計を手がけた青木は、設計に際して次のようなイメージを持っていたという。たんなる小学校であるということを超えた村の公共的な場としての「広場」や「直接民主制」のイメージ。あるいは、最初から「小学校」という建築を目指すのではなく、特定の機能をもたない「広場」から、そこに人が住むことによってたまたま小学校が生成するようなイメージ。

　図書室を「子機」として「親機」から切り離しているのは、地域開放を想定してのことであるが、小学校を小学校として完結させるのではなく、村に残された数少ない公共的な空間として小学校をとらえるイメージにも関連してくるだろう。また、体育館という大きなオープンスペースを中心に校舎が広がっているので、このスペースに「広場」や「原っぱ」のイメージが込められているようにも思われる。建築家が校舎の機能を規定しきってしまうのではなく、校舎と人々とのかかわりによって小学校というありようが立ち上がってくる、そのような空間としての「広場」「原っぱ」というイメージなのであろう。

　ただ、青木の語りが若干過剰であるような気もしてしまう。教室の床はもちろん地面と平行で水平であるが、オープンスペースやスロープはらせん状に上昇するために傾斜があり、教室の床とは斜めにズレが生じていて、両者の間に段差ができている。それゆえに、オープンスペースやスロープを歩いていると平衡感覚を失うような感覚になってしまう。この傾向は「親機」よりさらに円周が小さい「子機」においてより強くなり、図書室の机が置かれている床面と、書架前のらせん状に下降していく通路とで段差が生じている。子どもたちにとっては楽しい空間になりうる可能性を有していると思うが、高齢化の進む地域においてこの「子機」を地域開放して大丈夫かと、よけいな心配をしてしまう。

　ともあれ、ふんだんに「遊び」の仕掛けを盛り込みつつ、既存の校舎イメージを大いにずらす「冒険」を試みた結果誕生したのが、御杖小学校の校舎であるということだけは間違いないだろう。(2000 年 7 月、2008 年 12 月訪問)

7．原広司と内子町立大瀬中学校

　原広司も、本章でこれまで取り上げた他の建築家と同様に著名な建築家であり、京都駅ビル・梅田スカイビル・札幌ドームなどの設計を手がけている。

　原によれば、これからの建築は、機能合理性や普遍性を追求してきた近代建築を超えて、「様相」に向かうという。原のいう様相とは、「事物の状態や空間の状態の見えがかり、外見、あらわれ、表情、記号、雰囲気、たたずまいなど（中略）が指し示している空間の現象」のことである。原は、以下にみる内子町立大瀬中学校より先に、首里城に隣接しているという立地に配慮がなされ、

分節された複数の赤い瓦屋根と沖縄の風土に根ざした風通しの良さが印象的な、那覇市立城西小学校校舎の設計を手がけている。その際、これからの学校建築のあるべき方向性として、「教育機能論的に学校をつくるのではなく、様相論にたって学校をつくる」べきだと述べている。教育的な機能に特化して北側片廊下型校舎に定型化されてきたのがこれまでの日本の学校建築であったとするならば、原の考え方は、こうしたありようを相対化するものである。このような建築思想をもつ建築家が、話題作となった城西小学校に続いて学校建築を手がけるとき、いかなる校舎が出来上がるのだろうか。

内子町立大瀬中学校（愛媛県内子町、1992 年竣工）

　大瀬中学校の現在の校舎は、建築費約 4 億 6000 万円、総事業費 8 億円あまりをかけて、1992 年に竣工している。私が訪問した 2005 年度の生徒数は 65 人、1 学年 1 クラスであった。大瀬中学校が位置する愛媛県内子町は、大江健三郎の故郷である。大江が、大瀬で幼少を過ごした頃には、「その地形や森の様相、川のかたちによって、唯一無二の独自さをそなえた場所だと感じられていた」。ところが、校舎が竣工するにいたる数年来、故郷に帰るたびに、この地が破壊されていく様に心を痛めていたようだ。その大江が、故郷の中学校の設計を依頼した相手が、原広司である。大江としては、原に影響された若手の建築家を想定していたところ、原自身が設計を買って出てくれたという。

　校舎は敷地の南端に位置している。校舎の背後や東西両端には山が迫っているという立地である。校舎の北側にある運動場からみると、東西両端に位置する 2 つの円筒型のホールが目を引き、左手（東端）が音楽室、右手（西端）が美術室である。これら東西両端にある円筒ホールを結ぶように、直線的に校舎が配置されている。運動場からみて手前を東西に貫くのが普通教室棟、中庭をはさんでその奥を東西に貫くのが特別教室棟で、両者が平行に配置されている。

　普通教室棟は高さ 4 メートルのコンクリート壁のうえに鎮座しており、屋根には和瓦が葺かれている。普通教室棟の北側に運動場に面して廊下が配置されているが、運動場側は壁で仕切られずにコンクリート柱が規則正しく並んでおり、屋根が架けられただけの半屋外の開放的な廊下となっている。廊下に立つと、運動場側のコンクリート柱に加え、教室側の壁がコンクリート打放し

で、逆に天井だけは屋根を形作る木材が目に入ってくるので、コンクリートと木とのコントラストが印象的である。このようなコントラストを成したまま、敷地の東西を一直線に貫く廊下には、静謐（せいひつ）な雰囲気が満ちている。なお、普通教室棟にはもともと普通教室6室が配置されていたが、訪問したときには東端の2教室はコンピュータ室として利用されていた。

　普通教室棟の奥には特別教室棟が配置されているが、両者に挟まれた中庭は、とくに西側から東側をみるとき、この学校のもっとも印象深い風景のひとつであろう。中庭のちょうど真ん中あたりに、普通教室棟と特別教室棟をつなぐ、瓦屋根が架けられた渡り廊下が配置されている。中庭にはコンクリートブロックが敷かれているが、ブロックに混じって砂利と瓦が敷きつめられている。この瓦は旧校舎に使用されていたもので、旧校舎からの瓦おろしやその瓦を敷きつめる作業は、地元の人々の手によってなされている。瓦は中庭の東西を一直線に貫くように敷きつめられている。渡り廊下の屋根越しには、背後に

運動場からみた外観（左端の円筒ホールが音楽室）

普通教室棟廊下

中　庭

多目的室からみた家庭科室・理科室

迫った山並みを借景として、音楽室であるコンクリート打放し壁の円筒ホールがたたずんでいるのがみえる。コンクリートと直線的な配置が織り成すシャープでモダンな雰囲気と、和瓦や木、背後の山並みといったこの地の風土、「伝統」とのコントラストが際だっており、このような風景が学校のなかに生じるということに驚きを覚える。

　中庭から特別教室棟へは階段状に上がっていく配置になっており、さらには特別教室棟の内部自体が階段状になっていて、手前の一段低いところに図書室・家庭科室・理科室が直列に配置され、それらより一段高いところにある細長い多目的室を挟んで、さらに一段高いところに、視聴覚教室と技術室が配置されている。図書室・家庭科室・理科室と多目的室・技術室は、それぞれが壁で仕切られず、直線上に並ぶ数本のコンクリート柱によってゆるやかに区切られている。高低差があって開放的なので、多目的ホールからみると、図書室・家庭科室・理科室は吹抜けのようにみえ、逆に技術室はロフトのようにみえる。

　外壁がコンクリート打放しで直線的な校舎の配置であるにもかかわらず、この校舎は周囲の風景になじんでいるように思われる。それは以上にみてきたように、山が背後に迫っているという立地や、それゆえにもともと斜面が存在するという地形をそのまま活かした設計となっているということに由来するのであろう。加えて、屋外／半屋外の空間が随所に挿入され、ウチ／ソトが入り組む空間構成となっていることも、この校舎をこの地に着地させることにつながっているのだと思われる。かくして大江は、次のように語っている。「ここに新しく建築された中学校を先頭にした集落が、村の風景を新しく整えているのである。破壊されたものを恢復させる仕方で」。（2005年8月訪問）

【参考文献】

青木淳「谷の広場／広場の小学校化」『建築文化』1998年8月号

青木淳『原っぱと遊園地』王国社、2004

クリストファー・アレグザンダー「都市はツリーではない」（押野見邦英訳）前田愛編『テクストとしての都市』（別冊国文学・知の最前線）學燈社、1984（1965）

クリストファー・アレグザンダー『オレゴン大学の実験』（宮本雅明訳）鹿島出版会、1977（1975）

クリストファー・アレグザンダー『時を超えた建設の道』（平田翰那訳）鹿島出版会、1993（1979）

クリストファー・アレグザンダー「現代日本の文化と東野高校の意味」（細井久栄・小林厚子訳）『新建築』1989 年 3 月号

井上達夫・名和田是彦・桂木隆夫『共生への冒険』毎日新聞社、1992

イヴァン・イリイチ『コンヴィヴィアリティのための道具』（渡辺京二ほか訳）日本エディタースクール出版部、1989（1973）

大江健三郎「建築が発掘される」『GA JAPAN』1、1992

環境構造センター「盈進学園のパタン・ランゲージ」『新建築』1985 年 6 月号

黒川紀章『共生の思想』徳間書店、1987

黒川紀章「メタモルフォーシスまたは中間領域」『新建築』1995 年 3 月号

小嶋一浩「ダイアグラムから空間へ」『新建築』2001 年 5 月号

小嶋一浩・山本理顕・二川幸夫「新現代建築を考える○と× 宮城県迫桜高等学校」『GA JAPAN』50、2001

象設計集団編著『空間に恋して』工作舎、2004

富田玲子『小さな建築』みすず書房、2007

ハンスヨァヒム・ナイス「クリストファー・アレギザンダー：盈進学園計画」（中埜博訳）『SD』1985 年 3 月号

ハンスヨアヒム・ナイス「計画概要」（中埜博訳）『新建築』1985 年 6 月号

長澤悟・中村勉編著『スクール・リボリューション』彰国社、2001

萩原一雄『村長通信』教育史料出版会、1994

原広司「学校建築小論」『新建築』1987 年 11 月号

原広司『空間〈機能から様相へ〉』岩波現代文庫、2007（1987）

藤森照信「分かりやすい言葉」『新建築』2007 年 12 月号

松葉一清「〈近代〉との闘争」『新建築』1985 年 6 月号

宮内康・布野修司編『現代建築』新曜社、1993

文部科学省『あたたかみとうるおいのある木の学校』文教施設協会／ボイックス、2004

山本理顕『細胞都市』INAX 出版、1993

山本理顕設計工場編著『山本理顕／システムズ・ストラクチュアのディテール』彰国社、2001

山本理顕「建築は仮説に基づいてできている」上野千鶴子編『現代の世相 1 色と欲』小学館、1996

山本理顕・土居義岳・塚本由晴「建築という仮説」『新建築』1996 年 6 月号

『SPACE MODULATOR NO.68 Architecture Watching 2. 盈進学園東野高等学校』日本板硝子株式会社、1986

『PLOT 02 小嶋一浩』A.D.A.EDITA Tokyo、2002

「石橋町立石橋中学校」『新建築』1995 年 3 月号

「岩出山町立岩出山中学校」建築思潮研究所編『建築設計資料 67 学校 2』建築資料研究社、
　1998

「岩出山町立岩出山中学校」『新建築』1996 年 6 月号

「岩出山町立岩出山中学校」『建築文化』1996 年 6 月号

「内子町立大瀬中学校」建築思潮研究所編『建築設計資料 67 学校 2』建築資料研究社、1998

「内子町立大瀬中学校」『GA JAPAN』1、1992

「盈進学園東野高等学校」建築思潮研究所編『建築設計資料 16 学校』建築資料研究社、
　1987

「盈進学園東野高等学校」『新建築』1985 年 6 月号

「C・アレギザンダーとの対話──建築家 3 人の質問状と回答」『建築文化』1985 年 6 月号

「宮城県迫桜高等学校」『新建築』2001 年 5 月号

「宮城県迫桜高等学校」『GA JAPAN』50、2001

「宮代町立笠原小学校」建築思潮研究所編『建築設計資料 16 学校』建築資料研究社、1987

「宮代町立笠原小学校」『学校建築の冒険』INAX、1988

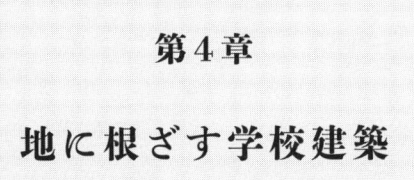

第4章

地に根ざす学校建築

　〈第1章〉にみたように、日本の学校建築は、明治中期（1895〜1905年頃）以降、学校の「中心」的な機能である教育的な機能に特化して、北側片廊下型校舎に運動場という形で全国画一的に整備されてきた。その過程において、校舎から「周縁」＝「境界」的な空間は排除され、学校がもっていたコミュニティセンターとしての役割は後退していったのであった。

　こうした傾向は、〈第2章〉にみたように、1980年代以降の「新しい」学校建築でも続いている、というのが本書の見立てであった。オープンスクールにおけるオープンスペースは、教育的な機能から導き出された教育的配慮に満ちた空間であり、しかも推進者自らが危機感を表明するほどに、北側片廊下型校舎に代わって今度は「オープンスクールという名のもとの画一化」が進行している状況なのであった。また、学校施設の複合化は、「学校と地域社会の連携」を目指しており、学校建築が定型化されていくなかで後退したコミュニティセンターとしての学校のありようの復権を目指しているようにもみえるが、セキュリティの強化を要請する社会的情勢もあり、学校と併設施設の利用者どうしの動線はクロスしないように徹底された、ツリー構造となってしまわざるをえない状況であった。

　以上にみてきたところでは、明治中期以降今日にいたるまでの日本の校舎は、地域に関係なく、北側片廊下型校舎、オープンスクールといった形で全国画一的に整備されてきたということがいえるだろう。そして、そのような画一化において校舎が教育的な機能に特化していくことで、学校のウチとソトを媒介するような「境界」的な空間は校舎から排除され、地域社会との接点を持ちにくい状況にあり続けたということがいえるだろう。〈第4章〉では、こうした状況に抗い、あるいはこうした認識そのものを相対化する、学校が位置する地に根ざそうと試みた、ないしは根ざしてきた校舎を取り上げる。

　〈1.〉節では、全国画一的に同じタイプの校舎が整備されてきたという日本の学校建築のありように抗い、校舎を学校が位置する地に着地させようと試みている「境界人」としての建築家に、〈第3章〉に引き続いて登場願い、そのような試みがみられる校舎をみていくことにしたい。〈2.〉節では、先行研究に依拠して本書でこれまで述べてきた、明治中期以降、学校が位置する地とは無関係に全国的に画一化されてきたのが日本の学校建築である、という認識そのものに相対化をせまる、学校が位置する地に根ざしてきた校舎を取り上

げる。これらの校舎は、北側片廊下型校舎に運動場というフォーマットにのっとったとしても、学校が位置する地に固有の、すなわちヴァナキュラーな校舎が生成しうることを物語っている。さらには、こうした校舎においては地域住民という「境界人」が、教育的な機能以外の機能や意味を学校のウチ側に持ち込み、学校のなかに地域社会というソトとの接点、つまり「境界」的な空間が生成するための余地が確保されているであろう。

1．地に根ざす校舎という試み

　以下にみる、豊岡市立弘道小学校、淡路市立岩屋中学校の校舎の設計を手がけた、いるか設計集団の重村力は、「コモンズとしての建築」と題された短い文章において、次のように述べている。「形式としての建築ではなく、人々や自然と空間をつくりつつ、そこにしかない意味の宿りうる場所を形成し、存在するだけで人々の生活を豊かにするものこそ求められている。そのようなコモンズになりうる建築とはどのようなものだろうか？　本来公共建築はそこに与えられた機能を超えた空間のもつ多義的性格を、惜しみなく街や人々に分け与えるべきものであり、そのような鷹揚さをもって都市に存在するものであるべきだ」。

　建築を校舎に置き換えれば、次のようにいえるだろう。すなわち、校舎に与えられた機能は子どもたちへの教育的な機能であるが、そのような機能を超えた「多義的性格を、惜しみなく街や人々に分け与える」ような「鷹揚さ」を持って、「そこにしかない意味の宿りうる場所を形成する」ような校舎であるべきだ、と。

　以下にみるのは、このような、校舎を学校が位置する地に着地させようと試みる「境界人」としての建築家たちが手がけた校舎である。それは、北側片廊下型やオープンスクールを採用しないユニークな校舎ということではない。それらを採用しているか否かにかかわらず、教育的な機能だけでその校舎が導かれたのではなく、学校が位置する地とのつながりを校舎に持ち込もうという意志が見受けられるような校舎を取り上げたいのである。その意志の校舎への表れ方も、当然ながら多様である。

豊岡市立弘道小学校 （兵庫県豊岡市、1991 年竣工）

　弘道小学校は、兵庫県北部の旧出石町（2005 年 4 月 1 日市町合併により豊岡市）に位置する。学校は明治の学制施行時に創立され、さらには「弘道」という名称自体は、出石藩主によって開かれた藩校「弘道館」にまでそのルーツはさかのぼるという、たいへん歴史の古い学校である。

　出石の街中にあった旧校舎が老朽化し、さらには観光客や交通量が増加したため、街の中心から徒歩圏内ではあるが、街を見下ろす高台に校舎を移転・新築することになり、1991 年に竣工したのが現在の校舎である。総工費 15 億 4000 万円をかけて建てられた校舎の設計を手がけたのは、いるか設計集団である。

　校舎は、一部鉄筋コンクリート造を組み合わせているが、基本は木造であり、屋根には茶色の瓦が葺かれている。複数の校舎が山に抱かれるように点在している。平屋の低学年棟から時計回りで、平屋のランチルーム棟、2 階建ての管理・体育館棟、「下階」と 1 階の 2 階建てである中学年棟と高学年棟、平屋の生活棟（家庭科室・和室）、「下階」と 1 階の 2 階建ての芸術棟（図工室・音楽室）、そして出石のシンボル辰鼓楼を模して造られた時計塔、これらの校舎が回廊状に配置され、渡り廊下でゆるやかにつながっている。この廊下は木とガラスが多用されて造られており、瓦屋根を架けた半屋外の部分もあり、風通しがよく開放的である。

　「下階」ということは、「下階」・1 階・2 階の 3 層を成していることになるのだが、3 階建てということではなく、斜面をうまく活かしていて、学校の敷地全体がいわば階段状になっている。つまり、中・高学年棟は、斜面のもっとも谷側に位置し、低学年棟や管理・体育館棟やランチルーム棟は、中・高学年棟より 1 階分高い層に位置している。校舎の背後には山がせまっているが、無理な造成をせずに、地形を最大限に活かしているのである。その極みが、体育館の舞台のさらに奥に階段状に設けられた、屋外ステージであろう。

　中・高学年棟に面してその谷側にある広い運動場とは別に、低学年棟とランチルーム棟に面して低学年専用の小さな運動場が独立しており、回廊状に配置された校舎の中庭といった趣である。昇降口は学年毎に設けられているので、低学年の教室へはこの中庭から直接入ることができる。昇降口が学年ごとに小さく分割されていることと、校舎が低層におさえられ、木がふんだんに用いら

れていることとがあいまって、校舎特有の威圧感を感じさせない。

　校舎のなかに入ってみても、木の存在感が圧倒的である。1学年2クラスの設計で、普通教室2教室でひとつのワークスペースや畳コーナーを仕切りなしに共有して学年ごとのまとまりが造られている。また、校舎内の至る所にベンチが設けられている。次にみる淡路市立岩屋中学校も含めて、いるか設計集団が手がけた校舎ではベンチが多用されている。

　ランチルーム棟の屋上は、出石の街を眺望する絶好のスポットとなっている。ここは駐車場からの校内への入り口になっており、そのまま体育館に入ることもできるし、管理棟1階の正面玄関へ降りていく階段もある。まるで迷路のように、動線が自在なこともこの校舎の特徴であろう。この学校で1年生の担任をした経験のある教員によれば、校舎内で迷子になり自分の教室に戻ることができなくなった子どもがいて、迎えに行ったこともあったという。

　それにしてもこの校舎は、地形にも配慮がなされ、木を多用し低層に押さえ

中庭越しにみたランチルーム棟（左は低学年棟）

低学年棟足洗い場と昇降口

ランチルーム棟屋上からみた生活棟

時計塔

られているがゆえに、山を背後にした周囲の風景に非常によくなじんでいる。校舎内からの眺望もよく、出石の街並みへと視線が誘われる。出石のシンボル辰鼓楼を模して造られた時計塔に関して、いるか設計集団の有村桂子は、次のように述べている。「旧校舎に込められたさまざまな思い出や記憶をそっくりそのまま新しい校舎に移しかえることはできないにしても、思い出や記憶のかすかな香を移そうと考えた。旧弘道小学校の敷地の東南の角に、すっくと立つ辰鼓櫓は、出石の町のシンボルであると同時に、弘道小学校のもっとも重要なシンボルでもあった。辰鼓櫓と通信しあうかのような位置に、新しい小学校にもコウノトリの風見を持つ時計塔を計画した」。さらに、管理・体育館棟1階のメディアセンター（図書室）上部の壁面には、旧校舎の窓枠が取り付けられている。このような、これまでのこの学校の歴史を含む、この地との対話の積み重ねによって、楽しくて魅力的な地に根ざす校舎が生成し得たのではないだろうか。

　学校を訪問した後、「楽々鶴」という銘柄の酒を醸している出石酒造に寄ってみた。酒蔵はずいぶん古い建物であるが、それゆえに絶妙の温度・湿度を保てるらしく、新しい建物では納得する味が出せないらしい。出石そばも有名で、出石を訪れる観光客は多いのだが、どうしても宿泊は近くの城崎温泉に流れてしまいがちだという。出石の街を一望する絶好のロケーションである弘道小学校のしゃれた木造校舎が、もし旅館かホテルであれば、出石に泊まる旅行客も増えるのではないか。そのように感じてしまうほどに、出石の地によくなじんだ校舎であった。（2003年12月訪問）

淡路市立岩屋中学校（兵庫県淡路市、1993年竣工）

　岩屋中学校は戦後すぐに開校した中学校で、1963年から1992年まで使用した旧校舎を解体して、1993年に現在の校舎が完成した。旧校舎解体工事費約8000万円を含む事業費は、18億円あまりである。校舎を設計したのは、豊岡市立弘道小学校と同じく、いるか設計集団である。

　教育的な機能からみたときには、中学校にしてオープンスクール型の校舎にした点が、この校舎の見どころということになろう。1学年ごとに3教室でひとつのワークスペースを取り囲んで大きな正方形のまとまりが作られているが、もともとは教室どうしや教室とワークスペースの仕切りは最低限しかな

く、仕切る必要があるときには可動家具によって仕切るようになっていた。しかし、教員にとっては使い勝手が悪かったようで、あるクラスで生徒を叱ると、別のクラスが静かになることもしょっちゅうだったという。そのため、築5年ほどが経過した段階で、ワークスペースと教室の間を恒常的な仕切りでさえぎることになった。与えられた校舎に教員が規定されるのではなく、使い勝手がいいように自らアレンジしたと考えることもできるだろう。ただ、後から設けられた仕切りが他の多くの鉄筋コンクリート造校舎によくみられるもので、細部までデザインや配色に趣向が凝らされ、鉄筋コンクリート造（一部鉄骨造）でありながら内部にふんだんに木が用いられた岩屋中学校の校舎には明らかに合っておらず、何かもったいないなぁという気がする。

　しかし、この校舎の見どころは、むしろ教室とワークスペース以外にあるように思う。まず、校舎内部でいえば、弘道小学校と同じく、廊下の至る所に木製のベンチが設えられている。そして校舎の中心部には、オープンな造りのメ

中庭（右は和室）

屋上庭園からみた校舎外観

屋上庭園

思い出の小道（右は体育館）

ディアセンター（図書コーナー）と2階への階段が観客席（オーディトリウム）を
かねる生徒会コーナーが設けられ、両者は仕切られずに隣接しており、全体と
して広いオープンスペースとなっている。

　校舎は回廊状に配置されており、校舎に囲まれた空間は芝生の中庭となって
いる。その中庭に、縁側付きの和室がせり出している。また、回廊状の校舎と
いっても高さがまちまちで、3年生の教室がある一角は3階建て、その他教室
があるゾーンは2階建て、職員室などが入る管理ゾーンは平屋建てと変化を
持たせている。各教室にはベランダが設けられているほか、平屋の校舎の屋上
はまるまる屋上庭園となっており、教室からも自由に出入りできる。

　屋上庭園にでてみると、ここが学校であることを忘れてしまう。高さや形の
違う赤茶色の瓦が葺かれた屋根が目を引く。果樹の森と称する裏庭には山が迫
り、また何といっても海に面しているという絶好のロケーションである。ここ
が南国のリゾート地のレストランであるかのような錯覚を覚えてしまう。いる
か設計集団の重村 力（つとむ）自身が、「外部環境と内部環境の入り交じった総合環境を
つくることができた」と語るように、校舎がこの温暖な地によくなじんでい
る。そして、屋上庭園やベランダのような、教室の外へと誘われるような仕掛
けがふんだんに設けられている。このような仕掛けは、教育的な機能からみた
ときには余分なスペースなのかもしれないが、この地との対話から生み出され
た仕掛けを、機能的な既存の校舎に挿入させようという、建築家の想いのよう
なものを感じた。

　建築家の想いということであれば、旧校舎の解体跡に作られた「思い出の小
道」に触れないわけにはいかないだろう。建築から25年が経過して危険校舎
として認定された旧校舎の解体作業を見ながら、重村らは次のような想いで
あったという。「改めて中性化したRC造の危険性を感じた。しかし、この25
年は、多くの生徒・先生方が過ごした月日であり、空間である。私たちは、生
徒・先生の学校に込められた思いを、何らかのかたちで残そうと考えた」。か
くして、旧校舎の基礎の部分を残し、そのうえに屋根と同一の瓦と旧校舎の破
片からなる陶片モザイク貼りを行い、「思い出の小道」ができあがった。当時
の美術部員を中心に、生徒らもこの作業に参画したという。岩屋中学校の校舎
は、歴史の積み重なったこの地を、だいたんにアレンジを加えながら継承して
いく、そのような校舎なのではないだろうか。（2003年7月訪問）

氷見市立海峰小学校（富山県氷見市、1996 年竣工）

　海峰小学校は、阿尾小学校と藪田小学校の統合によって、1996 年度に開校した学校である。寒鰤で有名な富山の氷見漁港から 5 キロほど離れた海の近くに位置し、学校のすぐ近くに阿尾漁港がある。校舎は、長谷川逸子が設計を手がけ、総工費 9 億円あまりをかけて建設された。

　敷地の北端に、2 階に普通教室が 7 室、1 階に職員室や校長室・図書室・食堂などが配置された教室棟が位置し、そのすぐ南側に特別教室棟、さらにその南側に体育館が位置し、それぞれが渡り廊下で結ばれている。

　敷地の東側に学校へのアプローチがあるが、ここからみた教室棟は、左側（南側）が左斜めに傾いて建物が建っており、校舎を支えるコンクリート柱 3 本も斜めに傾いているという外観である。敷地内に入って、運動場からこの教室棟をみると、手前（南側）に校舎が傾いているうえに、北側片廊下型校舎でありながら校舎が一文字形に直線に延びておらず、ゆるやかにカーブを描いている。さらには、教室棟の南側全面が三角形を多用したパネルで覆われており、その下は教室棟に沿って 3 ～ 5 段ほどの階段と「せせらぎ」が設けられている。

　教室棟のみならず、特別教室棟の運動場側は全面水色に彩られ、また体育館の壁は中心部が全面ガラス張りとなっており、このガラスを濃いブルーの彩色が取り囲み、壁の手前を斜めに架けられたコンクリート柱が横切るという外観である。この体育館は、すぐそばを走る国道 160 号線（氷見バイパス）からよくみえており、地域のランドマークたりえている。

　長谷川は以上のような校舎の配置・外観に関して次のように述べている。「氷見市の中にあって海に最も近い海峰小学校は、海のイメージを持って立ち上げたいと考えていた。海のゆらぎ、きらめき、広がりそして変化まで包み込んだ空間として敷地を捉え、建物もそのランドスケープの一部としてデザインした。波のゆらぎ、砂丘の流動性を形態のテーマとし、『スピードウェーブ』と名付けたこの建築は、新しい交通時代のスピード感を表現し、それは近隣のバイパスの風景にもふさわしい」。強烈に印象に残る外観は、この学校の立地を意識して、この地とのつながりを校舎に持たせようという試みであることがわかる。

　校舎のなかに入ってみると、外観から受ける強い印象は影をひそめ、細かい

教室棟東側外観

教室棟南側外観（右は特別教室棟）

昇降口

図書室

廊下（右は普通教室）

ところにも目配りのきいた心地よい空間となっている。教室棟 1 階にある昇降口が、昇降口という無粋な名称よりは玄関といった方がふさわしい雰囲気で、円形の傘立て、いや正確にいうと傘の柄をひっかける台が設けられるなど、明るくしゃれている。玄関の隣には、1～2 階吹抜けの図書室があり、北側と東側が全面ガラス張りで、テーブルと椅子も円形に統一されている。先ほど述べた、アプローチからみえている斜めに架けられたコンクリート柱は、玄関や図書室のなかからみたときには水色に彩色されており、それとガラス以外の壁が黄色に彩色されている。ガラス・水色・黄色の取り合わせが絶妙で、明るくやわらかい雰囲気を生じせしめている。

　玄関上の 2 階部分は多目的スペースになっており、ここから 1 階の図書室を見下ろすことができる。校舎への入り口部分にこうしたオープンなスペースを配置しつつ、その奥に、2 階は普通教室、1 階は管理諸室が続いていく。教室は南側に配置され、北側を片廊下でつないでいるが、教室と廊下は半透明の壁で仕切られ、廊下から教室内部が丸見えではなく、人の気配が感じられるようになっている。さらには、廊下がカーブしており、廊下の先が完全に見通せないことで、かえって廊下の先へ先へと誘うムードを醸し出している。教室には南面する日当たりのよいバルコニーが付いており、体育館の個性的な外観がよくみえる。私が訪問したときには、このすばらしいバルコニーに雑巾が多数干してあって、この校舎が子どもたちや教員によって存分に使われているのではないかと、かえって好印象をもった。

　教室棟 1 階廊下の行き着く先には、食堂がある。食堂のすぐ外には庭園が造られていて、屋外で食事をとることも可能になっている。また、特別教室棟は中心を貫く渡り廊下で区切られ、渡り廊下より西側に理科室や音楽室など特別教室が配置され、アプローチに近い東側には洋室に加え和室のミーティングルームも備わったコミュニティセンター（阿尾公民館）となっており、コミュニティセンター専用の玄関もある。体育館は、舞台裏と舞台の反対側が全面ガラス張りになっている。

　「建築を社会的なオブジェとしてのレベルに固定してしまうのではなく、いろいろな人々が関わりを持つことによって立ち上がってくる空間として機能することを考えている。（中略）公共建築の理念は原っぱではないかと考え始めている。あらゆる人たちに開かれているコミュニケーション空間。いろいろな

活動を引き受けられる自由な場」。このように考える長谷川は、「原っぱ」を残す「地形としての建築」を志向する。校舎の外観には、このような志向がストレートに出ているように思うが、校舎のなかに入ったときには、自らの志向にからめとろうとする意志や、ましてや学校教育のありようを建築によって変えようという押し付けがましさなどは感じられない。日常的にこの校舎を使う子どもたちや教員に加え、来訪者にも開かれ心地よく過ごすことができる、そのことで多様な人々がかかわり、さまざまな出来事が生じるための舞台に徹しようという意志の表れのようにも思われる。（2005 年 5 月訪問）

直島町立直島小学校 （香川県直島町、1970 年竣工）

　瀬戸内海に浮かぶ直島は、人口 3000 人あまり、島の北部には三菱マテリアル直島精錬所があり、島民の約 7 割が三菱マテリアルとその関連企業で働いている。直島より 4 キロメートルほど東に位置する豊島に四半世紀にわたって不法投棄され続けた産業廃棄物は、三菱マテリアル敷地内の直島環境センターで中間処理されている。

　この島の知名度を高めたのは、1989 年以来のベネッセによるアート活動である。瀬戸内海国立公園の一角を形成する島の南部に、安藤忠雄が設計したベネッセハウス（ミュージアム・宿泊施設）や地中美術館があり、さらには、島の中東部の本村地区では、古い民家を保存してそこで現代アートを制作・展示する「家プロジェクト」が展開されており、南部のみならず島内の至る所に現代アート作品が点在する。この建築と現代アートを目当てに、少子高齢化の進む瀬戸内の島に多くの若者や外国人観光客が島を訪れる。

　直島には、岡山県の宇野港からフェリーで 20 分ほどで着く。フェリーの到着する島の中西部にある宮浦港には、2006 年に竣工した海の駅「なおしま」が待ちかまえている。設計を手がけたのは、建築の世界で近年脚光を浴びている妹島和世と西沢立衛のユニット SANAA である。

　安藤忠雄や SANAA に先駆けて、直島町役場やふるさと海の家つつじ荘など、直島で数々の建築を手がけてきたのが石井和紘である。1970 年に竣工した直島小学校が石井のデビュー作であり、石井は直島小学校について、「私にとっては今でも原点の建築であり、この小学校からの方法的な距離で、自分のほかの建築を測っている」と述べている。直島小学校に加え、直島中学校・直

島幼児学園とで直島の文教地区を形成している。これらの建物もすべて石井が設計を手がけているが、文教地区は宮浦港と本村地区のちょうど中間地点でまさに島の中心部に位置し、背後には直島で一番標高の高い地蔵山がせまっている。

　石井によれば、自身が建築を学んだ東京大学の吉武泰水研究室における公共建築計画の手法が、「内部機能」すなわち「各部屋の機能の集合として建築を考えることから始める」ところに限界があると考え、この手法を前進させる方向として、「景観に対する対応を建築にもたせ」ることで、「外部を含んだ全体として考える」道を選んだという。このような考えもあって、文教地区内のすべての建物は、背後に迫る地蔵山の存在によって決まっているという。

　実際、直島小学校の建築は、まず敷地の北側にある運動場から、その南側に迫る地蔵山の斜面にあわせて上昇する階段状の基壇をつくるところから始められた。基壇のすぐうえに左右対称の校舎が載っているが、運動場からみて手前

校舎北側外観

校舎東側外観

中　庭

に平屋の特別教室棟があり、体育館と中庭をはさんでその奥に3階建ての普通教室棟がある。東側から校舎をみると、山の斜面にあわせて校舎も斜めに傾斜しており、左側の山からそのまま右側の運動場にすべり落ちていくような外観となっている。石井は次のように語っている。「全体にどこに居ても地蔵山の存在が無意識下に発揮されるようにしたいと願った。小学校の形態を山の形に相似にすることで、小学校の形は山の前に小さく見える。しかし、生徒と比較すれば小学校は大きい。そのときに地蔵山の大きさを感じてもらえる。六年間、地蔵山のふもとで育ってもらうのだ」。

　建設費約2億4000万円（直島町公式ホームページによる）をかけて建てられた鉄筋コンクリート造校舎のなかに入ってみると、中心部にはらせん階段があり、上っていくと3階の図書室に至る。図書室は階段周りが八角形で、さらに北側のみ運動場に向かってまっすぐに突き出た形になっている。図書室には、廊下に並行する3階ベランダに直接出ることができる扉が設けられている。この扉付近は扉も含めて天井までガラス張りで、そこから日が差し込んで明るい雰囲気の空間になっている。

　普通教室は18教室用意されているが、私が2007年に訪問したときには1学年1クラスで、特別支援学級が3クラス、残りの教室は国際理解教室や視聴覚室などに利用されていた。また、教室と廊下は少し離され、3教室でひとつのトイレを共有する配置となっており、2つ隣の教室への最短の移動ルートはトイレを突っ切るというおもしろい動線になっている。

　体育館と中庭は、普通教室棟と特別教室棟に挟まれて校舎と一体化している。それゆえ、2階廊下の窓からは体育館内を見下ろすことができるし、体育館内からみると、バスケットゴール付近に1階の図工室や家庭科室の窓がある。そもそも、図工室へは普通教室棟1階廊下から体育館のステージ上を通って入室する。2007年に訪問したときには改修工事中のため、図工室を1年生が使用していた。入学してすぐこのような通路で教室デビューするというのは、他の学校ではなかなか得られない貴重な経験となろう。

　中庭に面した1階廊下は、中庭と壁で仕切られていない半屋外となっており、校舎内部と外部がゆるやかにつながっている。地蔵山を取り込んだ校舎の全景を眺め、校舎中心部のらせん階段を上って校舎内部を一周し、この中庭に出て再び校舎の白い外壁を見上げるとき、この校舎が、1970年築とは思えな

いほど従来の単調な校舎イメージをずらし、温暖な気候風土に校舎を着地させることに成功しているのではないか、との思いを強くする。(2001年9月、2007年10月訪問)

日光市立栗山小学校（栃木県日光市、2005年竣工）

　栗山小学校は、栃木県の旧栗山村（2006年に近隣の2市2町との合併により日光市）に位置する。新日光市発足に先駆け、栗山村立であった旧栗山小学校と旧日向小学校の2校による統廃合により、2005年度に開校したのが現在の栗山小学校である。ちなみに、私が訪問した2007年度の児童数は33名で、低・中・高の2学年ずつの複式学級で全校3クラス編成であった。この新栗山小学校の開校に合わせて、旧栗山小学校の敷地内に約6億7000万円をかけて新設されたのが現在の校舎である。

　校舎は2階建てで、敷地の北西角を中心にL字型に広がっている。敷地の北端を東西にのびるのが普通教室・管理棟、西端を南北にのびるのが特別教室棟である。普通教室・管理棟は、ちょうど中心部に階段室が挿入されており、また、普通教室・管理棟と特別教室棟は、階段室でつながっている。階段室は全面ガラス張りで、建物を分節する外観的なアクセントとなっていると同時に、建物内部からみると視覚的に内外をつなぐ役割を担っている。屋根は運動場に面して広く取られており、OMソーラーシステムを採用しているため太陽光パネルが載っている。

　栗山小学校が位置する一帯は、日光国立公園の区域に指定されており、学校の周囲は山に囲まれている。2階建て鉄筋コンクリート造校舎でありながら、校舎の外観はこのような環境になじんでいる。「豊かな自然環境と調和するデザイン」をコンセプトのひとつとしてこの校舎が設計されたからであろう。設計にあたったフケタ設計の佐藤公紀は次のように述べている。「背景に連なる美しい山並みと集落に調和し、冬期における積雪へ対応したデザインとして（北側への落雪、積雪を最小限にする）、南面を広くとった変形切妻屋根を集落の景観と連続するよう分棟形式にて採用した」。

　外観が周囲の環境にとけこんでいるだけでなく、建物のなかに入ってみると、建物とこの地とのつながりが強く感じられるようになっている。全体的に、大きめのガラスが多用されており、周囲の山並みと視覚的につながると同

時に、寒さが強いこの地にあって、屋内に日の光が差し込んで暖かく、明るい雰囲気を生じせしめている。このような雰囲気にマッチしているのが、鉄筋コンクリート造でありながら、教室や廊下の腰板や床板など、内装にふんだんに用いられている木材であろう。

　6室用意されている普通教室は南面し、日当たりがよい。また、廊下の部分がやや広めに取られていて、廊下と教室の仕切りは開閉可能である。これはもともとオープンスクール型の校舎とする予定であったところを、冬の寒さが厳しいために仕切りが取り付けられることになったためである。結果として、木質感のある明るくゆったりとした廊下になっている。

　校舎の北側に鬼怒川をはさんで山がせまり、その山あいを唐滝が落下している。普通教室棟の一角にはその唐滝がみえる「からたきルーム」が存在し、廊下との仕切りを開けると、廊下越しにみえる唐滝とこの部屋が視覚的に一体につながる。この「からたきルーム」は多目的ホールとなっており、集会もここ

普通教室・管理棟外観（左は特別教室棟）

階段室

体育館舞台

で行われるという。

　普通教室棟と特別教室棟をつなぐ階段室では、全面ガラス張りの空間内を木造の階段が2階へと誘っている。このガラスと木材、外部にみえる豊かな緑とのコントラストがすばらしい。

　新校舎建設に先がけて、2001年3月に3億円あまりをかけて体育館が竣工している。この体育館と校舎とは、公道の下をくぐる地下通路で結ばれている。地域の方の利用のもっとも多い体育館を、校舎の敷地から切り離して地下通路で結ぶというアイデアは、新校舎設計にあたってのコンセプトのひとつである「地域に開かれた学校づくり」を具現化したものであろう。ただ、公道が県道でダンプなど大型車の通行もあり子どもたちの安全を考える必要があるとはいえ、湿気のため除湿器が24時間フル稼働するなど、維持管理を考えるとここまでする必要がない気もする。ただ、地下通路を経てたどりついた体育館は、舞台奥がガラス張りで、北側には唐滝がみえるテラスまで設えられ、周囲の山並みとの一体感が見事であった。

　運動場には、隅ではなく真ん中に近いところに、旧栗山小学校時代からそこに立っている桜の木が2本残されている。広い運動場を確保するためには切った方がよいという機能的な要請が聞こえてきそうだが、あえてこの地へ受け継がれてきた想いをとどめることを優先させたところに好感をもった。

　以上のように、栗山小学校の校舎は、ふんだんに用いられた木材や、差し込む光、周囲の山並みやこの地とのつながりへの配慮によって、寒さが厳しいこの地にあってぬくもりが感じられる、そのような校舎であった。（2007年9月訪問）

有田川町立御霊小学校 （和歌山県有田川町、1994年竣工）

　御霊（ごりょう）小学校は、和歌山県有田川町（ありだがわ）（合併前は旧吉備町）に位置する。現在の校舎は、運動場の用地費4億7000万を含む総事業費13億4000万円あまりをかけて、1994年に竣工している。私が訪問した2011年度の児童数は263人で、1学年2クラスである。新校舎竣工当初はもう少し児童数は多かったようであるが、1学年2クラスという規模は維持し続けている。

　校舎は鉄筋コンクリート造でありながら、和歌山大学の木造校舎研究グループによる研究対象にも選ばれ、校舎の木質化が子どもたちに与える影響につい

て研究されたこともあるくらいに、内装に木材がふんだんに用いられている。なお、この校舎の設計を手がけたのは、ほかにも県下の多くの校舎を設計している岡本設計である。

　敷地の北端に東西方向に一文字形の2階建て校舎が位置する。校舎内部は、片廊下ではなく、中廊下式が採用されている。廊下を挟んで日当たりのよい南側に普通教室、北側に特別教室が配置されている。校舎の西半分は、中廊下にあたる部分の1階〜2階が吹抜けの広い多目的ホールになっており、壁や天井には木材がぜいたくに使われている。多目的ホールの西端には図書コーナーが設けられ、オープンな図書室となっている。ホールの東端には1階から2階に上がる階段が設けられており、この階段の踊り場や2階普通教室前の廊下からは、多目的ホールを見下ろすことができるが、設置された柵は木材をクロスさせたもので統一している。この多目的ホールは、とくに教育活動に結びつけて活用されているわけではないそうだが、それゆえにこそ、教育的な機能か

多目的ホール（1階奥は図書コーナー、左は普通教室）

東階段踊り場（世界名画コーナー）

昇降口（奥は運動場）

らはみ出す「余白」をこの校舎に付与する魅力的な空間となっている。

　教育的な機能をはみ出す余白ということであれば、校舎の東端の階段踊り場も印象的である。通常の踊り場より広いスペースが与えられ、木のベンチまで設えられており、多様な使い方ができうる余地を残している。この余地には、「世界名画コーナー」と称して絵画が複数掲げられるとともに、本棚が設置され図書が並べられている。また、この階段を上がった2階エレベータ付近にも少し広いスペースがあり、そこも図書を並べた畳コーナーとして活用されている。

　音楽室は、旧校舎であった円形校舎に敬意を払って、ステージから運動場側に向かって半円状にせり出す形になっている。普通教室には出入り自由なベランダが付随しており、ベランダからは運動場越しに周囲の山並みを眺望することができ、学校とこの地とのゆるやかなつながりが実感できる。この地とのつながりということでいえば、校門は隣接する御霊神社を意識してか、屋根は瓦葺きで、コンクリート柱に木の格子がはめ込まれた造りになっている。また、両サイドが丸太5本に挟まれた昇降口は、上方は吹抜けで、昇降口を通過するとすぐに運動場側に出られるようになっており、来訪者を校内に誘っているような印象を受ける。

　このような校舎の造りも関係しているのか、地域住民による体育館の利用状況も、夜はほぼ毎日利用され、土日も盛況だそうである。また、訪問当日は、子どもたちが参加する吉備津神社の獅子舞が町内を巡回する日に当たっており、偶然にも訪問していた時間帯に御霊小学校に現れ、舞いを見学することができた。

　このように、御霊小学校の校舎は、木材がぜいたくに使われながら、教育的な機能からはみ出す余白のスペースを多分に含みこんでおり、この地とのゆるやかなつながりが感じられる校舎であった。(2011 年 8 月訪問)

2. 地に根ざしてきた校舎

　〈第 2 章〉以降、本書では、1970 年竣工の直島町立直島小学校を唯一の例外として、1980 年代以降に竣工した校舎を取り上げてきた。〈第 2 章〉は、1980 年代以降の「新しい」学校建築の動向を検討したので当然であろう。ま

た、〈第3章〉と本章〈1.〉節では、「境界人」としての建築家に焦点を当てたが、もっぱら学校建築のみを手がけてきたわけではない著名な建築家によって、学校建築が手がけられることが目立ってきたのも1980年代以降のことなので、これまた取り上げた校舎が1980年代以降に竣工した校舎ばかりとなったわけである。

　しかし、以下の本節において取り上げる校舎は、日出町立日出小学校を除いて、竣工年が一気にさかのぼることになる。さらには、本書でこれまで述べてきた、明治中期に定型化された日本の学校建築スタイルである、北側片廊下型の校舎である。ここに取り上げる校舎は、このフォーマットにのっとったとしても、学校が位置する地に固有の、すなわちヴァナキュラーな校舎が生成しうるということ、そして、校舎のありようが、学校が位置する地とのかかわりによって左右されるということを物語っているように思う。そして、これらの校舎は、先回りして子どもたちの行為を規定しようという過剰な教育的配慮によって建てられたのではなく、学校を地域のシンボルとしてとらえ、地域の資材が投入され、地域の大工によって丁寧に建てられたことがかいまみえる校舎となっている。

　このような校舎においては、地域住民という「境界人」が、教育的な機能以外の機能や意味を学校のウチ側に持ち込み、学校のなかに地域社会というソトとの接点、つまり「境界」的な空間が生成するための余地が確保されているであろう。

旧京都市立清水小学校 （京都府京都市、1933 年竣工）

　京都市東山区では、東山・白川・清水（きよみず）・新道・六原（ろくはら）の 5 小学校、さらには、弥栄（やさか）・洛東の 2 中学校を加えた 7 小中学校による統廃合によって、新しく小中一貫校である開晴（かいせい）小学校・開晴中学校（東山開晴館）が 2011 年に開校した。今回の統廃合に先立って、2002 年には、貞教・修道両小学校の統合によって東山小学校が、2004 年には、有済・粟田（ゆうさい）両小学校の統合によって白川小学校が、それぞれ開校している。この貞教・修道・有済・粟田、それから上記した清水・新道・六原・弥栄の 8 つの旧小中学校は、すべて番組小学校にルーツがある。〈第 1 章〉で述べた通り、番組小学校は学制発布に先立って京都市中を分割する 64 の番組ごとに小学校を開設したもので、学制以降、番組は「学

区」に引き継がれていくが、京都における「学区」は、たんなる通学範囲を指すのではなく、住民自治の単位である。今回の統廃合は、8 学区にまたがるたいへん規模の大きいものである。

　この統廃合によって、清水小学校は 2010 年度をもって閉校となったが、閉校となる前年度 2009 年に同校を訪問することができた。

　現存する校舎は、1933 年築の鉄筋コンクリート造校舎であり、竣工時に現在地に移転した。清水坂の途中に正門があり、正門を入って奥へ進むと敷地の南端に出る。敷地の西半分が運動場、東半分に校舎が建っている。校舎は、北・東・南の 3 つの校舎が、北をうえにしてコの字形に配置されている。

　南校舎と北校舎は、ともに地下 1 階地上 2 階という構造であるが、敷地が斜面に位置し、西から東へかけて高くなっていくので、運動場側からみると地下部分は地中にもぐっておらず、3 階建てにみえる。この高低差にあわせて、コの字型に囲まれた中庭は、運動場側（西）から奥（東）に向かって高くなっていく大階段となっている。階段でありながら、下部から上部へ移動するという機能を果たしているのみならず、植木鉢やテーブルが置かれていることからもわかるように、そこでさまざまな出来事が生じうるような場所である。大階段を上りきったところに 3 階建ての東校舎がある。

　南校舎は、1 階に校長室や職員室、2 階に礼法室や会議室・多目的室などがあり、東側には講堂が隣接する。また、北校舎や東校舎と違って中廊下式であり、『京都の近代化遺産』では「本館的な役割を持たせている」と説明されている。

　本館であるためか、この建物だけ、最上階はアーチ型の窓が連なっており、外観的によいアクセントとなっている。そして外観だけでなく、建物内部からみたときにも、この窓はサイズが大きいこともあって存在感がある。多目的室の北側と西側は、この窓が連なっているため、明るく、かつ眺望がすばらしい。また、西端の廊下の突き当たりにもこの窓があり、中廊下式であるがゆえの若干の暗がりと、窓から差し込む光とのコントラストが絶妙である。

　北校舎は直列に連なる教室の北側に、東校舎は教室の西側に、それぞれ片廊下が配置されており、このこと自体はきわめてオーソドックスな校舎の造りであるといえよう。しかし、オーソドックスでありながら、そこかしこにこの学校ならではのこだわりが光っている。

運動場からみた校舎外観と中庭（右は南校舎、奥は東校舎、左は北校舎）

南校舎外観

多目的室

南校舎廊下

北校舎屋上からみた東校舎外観

　とりわけ印象的だったのは、階段の踊り場と屋上である。踊り場では、床から天井まで届く大きなガラス窓が 3 列連なっており、建物のなかにいながらにして、周りの風景と一体化していくような感覚にとらわれる。また、東校舎の 3 階から北校舎の屋上に出てみると、眼下には京都の街並みが広がっている。東側を見返すと、東校舎の 3 階部分と屋上が目に入ってくる。3 階の外壁は窓と窓の間に木の板による規則正しいデザインが施され、屋上には塔屋が載っており、3 階部分と屋上の塔屋ともにオレンジ色の洋瓦が葺かれている。こうした外観をもった校舎が、背後の山を借景として凛とたたずんでいる印象である。この屋上には、高学年の子どもたちは自由に出てよいそうで、なんともうらやましい限りである。

　ほかにも、細かな工夫が校舎の至る所にみられる。廊下や階段の壁面には、腰板が張られている。階段は、踏面がタイル張りですべり止めに木が用いられている。手洗い場は、水道の蛇口ごとに白い陶器の洗面器が設えられている。講堂は、舞台を取り囲む三方の壁が天井付近までガラス張りで、外部環境とつながりつつ日の光が差してたいへん明るく、また舞台奥には木製の扉がついた重厚な奉安庫が設えられている。

　このように、清水小学校の校舎は、京都の街並みが一望できる高台に位置し、背後に山がせまっていて敷地に高低差があるというロケーションを十二分に活かしきっており、校舎がこの地と一体であるかのような造りとなっている。教育的な機能からははみ出す「余白」の部分にまで目配りのきいた丁寧な仕事ぶりが光り、校舎を手がけた人々の想いのこもったすばらしいとしかいいようのない校舎であった。

　このような校舎が廃校舎となることは残念であり、閉校後も何らかの形で使い続けられることを祈っていたところ、「小学校跡地にホテル」との見出しが付けられた『京都新聞』の記事によって、校舎がホテルとして活用されることを知った（2016 年 5 月 21 日）。記事や京都市公式ホームページに公開されている資料によれば、京都市は、ホテルまたはブライダルを主たる事業として清水小学校校舎の活用を進めるために公募型プロポーザルを実施し、その結果、客室数 40 室のホテルとして活用することを提案した NTT 都市開発に貸付けられることとなったようである。NTT 都市開発が希望している貸付け期間は 60 年間、価格は年額 6500 万円とのことである。もともとの校舎の外観や造りは

維持したまま活用されるというが、地元の利用施設は校舎とは別に独立した建物を新設するとのことで、ホテルとしてリニューアルされた後はいったいどのような姿となるのであろうか。ホテルのオープンは、2018年の予定である。
(2009年5月訪問)

橋本市立高野口小学校（和歌山県橋本市、1937年竣工）

　高野口小学校の校舎は、1937年築の木造校舎である。阪神淡路大震災を機に校舎建て替えの話が進んだが、世紀が代わると一転、旧高野口町のまちづくりの話ともかかわって、保存の話が持ち上がる。その後、保存・改修派と建て替え派とで綱引きが続き二転三転するが、結局改修して保存することになった。その間、市町合併があり、2006年に旧高野口町は橋本市となっている。

　2009年3月に体育館とプールが新築され、同年の7月より校舎の改修工事が開始されている。改修工事が完全に終了するのが2011年2月末とのことで、私が訪問した2010年12月段階では、校舎内は工事がほぼ完了していた。ちなみに、校舎改修の費用は7億6000万円あまり、さらに、新築のプールと体育館の建設費が5億円弱かかっている。

　校舎は平屋で、東西に一文字形にのびる北側片廊下型校舎が4棟並立し、その東端を南北に西側片廊下型校舎でつなぐという校舎配置になっている。ちょうど、南をうえにして、アルファベットのEの真ん中の棒が1本多い形になる。また、並立する4棟の校舎の真ん中に図書室とそこに到る廊下があり、これも入れるとさらに棒が1本増える形になる。

　校舎が竣工した1937年には961人いた児童も、2010年度の児童数は288人で、1学年2クラスの学校規模である。そのことと平屋であることとがあいまって、人数に比してずいぶん校舎面積が広く感じられ、校舎の配置もゆったりしている。

　いちばん北側の校舎には1年生・3年生・5年生の計6クラスが入り、そのすぐ南側の校舎には2年生・4年生・特別支援学級2学級の計6クラス、さらにそのすぐ南側の校舎は6年生とわくわく教室（少人数教室）の計3クラスが入っている。これら3つの校舎が、普通教室部分である。

　いちばん南側の校舎は、音楽室・理科室・家庭科室・図工室、そして学童保育のある特別教室棟になっている。この校舎は、もともと高野口幼稚園が使用

していたが、近隣の保育園と統合して 2009 年度より高野口こども園となり、小学校とは別の場所で開設された。そのためこの校舎はまるまる小学校として使うことが可能となり、特別教室棟としてリニューアルされたのである。幼稚園が使う以前は講堂であったらしく、そのためか、普通教室棟と比べて教室の幅が横に広くゆったりしている。

　東端を南北に貫く校舎は、校長室・職員室・保健室・多目的ルームなどが入った管理棟となっている。この管理棟の最大の見どころは、正面玄関であろう。瓦屋根をのせた和風で、石造の校門と併せて、どことなくお寺を思い起こすような外観となっている。卒業生や地域の方の正面玄関への想い入れは強く、正面玄関のみ残して後は建て替えるという案も浮上したほどである。

　校舎に入って、とりわけ強い印象を受けるのが廊下である。廊下にある手洗いは、校舎外部に出っ張らせる形で作り付けられており、窓際の直線のラインが保たれている。天井近くにまで達するガラス窓と、床や天井・柱に用いられ

正面玄関外観

普通教室棟（北端）廊下

管理棟廊下

渡り廊下

た木材とのコントラストが素晴らしく、静謐で凛とした美しさを漂わせている。とりわけ、管理棟を南北につらぬく廊下は、長さが 90 メートル近くあって圧巻である。

　屋内の廊下だけでなく、Eの字に配置された校舎を南北に横断する、屋根がかかった半屋外の渡り廊下も複数走っていて、校舎内を自由に行き来できるような動線となっている。そして、このような校舎配置であるがゆえに、校舎と校舎に挟まれて、中庭がふんだんに存在するが、渡り廊下からはすぐに中庭に出ることが可能である。さらに、小さな昇降口が校舎内に分散して学年ごとに設けられており、校舎への入口が多様に設けられていて、学校のウチとソトとの風通しがよく、外部に対してオープンな印象を受ける。

　以上のように、高野口小学校の校舎は、この校舎にこれまで刻み込まれてきた歴史を存分に受け継ぐ形でリニューアルがなされている印象を持った。そして、自由な動線や外部に対してオープンな造り、そして学校が位置する地に根ざした校舎といったものは、伝統的でオーソドックスな北側片廊下型校舎であっても、十分に実現可能であることを思い知らしめる校舎であるように思った。（2010 年 12 月訪問）

旧高梁市立吹屋小学校 （岡山県高梁市、1900 年竣工）

　吹屋小学校は、1873 年に創立されたたいへん歴史の古い学校であるが、何といっても最大の見どころは、1900 年築の木造校舎が 2012 年 3 月の閉校まで現役として使われ続けたことであろう。私が訪問した 2004 年の時点で、現役の校舎としては日本最古であった。

　南側の正面からみると、中心に左右対称の 2 階建ての本館が建っており、さらにその本館に、平屋の東棟と西棟が左右対称に付随している。この東棟と西棟が 1900 年築で、もともとはそれぞれ男子棟・女子棟であり、独立した建物であった。この両者を結ぶように、9 年後の 1909 年に建てられたのが本館である。

　本館の中心部にある玄関を上がると、黒光りした松の木の立派な廊下を挟んで、左に校長室、右に職員室がある。この廊下を進んだ奥には、三間廊下がある。廊下といってもただの廊下ではなく、バスケットゴールや登り棒まである、やや広い多目的な空間である。ここはもともと雨天体操場で、屋根のみが

かかっていた半屋外の空間であったという。

　三間廊下の左右両サイドには、2 階への階段があるが、木の手摺りといい、傍らにしつらえられた食器棚のごとき木製の棚といい、まるで民家のような階段である。その階段を上がった 2 階には、立派な講堂が広がっている。ここの床も 1 階の玄関と同様に松の木が使用され、ピカピカに磨き上げられている。

　本館には、三間廊下に面して、南側に保健室や理科室、そして「会議室」がある。「会議室」という名称は、部屋の入口に掛かっていたプレートにあったもので、訪問時の 5 年生 2 人が作成した『吹屋小マップ　校舎編』では「集会室」となっており、「ある時はランチルーム、ある時は図書館、ある時はパソコンルーム、ある時は家庭科室になります」と説明されている。まさに「多目的ルーム」なのだが、最初からそのように意図して設計された空間ではない。もともとは普通教室で、実際に黒板は掛かったままなのだが、木製の食卓にパ

本館外観

三間廊下

東棟外観

西棟外観

ソコンやテレビ・本が部屋の雰囲気になじんでおり、ここで給食を食べればまさにリビングの趣である。普通教室に教員や子どもたちがかかわるなかで、リビングのごとき「多目的ルーム」に育っていったところがおもしろい。

　三間廊下を右（東）に進むと、普通教室の入った東棟に至る。普通教室は、訪問した2004年度では、2・4年の複式学級、5・6年の複式学級の2クラスに、障害児学級が加わって3教室であった。1年生・3年生はおらず、全校児童数は10人であった。

　三間廊下と同じく、普通教室前の廊下ももともと半屋外空間で、いわば縁側のようであったという。このように後からどんどんアレンジが加えられていくのが、長持ちしている古い木造校舎に共通する特徴であるといえよう。こうした特徴は、三間廊下と東棟の間にある物置にもっとも顕著である。この物置はもともとトイレで、今はなき便器を仕切っていた壁がそのまま残されているのである。

　三間廊下を左（西）に進むと、体育館である西棟に至る。この体育館は、戦後の一時期、公民館として使用されていたという。〈第2章〉にみたように、最近の教育改革では「学校と地域社会の連携」がキーワードのひとつであり、それを具現化するために、学校に他の公共施設を併設させる学校施設の複合化が、近年の学校建築におけるトレンドとなっている。しかし、吹屋小学校の体育館が物語っていることは、そもそも学校は昔から「複合施設」であったということではないだろうか。

　吹屋小学校が位置する一帯は「吹屋ふるさと村」として、街並み保存が進んでおり、観光マップには吹屋小学校が写真入りで紹介されている。そしてこの校舎は、夜間にはライトアップまでされており、街並みの一角を担っている。また、小学校に隣接する宿泊施設ラ・フォーレ吹屋は、閉校となった吹屋中学校の跡地であるが、この吹屋小学校の校舎を模して建てられている。このあたりは江戸時代から明治・大正期にかけて、銅山とベンガラの町として栄えたところであり、吹屋商人の家が当時のまま建ち並ぶ街並みはなかなか風情がある。吹屋小学校は銅山の事務所跡に建てられたものであり、当時この学校が地域の繁栄の象徴であったことがうかがえる。

　このように吹屋小学校は、観光の町吹屋の風景を構成するのになくてはならぬ存在であり、吹屋の町に埋め込まれて存立している。しかも着目すべきは、

単なる観光施設としてこの校舎が保存されているのではなく、現役の学校として使われ続けたことであろう。しかし、少子化の波には抗えず、ついに2011年度をもって閉校することとなった。吹屋小学校の「最後の四季」を伝える『朝日新聞』の記事によれば、最終年度の全校児童は7人、運動会や「もみじ集会」、プール掃除など、教員や保護者以外にも、これまでこの学校に多様な大人たちがかかわりをもってきたことがよくわかる（「笑顔と一緒111年」2011年6月4日夕刊、「こみ上げるありがとう」2011年12月3日夕刊）。地域の顔であり続けたこの校舎の閉校後の行く末が気がかりであったのだが、高梁市の公式ホームページによると、「文化財として後世に伝えていくために」、2015年10月より2020年3月までの期間、保存修理工事を行っているとのことである。（2004年12月訪問）

篠山市立篠山小学校（兵庫県篠山市、1955年竣工）

　篠山小学校は、篠山城址に位置する。現存する校舎は、1955年に竣工している。築半世紀を超えて現存する木造校舎は、戦前に建てられたものが多いのではないだろうか。その点で、篠山小学校校舎は戦後の早い時期に建てられた貴重な現役木造校舎といえるだろう。校舎の老朽化が進み、新天地での建て替えか改修保存かで一時論争があったが、結局後者で決着がつき、私が訪問したときには耐震改修工事が始まっていて、2015年に無事完了したようである。

　敷地の北側に校門・玄関がある。古びた校門からみえる校舎には赤い瓦屋根が載っており、中心よりやや左側（東側）に位置する玄関にはバルコニーが設けられており、古びた校門とあいまってこれだけでも十分風情がある。

　この校舎を含め、北側片廊下型の一文字形の2階建て木造校舎が5棟、南側へと並んでいる。玄関のあるこのいちばん北側の校舎がいわば管理棟で、1階に職員室や校長室などがあり、2階には会議室に加え畳敷の大広間もある。管理棟より南側の校舎に、1学年1クラスの普通教室や特別教室が配置されている。運動場に面したいちばん南に位置する校舎の外観は、板張りでピンク色に彩色されている。このピンク色がくすんでいて、短い期間ではとても出せない、長い月日の積み重ねによる実にいい味が出ている。このように、5棟の校舎はそれぞれ異なる趣をもっていて、校舎内の階段の造りもそれぞれ異なる仕様で変化を持たせている。

　バルコニーの下の玄関をくぐると、5棟を一直線に串差す廊下が南に向かって続いている。この廊下は、100メートルの長さがあり、外部と壁で仕切られず屋根が架けられただけの半屋外となっている。屋根を支える柱が並び立つ様が実に美しい。また、壁がないので、校舎と校舎に挟まれて存在する複数のそれぞれに趣の異なる中庭に、直接出ることができる。また、5棟の校舎のなかほど東側には、これらの校舎よりも古い1935年竣工の講堂が建っているが、この廊下とはやはり半屋外の廊下で結ばれている。廊下の突き当たりは運動場であるが、廊下と運動場の間にも仕切りは存在せず、廊下と運動場がダイレクトにつながっている。廊下から運動場越しに、廊下の四角いフレームにおさまって、運動場の南端に立つ1本の木がまるで絵画のようにみえている。

　校舎の西側は篠山城趾の堀と石垣に面しており、中庭や校舎内から堀や石垣がみえている。校舎の西端を南北に貫く廊下も、先ほどの廊下と同様に半屋外の廊下で、壁で仕切られることなく堀に直面しており、単なる廊下ではなく堀

玄関外観

中央廊下

中庭（左は石垣）

西端廊下（右は堀と石垣）

を臨むデッキのような趣である。校舎内の 2 階廊下も西端の突き当たりに大きな窓が設えてあり、廊下からは石垣がみえている。また、中庭ではかつて堀で咲き誇っていた蓮をよみがえらせるべく、堀で採取した種から蓮を育てている。

　以上のように篠山小学校の校舎は、北側片廊下型の一文字形校舎が 5 棟並んでいるという日本の学校建築の典型というべきオーソドックスな造りでありながら、篠山城趾に位置するというロケーションを最大限活かして、この地にしかない校舎のありようを生成せしめることに成功しているといってよいだろう。(2012 年 8 月訪問)

日出町立日出小学校 (大分県日出町、2001 年竣工)

　日出小学校は、日出城本丸跡に位置する。日出城、別名暘谷城そのものは現存していないが、堀や石垣はそのまま残されており、日出小学校の校舎はそのうえに建っている。

　〈第 1 章〉でみた、日出城二の丸跡に建つ致道館から東に歩いて行くと、石垣とそのうえに建つ日出小学校の体育館や別館校舎がみえてくる。石垣の上部は柵や塀で囲われておらず、石垣のうえにそのまま校舎が建っていることに驚く。石垣に突き当たり、石垣に沿って南側へ歩いて行くと別府湾に出る。別府湾と日出城趾に挟まれた一帯は城下公園として整備され、日出の特産である城下カレイはまさに眼下の海に生息している。

　海を背にして、城下公園から石垣に設けられた階段を北側に向かって上がっていくと、日出小学校の運動場に出る。運動場と石垣の階段の間は、腰より低い階段の幅くらいの簡易なネットで仕切られているだけで、日出小学校が城下公園と一体であるかのようである。

　運動場越しに、正面に日出小学校の本館校舎が、左手に先ほど述べた別館校舎が、それぞれみえている。2001 年竣工の本館は 4 階建て、1984 年竣工の別館は 3 階建ての鉄筋コンクリート造で、運動場の北端を東西に本館が、西端を南北に別館が、それぞれ一文字形にのびており、本館と別館がちょうど北西を角にして L 字形に配置されている。ちなみに 2003 年竣工の体育館は L 字角のさらに北西奥に位置していて運動場からはほとんどみえない。

　本館は、4 階の幅を狭くして 3 階の東端に短い屋根を確保し、さらに 4 階の

屋根の中心部分には塔屋の屋根が見えており、屋根が3層を成しているようにみえる。しかもこの屋根には瓦を載せており、校舎の壁が漆喰のごとき白色で、まるで城のような風格がある。

　運動場の南端を通って右（東）に進むと、運動場の南東角に、10メートルくらい四方のほぼ正方形の形をした高台があるが、ここはもともと日出城の天守閣があった場所である。ここから見下ろす別府湾は絶景で、海に面して建てられていた天守閣からの眺望が最高だったであろうことが推察できる。また、二の丸跡に建つ日出中学校の校舎もよくみえている。この天守閣跡も柵や塀で囲まれておらず、端に立てば文字通り断崖絶壁となっている。眺望を楽しむのもよいが、高所恐怖症の人は端に近づかない方が無難である。

　この天守閣跡にかかわって、『暘谷 創立百周年記念誌 速見郡日出町立日出小学校』に、17代目の校長が戦前の教員生活をふりかえって次のようなエピソードを寄せている。「天守閣趾にあった奉安殿からご真影や勅語を式場に移すのに全児童が並んでいる中を白手袋の校長、教頭が捧持して移したものです」。この海に面した絶景の天守閣跡に、戦前は奉安殿があったのである。

　天守閣跡から運動場の東端に沿って北へ進むと、石造の日出小学校東門があるが、門に扉はなく1本のチェーンがかけられているだけである。明治39（1906）年5月に建てられたことが石門に刻まれている。この東門のすぐ南側に日出城の時鐘がある。この鐘は元禄8（1695）年に日出藩三代藩主であった木下俊長が造らせたもので、明治初期に外大手門が取り壊された際に、本丸裏門櫓跡である現在地に移されたという。現在、土日と盆正月を除いて毎朝8時に、小学生たちと保護者がこの鐘をついて時を知らせているそうである。

　校舎の北側に回ってみると、こちら側も堀と石垣が残されており、また校舎と堀を仕切る柵や塀がないのも同様で、白い校舎が城のごとくにみえ、風景になじんでいる。この北側に正門があり、校内へは堀を渡るようにして入っていく。このアプローチの両サイドには、「かまぼこ石」と呼ばれる上部を丸くした腰の高さほどの石塀が欄干のごとく続いており、アプローチ上に建つ正門も東門同様石門で扉がなく、外部に対してオープンな印象を受ける。

　先ほども述べた通り、日出小学校の東隣には日出町立日出中学校があるが、〈第1章〉でみた致道館はもともとここにあって、日出中学校の初代校舎が竣工する1951年に、日出小学校を挟んだ西側の二の丸跡に移築されている。日

体育館外観（左は正門）

運動場からみた本館校舎（右）と別館校舎外観

時鐘（右は東門）

本館校舎北側外観

正門（両端にかまぼこ石、左奥は本館校舎、右奥は体育館）

出小学校の正門前から東側の日出中学校へと続く公道は、日出中学校の校舎と校舎の間を通り抜けるようになっており、公道と校舎が塀で仕切られず、校舎が公道にダイレクトに接している。この公道は校舎の2階どうしをつなぐ渡り廊下の下をくぐるが、ちょうどそのあたりには、樹齢400年以上という大サザンカが立っており、県の天然記念物に指定され、日出町の町花、町木になっている。このように日出小学校・日出中学校の校舎は地域に開かれている、というよりは日出城趾に埋め込まれるかのように建っている。

ところで、私は仕事の関係で2008年以降何度か日出小学校を外からみる機会に恵まれた。今みてきたように、日出小学校の敷地は塀や柵で囲われておらず、石門にも扉がついていない。私自身は、現状の方がよいに決まっていると思うのだが、とかくセキュリティについてやかましくいわれてしまう昨今の状況にあって、塀や柵・扉を設けてほしいという要請はないのだろうか、あるいはこれらがないことで子どもたちに何らかの指導がなされているのだろうか。また、本館校舎が城を意識したと思われるような外観であるが、校舎内部はどのようになっているのだろうか。

そこで、2013年に日出小学校を訪問することとなったときに、こうした疑問に当時の校長が丁寧にこたえてくれた。まず、柵については、町の方に設置を依頼しても、観光地ということもあってなかなか実現しないという。また、子どもたちには、天守閣跡や石垣のうえに上がらないように指導していて、子どもたちも指導を守っていて勝手に敷地外へ出て行くこともないそうである。ボールが運動場を超えて海のある城下公園の方へ転がり落ちていくこともあるが、教員とともに取りにいくようにしているという。

石門については、昔は扉がついていたが、その時にも扉は閉めておらず、その後扉が取れてしまってそのままになっているということであった。先述の『暘谷』には、当時の6年生による次のようなエピソードが収録されている。「今までの門は、石の柱だけで、なんとなくものたりなかったのだけど、北側の門に戸びらがつけられた。東側の門にも今、つこうとしている。銀色に光っている戸びらだ。朝、門の前に立ったとき、『ああ、学校に来たんだなあ。』という感じがものすごくするようになった。ただ、石の門とにあわないみたいだ」。『暘谷』が刊行されたのは1973年であり、この頃に正門・東門に相次いで扉がつけられたということで、校長の話とも符合するのだが、そもそも「に

あわない」ということが扉のその後のありようを暗示していたのかもしれない。

　校舎内部であるが、普通教室はすべて本館校舎の南側に配置されている。ちなみに訪問した 2012 年度は、1 年生のみ 3 クラス、2 〜 6 年生は 1 学年 2 クラスずつであり、特別支援学級 2 クラス含め、合計 411 人の子どもたちが在籍していた。職員室や校長室も 1 階南側に配置されていて、運動場が見渡せ日当たり良好である。

　南側に直列に配置された教室の北側に、廊下が通っていて、校舎の東半分はオーソドックスな北側片廊下型である。校舎の中心部は廊下を挟んだ北側にトイレと階段室がある。西半分は廊下を挟んで 2 階が図書室、3 〜 4 階は吹抜けの多目的ホールが配置されていて、中廊下式となっている。なお 1 階北側の西端に昇降口が設けられているが、正門側からそのまま運動場側に通り抜けできるようになっている。

　2 階以上の教室にはベランダが付いている。4 階教室のベランダに案内していただいたが、南向きのベランダからは別府湾が一望でき、右側の別館校舎越しには別府の街並みもみえている。教室からの眺望がここまですばらしい校舎はなかなかないだろう。

　校舎の造りそのものはオーソドックスだが、教室と廊下を仕切る窓ガラスが透明で大きく、廊下から教室内の見通しがよいように思った。〈第 2 章〉でみたように、視覚的にもオープンに造るのが昨今の学校建築のトレンドであるが、しかしこの校舎の場合は、そうしたトレンドを取り入れたというより、この眺望のすばらしさを活かそうとした結果のように思われる。校舎の造りでよけいな小細工をせず、日出城趾に位置し眺望がすばらしいというこの学校の最大の特徴を、そのまま活かすことに専念した校舎であるといえるかもしれない。

　ところで、先述の『暘谷』によれば、日出小学校は 1873 年に日出城趾の敷地や家屋の下付を出願して創立されたとあるから、創立時からこの地にあることがわかる。その後、校舎を新築したり、高等小学校の設立や解散にともなって、互いに校舎の一部を売買したり貸借するなど幾多の変遷を経て、1922 年に新築された木造校舎が、戦前戦後を通じて使われ続けたようである。

　この 1922 年築の木造校舎が鉄筋コンクリート造校舎に建て替えられたの

が、1963年である。この校舎は、現在の本館校舎の一代前の校舎にあたる。大正時代に日出小学校（当時は暘谷尋常高等小学校）で学んだ日出町議会議員が、先述の『暘谷』において、「現校舎建設の時、用地設定にあたり、現在地建設に町議会で只一人大反対した」と述べている。理由として、校地が狭いことや、日出城を復元するなどしてここを史跡として残し、観光にも役立たせたいといったことを挙げている。結局、この反対論が通らず日出小学校は現在地に位置し続けることになったのだが、今度は校門前の堀を埋める計画が持ち上がったという。「学校が現在地に決まり、建設にかかった時あやうく埋められるところでした。私は只一人大反対し、当時の教育長と話し合い、やっと現状で残ったものです」。よく「大反対」する人であるが、この議員の奮闘によって、現在の堀と石垣が維持されているのである。

　1962年築の鉄筋コンクリート造校舎は、現在の本館校舎より1階低い3階建てであり、『暘谷』やこの校舎の竣工記念誌『ようこく』に掲載された写真で確認する限り、現在の本館校舎ほど城を意識した外観ではない。むしろ「危険校舎」として立て替えられた旧木造校舎の方が、瓦屋根に板張りという外観で城趾にふさわしい風情があるようにも思われる。ただ、ちょうどこの校舎の落成式を挙行したときの校長が、「白亜の殿堂として羨望の鉄筋3階建て校舎」と『暘谷』において表現しているので、現在の本館校舎と同じく、堀や石垣のうえに白色の校舎が城のごとく映えていたものと推察できる。『ようこく』には、この校舎の竣工を喜ぶ当時の小学生たちの声が、次のごとく収録されている。「四月の中頃、全校の生徒が、待っていた新校舎にようやくはいることができました。それに私達の前から希望していた三階です。（中略）ベランダもついていて別府湾や高崎山が一目で見えます。天気の良い日の休み時間、遠くを眺めながら友達と雑談するのはほんとに楽しみです。便所も各階についていてタイルバリの水洗式でデパートにでも行っているような気がします」。水洗トイレのすばらしさを表現するのに、デパートに喩えるのはなかなかおもしろいが、現在の本館校舎より1階低い先代の校舎の時から、眺望のよさが日出小学校の校舎の魅力であり続けていることに着目したい。

　日出小学校の校舎の魅力は、校舎そのものが過剰に語ることを禁欲し、創立以来城趾に位置するというロケーションを活かすことに徹しているというところにあるだろう。庭園を敷地内の設えだけで完結させずに、借景を取り入れる

という和風庭園の手法に近いのかもしれない。日出小学校を訪問してあらためて考えたことは、校舎のありようはその位置するロケーションに大いに左右されるし、校舎の魅力も、校舎そのものの造りに加え、周囲の環境とのかかわりによって引き出されるということである。日出小学校は創立以来ずっとこの地にあり続けているので、敷地の周囲を堀や石垣が取り囲み眺望がよいことは当たり前であり続けてきたのだろう。この当たり前を当たり前に享受することができるところにこそ、日出小学校の校舎の最大の魅力があるに違いない。（2013年2月訪問）

　日出小学校を訪問したときに、真っ先に頭に浮かんだのが、私の子どもたちが当時通っていた公立保育所のことであった。子どもたちが通う保育所のすぐ隣にはお寺があって、1歳児クラスの子どもたちは毎日のようにお寺の境内を季節の移ろいを感じながら散歩していた。そして2歳児クラスになれば、この境内を通って、さらにその隣の公園まで散歩の距離がのびる。境内は保育所の敷地内ではないが、園庭に隣接していて、公道を通らねばならない公園に比べれば敷地の延長のようでもある。子どもたちにとって、境内は、保育所の敷地のウチとソトを架橋する、いわば「境界」的な空間となっていたのではないだろうか。

　対照的に近隣にある私立幼稚園は、ふんだんに遊具が配置され公園かと見まがう広い園庭があり、敷地内には孔雀やフラミンゴの棲む飼育舎や畑まで用意されている。しかし、別に保育所の肩を持つ必要はないが、敷地のなかにワンパッケージですべてを用意しなくても、周囲の環境とあわせて考えれば、子どもたちが楽しむことのできる範囲は敷地を越えて広がっていく。敷地内だけで、子どもたちに魅力的な空間を用意するのには限界があるだろう。しかし、周囲の環境をも敷地の延長として考えれば、こうした限界を突破する可能性が開かれてくるようにも思われるのである。

　本章では、学校が位置する地に根ざそうと試みた、ないしは根ざしてきた校舎を取り上げた。これらの校舎をみてきて思ったことは、校舎のありようは、校舎そのものの造りももちろん重要ではあるが、学校が位置する地とのかかわりに大いに左右されるということである。そして、本章で取り上げた校舎は、学校が位置する地とのかかわりがみられるがゆえに、学校のなかに地域社会と

いうソトとの接点、つまり「境界」的な空間が生成するための余地が確保されているのではないだろうか。〈第5章〉では、こうした余地に、学校における「境界人」としての地域住民が、教育的な機能以外の機能や意味を学校のウチ側に持ち込みながら、校舎とかかわっている様相についてみていくことになるだろう。

【参考文献】

川上貢監修『京都の近代化遺産』淡交社、2007

重村力「岩屋中学の試み」『新建築』1993年10月号

長谷川逸子「世界に開く建築を求めて」『SD』1995年11月号

松浦善満ほか「和歌山県における木造校舎に関する調査研究（1）」『和歌山大学教育学部教育実践研究指導センター紀要』10、2000

松浦善満ほか「和歌山県における木造校舎に関する調査研究（2）」『和歌山大学教育学部教育実践研究指導センター紀要』11、2001

三宅親連・石井和紘・川勝平太『自立する直島』大修館書店、1995

文部省『あたたかみとうるおいのある木の学校選集』文教施設協会／ボイックス、1998

『建築ジャーナル別冊 いるか設計集団 Since 1978』建築ジャーナル、2012

『ようこく 新校舎落成記念』日出町立日出小学校、1962

『暘谷 創立百周年記念誌 速見郡日出町立日出小学校』日出小学校百周年記念事業達成会記念誌編集部、1973

「淡路町立岩屋中学校」『新建築』1993年10月号

「出石町立弘道小学校」『新建築』1991年8月号

「栗山村立栗山小学校」『近代建築』2005年8月号

「直島小学校」『新建築』1995年4月号

「氷見市立海峰小学校」建築思潮研究所編『建築設計資料 67 学校 2』建築資料研究社、1998

「氷見市海峰小学校」『SD』1995年11月号

第 5 章

学校統廃合と学校建築

　〈第1章〉〈第2章〉では、明治中期（1895～1905年頃）以降今日に至るまでの日本の校舎は、北側片廊下型校舎に運動場という形で、また1980年代以降の小学校においてはオープンスクール型校舎で、地域に関係なく全国画一的に整備されてきたことをみてきた。そして、そのような画一化において校舎が教育的な機能に特化していくことで、学校のウチとソトを媒介するような「境界」的な空間は校舎から排除され、地域との接点を持ちにくい状況にあり続けたということであった。〈第4章〉では、こうした状況に抗い、あるいはこうした認識そのものを相対化する、学校が位置する地に根ざそうと試みた、ないしは根ざしてきた校舎を取り上げた。これらの校舎が示唆することは、校舎のありようは、学校が位置する地とのかかわりに大いに左右されるということ、そして、これらの校舎においては、学校が位置する地とのかかわりがみられるがゆえに、学校のなかに地域というソトとの接点、つまり「境界」的な空間が生成するための余地が確保されているのではないか、ということであった。

　〈第5章〉では、こうした余地における地域住民と校舎とのかかわりについてみていくことにしたい。そもそも、明治中期以降の校舎が、教育的な機能に特化し、「周縁」＝「境界」的な空間が排除されてきた一方で、災害時の避難所、選挙時の投票所として校舎が使用されることを想起すれば明らかなように、校舎を地域住民が使い続けてきたこともまた事実である。教育的な機能に特化して合理的に設えられているはずの校舎に、地域住民がそれ以外の多様な機能や意味を持ち込みながら、学校がコミュニティセンターとしての役割を担い続けてきたのである。

　校舎のこうしたありようについて考えるために、〈第5章〉では、全国的に進行している学校統廃合に着目する。学校統廃合による閉校という事態は、子どもたちへの教育的な機能に対する影響ももちろん大きいのであるが、地域に対しても、コミュニティセンターとしての役割を担ってきた学校そのものが消滅するという大きな影響を及ぼすことになる。こうした事態に至って、あらためてこれまでの地域と学校とのかかわりが浮き彫りとなり、両者のかかわりをいかなる形で代替させ継承していくのかという課題が浮かび上がってくる。

　この課題に対する学校建築的な応答の試みが、〈第2章〉でみてきた学校施設の複合化や、〈第5章〉や〈第6章〉で着目する廃校舎の活用であろう。本章でもみるように、学校統廃合による統合校が、他の公共施設との複合施設と

して新設される場合がある。この場合の学校施設の複合化は、地域住民が利用する公共施設を学校に併設することで、学校統廃合によって消滅しかねない学校と地域とのかかわりを統合校において維持しようとする試みであるようにも思われる。また、学校統廃合が進行し閉校となる学校が増加している今日において、廃校舎をいかにして活用していくのかは喫緊の課題となっているが、廃校舎活用は、閉校によって校舎が子どもたちへの教育的な機能という「中心」的な機能を喪失したとしても、なおその校舎が、これまで「周縁」的に担ってきたコミュニティセンターとしての役割を担い続ける可能性を模索するものであろう。

　以下、学校統廃合の動向について概観した後、学校統廃合が行われた京都府南山城村・兵庫県神河町・京都府京都市における統合校の校舎と廃校舎の活用についてみていくことにしたい。

　学校統廃合によって新設された統合校の校舎は、先ほど述べたように、地域に「開かれた学校」を目指して、学校施設の複合化やオープンスクールといった1980年代以降の「新しい」学校建築スタイルが取り入れられた校舎が多い。なかには、〈第3章〉で取り上げた大崎市立岩出山中学校や御杖村立御杖小学校の校舎がそうであるように、著名な建築家が設計を手がけ、巨額な費用を費やして校舎が建てられることもある。一方で、閉校となった校舎は、北側片廊下型校舎に運動場という日本の学校建築スタイルによって建てられた校舎が大半である。閉校となった廃校舎の活用に共通していることは、教育的な機能に特化して設えられた既存の校舎の造りそのものは基本的に維持されたまま、教育的な機能とは別の役割を担っており、校舎の持つ多様な可能性を示唆していることである。

1. 学校統廃合の動向

　近年学校統廃合が全国で進行している。2015年1月には文部科学省が「公立小学校・中学校の適正規模・適正配置等に関する手引」を策定し、この「通知」を全国の都道府県教育長や知事らに宛てて出している。「通知」に添えられた「少子化に対応した活力ある学校づくりに関する参考資料」によれば、全国の公立小学校数は1984年度に2万4822校であったのが、2013年度には2

万836校にまで減少している。この30年ほどで実に4000校近くの小学校が閉校となっているが、とりわけ2000年代に入ってからの減少幅が大きく、学校統廃合が積極的に進められていることがわかる。「公立小学校・中学校の適正規模・適正配置等に関する手引」では、こうした動きをさらに加速させようとしている（「公立小学校・中学校の適正規模・適正配置等に関する手引」「少子化に対応した活力ある学校づくりに関する参考資料」は、文部科学省公式ホームページに掲載されている）。

学校統廃合にかかわる基準は、これまで2つのものが存在してきた。ひとつは、学校規模の基準である。学校教育法施行規則には、小中学校にあっては、12学級以上18学級以下を標準とすると定められている。つまり、小学校では1学年2〜3学級、中学校では1学年4〜6学級が「適正規模」とされている。

もうひとつの基準は、通学距離である。義務教育諸学校等の施設費の国庫負担に関する法律施行令には、「通学距離が、小学校にあってはおおむね4キロメートル以内、中学校にあってはおおむね6キロメートル以内であること」と規定されている。

これら既存の2つの基準に加え、「公立小学校・中学校の適正規模・適正配置等に関する手引」では、スクールバスによる通学を念頭に、通学時間が「おおむね1時間以内」という新たな基準が加わった。スクールバスを活用することで、従来の通学距離基準を超えた範囲での学校統廃合を後押しするものといえるだろう。

学校統廃合が進められる際には、少子高齢化社会の到来にともない、学校に在籍する子どもの数が少なくなれば、子どもたちどうしで「切磋琢磨」できないという教育上のデメリットが生ずることが、その理由として持ち出されることがほとんどである。この「公立小学校・中学校の適正規模・適正配置等に関する手引」においても、「児童生徒が集団の中で、多様な考えに触れ、認め合い、協力し合い、切磋琢磨することを通じて一人一人の資質や能力を伸ばしていくという学校の特質を踏まえ、小・中学校では一定の集団規模が確保されていることが望ましいものと考えられます」と述べられている。

しかし考えてみれば、少人数ならではの特色を活かした教育の利点もあるだろう。たとえば、以下に取り上げる京都府南山城村の学校統廃合において、閉

校となった旧南山城村立高尾小学校の閉校記念誌には、同校において 1985 年に教員としてのキャリアをスタートさせた元教員による、以下のような手記が掲載されている。「当時の高尾小学校は、児童数が 25 人でした。勿論子ども達の名前も顔も知っていて、昼休みは毎日子ども達と遊んでいました。毎日が全校遊びで、高学年は低学年の子ども達も楽しく遊べるように工夫していました。／給食はランチルームで子ども達も先生もみんなそろって食べます。子ども達からいろんな話を聞くことができて、とても楽しかったのを思い出します」。児童数が少ないがゆえに、教員が全校児童全員を知っており、また豊富な学年縦割り活動の経験を通して高学年の子どもたちが低学年の子どもたちを配慮する術を学び、さらには学校の子どもたちや教員が全員そろって歓談しながら給食を食べるなど、少人数教育の魅力がよく伝わってくる。

　同じく閉校となった旧南山城村立野殿童仙房小学校の閉校記念誌には、1994 年の卒業生による以下のような手記が掲載されている。「幼少期の話をする度に、全校生徒 40 数名の小学校に通っていたことは貴重な経験だったのだと気づく。／毎日の授業で、教科書の内容を早く終わらせて山や川へ遊びに行くなんて、普通はないらしい。当時先生方に教わったいろんなことが、現在の私の礎となっている。／（中略）取り巻く環境もすばらしかった。／（中略）周りを囲む自然…春には桜が咲き、夏には校庭の隅に流れる水辺でハンカチを濡らして涼を取った。秋は裏山から降ってくる落ち葉に心を躍らせ、冬になるとスキーウエアで雪合戦に雪だるま作り」。自然に囲まれた環境において、少人数によって行われた学校教育の経験が、大人になってからたいへん肯定的に当人のなかに位置づいていることがわかる。このように、子どもたちが少ないがゆえの学校教育上のメリットは十二分に考えられる。

　また、同じく閉校となった旧南山城村立田山小学校の閉校記念誌には、1995 年度から 8 年間田山小学校に勤務した教員による、以下のような手記が掲載されている。「『先生、わらび採ってはんの？』『灰をまぶして、お湯かけて一晩つけておいたら、明日食べられるようになるよ。作り方はな……』／子どもたちとわらびを採っているところに声をかけていただいき灰までいただきました。もちろん翌日は、みんなでわらびをおいしくいただきました。子どもたちは、『先生、おいしいなあ。先生、料理上手やなあ。』わたし『……。』秋になると、干し柿作りたいなあ。『ねえ。どこか、渋柿ない？』／子どもたち

は、さっそく家で聞いてきてくれました。見よう見まねで柿をとり、皮をむきました。またまた助っ人をと呼びかけると、おばあさんたちが集まってくださいました。あっというまにむいていかれる手際のよさに感心しながら、子どもたちといっしょうけんめい皮むきのわたし。つるすところも考えていただき、後の手順も教えていただいて、できたおいしい干し柿。（中略）／おとうさん、おかあさん、おじいさん、おばあさん、地域の方々に見守られて子どもたちは成長していきます。そしてわたしもたくさんのことを教えていただきました。自然を満喫し、自然の中でたくさんのことを学び、料理の腕（？）もあげてくれた田山小学校の８年間でした」。

　地域住民に助けられることで、教科書通りの予定調和的な学習を超えて、生活に根ざした学びが可能となっている。しかも、このエピソードにおいては、子どもたちのみならず教員にとっても、そのような学びが生じている点が印象的である。教員の多忙化が問題となっている今日においては、「学校と地域社会の連携」による教育を行おうとすれば、学校によってはそのための調整という新たな負担を教員に強いることになりかねない。小規模校で小回りがきき、学校と地域との物理的・心理的距離が近いという条件があってこそ、地域住民とのかかわりが学校や教員にとって助けになるのではないだろうか。そのように考えれば、学校統廃合によって、このエピソードのような地域住民とのかかわりでこれまでなしえてきたような教育活動が、困難になったり負担になったりするというデメリットが生じうるともいえるだろう。

　さらに、先にも述べたとおり、学校統廃合による閉校によって、もっとも大きな影響をこうむるのは地域である。以下にみるように、学校とりわけ公立小学校は、校区が地域の範囲に重なっているところも多く、子どもたちへの教育機関であるだけではなく、コミュニティセンターとしての役割を担ってきており、地域にとってはその拠点を喪失することになる。加えて、少子高齢化ゆえに閉校という選択肢を決断したのであるが、小学校が閉校となれば子育て世代が当該地域に残りづらくなるので、さらなる少子高齢化を招くという悪循環に陥ることは必至であろう。

　にもかかわらず、学校統廃合が推進される状況においては、少人数では「切磋琢磨」できないという、量的問題に還元された教育的なロジックが優先される。〈序章〉では、今日の新自由主義的な教育改革のもとで、学校の持つ多様

な機能や意味といったものは等閑視され、学校は測定可能な評価に包囲され「学校化」が進行していることを指摘したが、この学校統廃合も例外ではないのである。先ほど述べた「公立小学校・中学校の適正規模・適正配置等に関する手引」が出されたこともあって、当面「切磋琢磨」論による学校統廃合が引き続き進行していくことになるものと思われる。

2. 京都府南山城村における学校統廃合と学校建築

　では、京都府南山城村における学校統廃合を、学校建築の観点からみていくことにしたい。

　京都府南山城村は、1955 年に高山村と大河原村が合併して発足した、京都府唯一の村である。奈良県・三重県・滋賀県と県境を接する山間にあり、府内でも有数の茶の産地である。村の人口は 4000 人前後で推移してきたが、ここ近年は減少し、村の公式ホームページによると、2017 年 11 月 30 日現在の人口は、2823 人である。南山城村は、高尾・田山・本郷・押原・奥田・今山・月ヶ瀬ニュータウン・南大河原・野殿・童仙房 10 地域から構成され、それぞれの地域に区（月ヶ瀬ニュータウンは自治会）が設置され、住民自治を担っている。

　南山城村には、もともと村立の、高尾・田山・大河原・野殿童仙房の 4 つの小学校があったが、高尾・田山・大河原の 3 校が 2002 年度をもって閉校となり、2003 年度より新設の南山城村立南山城小学校に統合された。そして、残る野殿童仙房小学校も 2005 年度をもって閉校となり、2006 年度からは村内の小学校は南山城小学校 1 校となった。なお、南山城小学校の現在の名称は、相楽東部広域連合立南山城小学校であり、これは、2009 年度に南山城村・和束町・笠置町の 3 町村による相楽東部広域連合教育委員会が発足したことにともなうものである。

　4 つの小学校の概要は次頁の表の通りである。また、同じく次頁に示す南山城村全域図には、4 つの小学校の所在地が示されている。高尾小学校と田山小学校の校区は、それぞれ高尾区・田山区の範囲と重なっており、校区と地域の範囲が 1 対 1 対応している。野殿童仙房小学校区は、野殿区と童仙房区にまたがっており、小学校は両区のほぼ境界上に位置している。大河原小学校は、

南山城村の学校統廃合によって閉校した4小学校

	高尾小学校	田山小学校	大河原小学校	野殿童仙房小学校
校区（区）	高尾	田山	本郷、押原、奥田、今山、月ヶ瀬ニュータウン、南大河原	野殿、童仙房
創立年	1875年	1874年	1873年	1982年
閉校時児童数	11	28	99（※）	14

※大河原小学校の区別の児童数の内訳は、本郷23名、押原1名、奥田6名、今山9名、月ヶ瀬ニュータウン53名、南大河原7名、である。

南山城村全域図

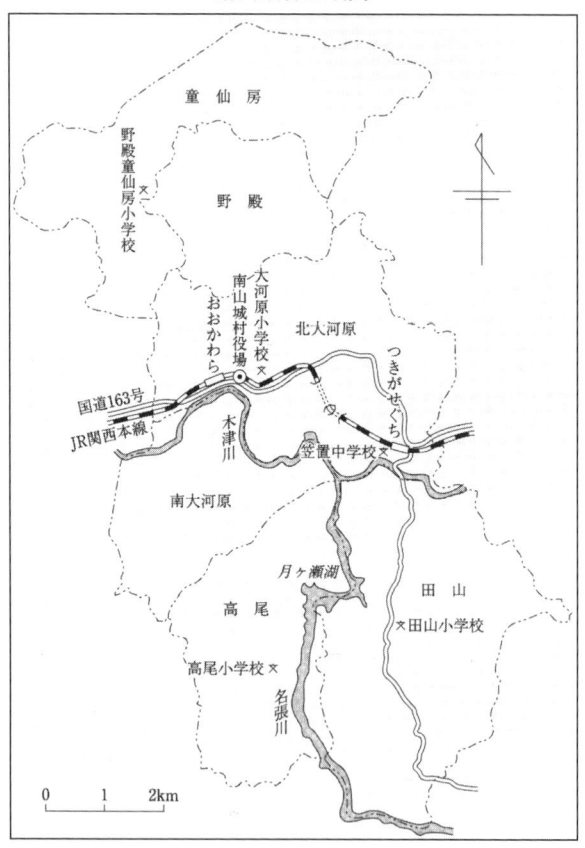

出典：「南山城村大字図」南山城村史編さん委員会編
『南山城村史　資料編』南山城村、2002、19頁

南山城村全域図をみると北大河原に位置しているが、北大河原には、本郷・押原・奥田・今山・月ヶ瀬ニュータウンの各区が含まれ、小学校は本郷区に位置している。大河原小学校校区は、北大河原の各区と南大河原区にまたがっている。なお、大河原小学校のなかで児童数がもっとも多かった月ヶ瀬ニュータウンの子どもたちは、JR 関西本線の月ヶ瀬口駅から大河原駅まで 1 区間列車に乗車して通学していた。統合新設校である南山城小学校は、月ヶ瀬口駅および月ヶ瀬ニュータウンに近い今山区内の土地を新たに造成して建てられ、同一敷地内には南山城保育園・南山城村保健福祉センターが併設されている。

　なお、保育園も、もともと村内には田山聖愛・大河原・高尾・月ヶ瀬口・野殿童仙房の 5 つの保育園があったが、野殿童仙房以外の保育園は順次閉園し、2003 年度より南山城保育園が新たに開園した。そして、小学校と同様に野殿童仙房保育園も 2005 年度をもって閉園し、2006 年度から南山城保育園に統合されている。

　閉校となった小学校の創立年は、野殿童仙房小学校以外の 3 つの小学校は、1872 年の学制発布によって日本において近代学校制度が発足してからまもない時期である。また、野殿童仙房小学校は、1982 年の創立以前に、分校・分教場としての前史を有している。閉校時の児童数は、最も多い大河原小学校で 99 名、次いで田山小学校の 28 名、野殿童仙房小学校の 14 名、最も少ない高尾小学校は 11 名である。児童数の減少が学校統廃合の要因のひとつとなったことがうかがえる。なお、野殿童仙房小学校も閉校となって、南山城村内の小学校が南山城小学校 1 校となった 2006 年度の同校の児童数は、152 名である。学校統廃合を実施しても、普通学級は 1 学年 1 クラスの学校規模で、先述の国が定める「適正規模」を下回っている。

　私が代表を務める教育の境界研究会では、2002 年以降、南山城村において学校統廃合にかかわるフィールド調査を進めてきた。この共同研究のなかでは、地域住民に対する聞き取りを重ねてきている。地域住民からうかがったこともふまえながら、統合校として新設された相楽東部広域連合立南山城小学校の校舎、ならびに、閉校となった旧田山小学校の廃校舎を活用した「はどる」、同じく閉校となった旧高尾小学校の廃校舎を活用した高尾いきいき茶論について、順にみていこう。

相楽東部広域連合立南山城小学校 （京都府南山城村、2003 年竣工）

　南山城小学校は、京都府南山城村における学校統廃合による統合校として、2003 年に開校した小学校である。同一敷地内に、南山城保育園・南山城村保健福祉センターが併設された複合施設である。開校にあわせて発行された同校の学校案内パンフレットでは、「『地域に開かれた学校』として、特別教室を開放し、『生涯学習の村宣言』にふさわしい新たな中核施設として、地域活力を生かせる施設整備を行って」おり、「隣接する保育園及び保健福祉センターと相互の連携を図」ることが記されている。学校施設の複合化が推進される際には、「生涯学習」社会の到来に備えて、併設された施設どうしの連携を通じて「学校と地域社会の連携」を目指すという説明がなされるのは、〈第 2 章〉でみたとおりである。

　また、同パンフレットでは、「多様な学習形態に対応し、子どもたち一人ひとりの個性を生かし」た環境整備を図っているとも記されており、実際に小学校の普通教室部分はオープンスクール型の造りとなっている。オープンスクールが推進される際に、「個性」「生涯学習」「地域に開かれた学校」といった 1980 年代以降の教育改革のキーワードを用いた説明がなされることも、〈第 2 章〉でみたごとくである。パンフレットの文言をみる限り、この南山城小学校の校舎は、1980 年代以降の「新しい」学校建築の動向を取り入れた校舎であるとみてよいだろう。

　南山城小学校の校舎を設計したのは、リチャード・ロジャースである。ロジャースは、世界的に著名な建築家で、レンゾ・ピアノと組んで設計を手がけたパリのポンピドゥーセンターが有名である。鉄筋コンクリート造校舎の建設にかかった工事費は 22 億 6000 万円あまりで、この金額は南山城村のおおよそ 1 年分の予算額に匹敵する。

　先述のごとく、同一敷地内に南山城保育園・南山城村保健福祉センターが併設されている。新たに小高い土地を造成し、いちばん低いゾーンに保健福祉センター、ついで一段高いゾーンに保育園、そしてもっとも高いゾーンに小学校が位置する。

　小学校の校舎は、原色数色を組み合わせたカラフルな外観であり、2 階建てとなっている（地下に駐車場と給食センターがある）。斜めにかけられた屋根が波状に並ぶ形態も外観的にインパクトがあり、機能的には自然光をやわらかく屋

内に導き入れる役割を担っている。この外観のために、すぐ下を走っている国道163号線から校舎がよくみえ、走行する車がレストランや売店と勘違いして、学校まで上がってくることもあるという。

　1階には、ランチルームや図書室、家庭科室などの特別教室が直列に配置されている。また、特別教室群に並行して廊下を拡張したような形で、1〜2階吹抜けの広く細長い多目的ホールが配置されている。2階には普通教室が1学年1教室ずつ配置され、2教室ごとにひとつのオープンスペースを共有する形になっており、普通教室・オープンスペース・廊下を仕切る壁は存在しない。

　1階の来客用のエントランスとは別に、中1階に子どもたちの昇降口があり、昇降口は各学年ごとに設けられている。中1階から2階普通教室へと至る空中階段が、多目的ホール上方に架けられている。また1階には、家庭科室・図工室に面して半屋外半屋内のテラス（ウッドデッキ）が設けられており、ニス塗りなどの作業はここでできるとのことで、ここから周囲を眺望することもできる。このように、単調な動線となることが回避され、単一の機能をはみ出す余白のような空間が挿入されていながら、校舎全体の直線的な空間配置は維持されており、全体としては非常にスマートな印象である。

　1階部分に来客用エントランスと特別教室が配置され、2階部分に普通教室が配置されているのは、先にみた学校案内パンフレットによると、1階を「地域に開かれた学校」として地域住民に開放することを想定しているためであるようだ。そう考えると、特別教室に付随する多目的ホールも、たとえば地域に開放してギャラリーとして使うなど、多様な使い方が可能であるように思われる。

　先述のごとく、隣接する保健福祉センターや保育園との連携による相互交流も、施設整備のねらいとされている。この観点から印象的なのは、小学校へのアプローチである。スクールバスで通学する子どもたちも徒歩で通学する子どもたちも、小学校へと続く133段もの長い階段をのぼり、右に保健福祉センター・保育園を順にみながら登校する。他の施設をみながらの登校は複合施設の目的に適うようにも思われるが、両施設の玄関は階段側ではなく、階段とは建物を挟んだ反対側にあり、保育園と階段との間は柵で仕切られている。また、階段とは反対側に、保健福祉センターの玄関から保育園に向ってなだらかにカーブを描きながらのびていくスロープがあるが、その行き着く先は門で仕

外　観

2階廊下からみた普通教室とオープンスペース

2階廊下からみた多目的ホールと昇降口

テラス

階段からみた南山城村保健福祉センター（右手前）と南山城保育園（奥）

切られている。保育園の 2 階に学童保育が設置されており、また、保育園の子どもたちが小学校の運動場で遊んだり、小学校の子どもたちが総合的な学習の時間に保健福祉センターの利用者と交流する機会もあるそうなので、もう少し施設相互の動線がクロスするような仕掛けがあれば、隣接する三者の出会いがもっと自然に生じていることであろう。

　先述のごとく、ロジャースの代表作のひとつがポンピドゥーセンターであり、美術館と図書館が同居する芸術と文化にかかわる複合施設である。ロジャースはポンピドゥーセンターについて、「様々なものごとが多元的に共存している施設というコンセプトを探求する試みであ」ったと語っている。計画としては、南山城小学校もポンピドゥーセンター同様に他施設が「共存」する複合施設であるだけに、経費面を度外視していえば、小学校だけでなく保育園・保健福祉センターも含めてロジャースが一体設計していたら、もっと違った結果になっていたかもしれない。

　南山城小学校に対する印象を地域住民に尋ねたことがあるが、外観の色彩・暑さ・費用の点で否定的な反応が目立った。たとえば、50 代の住民（2005 年聞き取り当時）は、ガラスを多用していることもあり、夏の暑さが尋常ではないと語ってくれた。また、南山城小学校の建設計画に関与していたという 60代の住民（2004 年聞き取り当時）は、「あんな色、知らんだわ。模型は、白やもんな」と語り、実際に校舎が竣工した際のカラフルな色彩に驚きを隠さなかった。茶畑が広がる緑豊かな土地柄ということもあり、カラフルな外観はとりわけ高齢者にとって、相当な違和感を生じせしめたようである。仮にこの校舎が都市部に位置していたら、そこまで違和感ももたれなかったのではないだろうか。

　そもそも、ポンピドゥーセンターも配管や構造がむきだしの外観であり、伝統的な街並みを維持しているパリにあって竣工当初は相当な物議を醸したが、今やパリの名所のひとつとなっている。ロジャースはこの建物の設計に際して、新しいアイデアに順応しうるフレキシビリティをもたせることを試みたという。こうした考えは、多目的ホールやウッドデッキに加え、校舎のいちばん奥の部分を将来増築可能な設計にしているなど、予備的な空間をふんだんに配置している南山城小学校校舎にも引き継がれている。時間の経過にとともに、ポンピドゥーセンターが多様な新しいアイデアを柔軟に受け止めパリの顔に

なっていったのだと理解するならば、同様に南山城小学校も南山城村における新しい試みを引き出し、いずれこの地とかみ合っていくのかもしれない。（2003年5月、2015年9月ほか複数回訪問）

　南山城小学校の校舎は、眼下の国道から目を引くという点では南山城村のランドマークたりえているが、地域住民からは相当な違和感をもたれてしまうほどに、既存の校舎とは異なる外観である。そして、校舎内部は、直線的なスマートな空間配置は維持されたままに、教育的な機能をはみ出す「遊び」の空間も挿入されている。このような南山城小学校の校舎は、小学校の校舎だけをみれば、「境界人」としての建築家が設計を手がけた校舎とみることができるだろう。

　一方で、南山城小学校は、保育園・保健福祉センターとの複合施設なのであった。複合施設であるということを、地域住民はどのように受け止めているのだろうか。社会福祉協議会の理事をしている関係で、保健福祉センターにたびたび出向くという60代の住民（2005年聞き取り当時）は、次のように語ってくれた。「福祉協議会の方も、保育園のとこ（へ）行かないし、保育園は保育園で、小学校は小学校で、みな独立して、あんまりかかわりはしてへんような感じ。同じ場所にあることは、あるんだけど」。

　〈第2章〉〈第3章〉でみたように、学校と他施設との「連携」を意図した学校施設の複合化においては、両者のかかわりが生じないか、生じたとしても「意図した連携」以上のかかわりは生じにくい、ツリー構造となってしまいがちなのであった。一方で、「連携」を意図しないままに、たまたま学校と他施設が同居することとなった加茂小学校や笠原小学校の「複合施設」においては、両施設、あるいは両施設の利用者の間に「意図せざるかかわり」が生じているのであった。

　「連携」を意図した複合施設である南山城小学校も、先にみたように動線的に他施設と隔てられており、小学校の子どもたちと他施設の利用者とでかかわりはあるが、総合的な学習の時間における交流という教育的な「連携」であり、両者による「他者」としての「意図せざるかかわり」は生じにくいものになっている。また、地域住民にとっても、校舎そのものの印象がよくないうえに、併設施設どうしのかかわりについてはあまり認識されていない。複合施

設という観点から南山城小学校をみたときには、他の学校施設の複合化と同様に、ツリー構造であるといわざるをえないだろう。

「学校と地域社会の連携」を意図した学校施設の複合化が、ツリー構造となってしまうとするならば、そもそも、学校は地域とかかわりをもたずにきたのだろうか。そこでみておきたいのが、閉校となった旧田山小学校と旧高尾小学校の校舎である。

はどる（京都府南山城村、1936年竣工）

2002年度をもって閉校となった、旧南山城村立田山小学校の廃校舎を活用したモノ作り体験施設が「はどる」である。校舎は1936年築の木造で、閉校までの67年間にわたって現役校舎として使われ続けて、現在に至っている。

田山小学校は、田山地区にある観音寺を仮校舎として、1874年に創立された。後に敷地内に校舎が新築されるが、室戸台風襲来の翌々年、1936年に敷地を現在地に移転して木造校舎が新築された。現在地と観音寺とは川を挟んで向かい合っており、観音寺や隣接する諏訪神社と同じく、田山地区が一望できる高台である。諏訪神社・観音寺と田山小学校のあいだの300メートルほどの通りが、田山地区のいわばメインストリートになっている。

現役最後の年に初めて田山小学校を訪問した時のことを、よく覚えている。小学校は、メインストリートから一直線に上昇する20メートルほどの坂道を登りきったところにある。まさに「登校」のイメージである。敷地の北半分を運動場が占め、校舎は敷地の南半分に北をうえにしてコの字形に配置されており、コの字の口が開いた部分に講堂が位置する。校舎は平屋で瓦屋根の木造校舎であり、北側片廊下型のオーソドックスな造りで、校舎のなかに入ると、すべてが木材で建てられた校舎には独特の気品がある。1936年築とは思えないほど傷んでいる箇所は見当たらず、当時の大工が丁寧な仕事をし、さらにその後も大切に使われてきたことがうかがえる。閉校記念誌には、「もう、どんな台風が来ても大丈夫という、頑強な木造校舎、その柱の太さに驚いたものでした」という竣工当時を回想したエピソードも掲載されている。集会や儀式のための専用の講堂ができたことも、当時の子どもたちにとって、大きな誇りであったようである。

コの字形校舎に囲まれた中庭は、長方形の池が配置された洋式庭園になって

おり、池の中央には噴水の魚が鎮座し、池の背後には右手を挙げ左手を腰にあてた人形が立っている。瓦屋根の木造校舎の雰囲気と合っているかどうかはさておき、この洋式庭園は、田山小学校で過ごす子どもたちに強い印象を残すようである。10代の卒業生（2004年聞き取り当時）に、田山小学校で印象に残っているモノを尋ねたところ、「あの、中庭にある、何かわけのわからない像」に加えて、池の中央の魚の噴水をあげてくれ、「いつもそこを飛んで、遊んで（いた）」とこたえてくれた。

　この様式庭園は、校舎竣工時には存在せず、1959年に育友会の手によって後から造られたものである。また、現在運動場に面して放送室となっているところは、もともとは昇降口であり、放送室に改修されたのは1995年のことである。このように、校舎竣工から80年あまりの時間が経過しているが、ときどき小さなアレンジが加えられ、校舎がそこに住まう人々によって存分に使われてきた痕跡をとどめている。

　田山地区に住む地域住民、とりわけ田山小学校卒業生にとって、この木造校舎には相当強い想い入れがあるようだ。50代の住民（2004年聞き取り当時）は、田山小学校を卒業し、その後教員として再び田山小学校に帰ってきたときのことを語ってくれた。「コの字形の廊下を歩いていると、小さな○君（この住民の名前）が、やってくるんですよ、向こうから。で、その当時の、半ズボンはいたり、ランニング（シャツ）着たり、当時の幻が、みえる気がする。幻はみてないですよ。みてないですが、みえる気がするんです」。

　田山小学校の校舎は、小学校に通う子どもたちや、教員だけが使っていたのではない。青年会主催の映画会や演芸会のさいには、運動場や講堂が使用されるなど、田山地区のコミュニティセンターとしての役割を担い続け、地域住民がさまざまに校舎を使ってきた。

　田山小学校の運動会には、通っている子どもたちやその親、祖父母のみならず、田山聖愛保育園の保育園児や、消防団・婦人会・田山花踊り保存会といった各種団体も競技に参加したという。しかも、運動会には、屋台までもが出店し、競技を「参観」するというよりはビール片手に「見物」する、「学校行事」というよりは田山地区の「祭り」のごときイベントであったようである。

　田山地区に伝承された雨乞いの儀礼である「田山花踊り」のときにも、田山小学校の講堂が準備会場となり、運動場が前半部の踊りの舞台となる。花踊り

の流れとしては、運動場で「愛宕踊り」の一番から三番までを踊った後、「入端」と称する行列が田山小学校から諏訪神社までの 300 メートルほどの通りを 30 分くらいの時間をかけて進む。「入端」が諏訪神社に至ると、そこで「庭踊り」を奉納することになる。このようなスタイルは、田山小学校が閉校になった後も続いている。田山花踊り保存会の会長（2004 年聞き取り当時）は、次のように語ってくれた。「当初、廃校になったときは、『ここ（農業者トレーニングセンター。田山小学校と諏訪神社のちょうど中間くらいのところに位置する）から出たらどうや』という話もありました。でも、やっぱし 40 年前からずっとやし、そこ（田山小学校）から出たほうがいいのちゃうか、とね。それに今日もみんなで言ってたんですけど、『ここ（田山小学校）にいたら心安らぐな』と。ずっとそこにいた記憶がありますけえな。高台で、一番いいところやわな。これから花踊りやる限りは、あっこ（田山小学校）が出発に必ずなりますやろうな。たぶん、変わらへんやろうな」。

旧田山小学校校舎外観

旧田山小学校廊下

旧田山小学校中庭

旧田山小学校運動場（2004 年田山花踊り）

はどる 木工工房 studio into

はどる そば教室

　このように、田山小学校の古い木造校舎は、子どもたちや教員のみならず、地域住民によっても大切に使われ続けてきただけに、閉校後の校舎の行方が気がかりであった。廃校舎活用に関しては、さまざまな案が取り沙汰されたが、具体化されないままに3年あまりを経過することになる。そのようなおり、2006年5月に村外在住者が田山小学校の旧職員室を使って木工工房を始めることとなる。それがきっかけで、今度は田山地区に住む田山小学校卒業生も旧教室においてわら細工を始め、さらにガラス工房・ペーパークラフト工房・そば教室・カフェなどが次々に始まることとなり、現在では田山小学校の廃校舎に田山地区内外の人々が同居し、モノ作りが体験できる「はどる」として生まれ変わっている。

　木工工房では排気設備をつける以外にとくに目立った改修はされていない。また、そば教室は、水道の設備があり大きい机が備わっている理科室をそのまま使っている。このように廃校舎活用にあたっては、既存の木造校舎がほぼそのままの形で使われており、教育的な機能に特化して設えられたはずの校舎が、工房として使うのにもマッチしている印象である。さらに、さまざまに浮上した廃校舎活用案の実現にあたっては、改修のための費用が最大のネックとされていたが、校舎はほとんど改修されずにそのままの形で活用されており、こちらも見事にクリアされることとなった。

　田山小学校の廃校舎においては、現役のときと同様に田山花踊りが行われ、文化交流会などのイベントも開催されている。また、毎年2月には「冬の祭典 in TAYAMA」が開催されるようにもなり、田山小学校の廃校舎がイルミネー

ションに彩られる。村外からの新しい風が、これまでの校舎と地域とのかかわりを呼び覚まし、廃校舎の再生を媒介したのである。（2002 年 7 月、2007 年 9 月ほか複数回訪問）

高尾いろいろ茶論（京都府南山城村、1982 年竣工）

　高尾いろいろ茶論は、2003 年 3 月に閉校となった旧南山城村立高尾小学校の廃校舎を活用している。

　高尾小学校は、1875 年に現在地より高台の地蔵寺にて開校し、1877 年に地蔵寺の敷地内に初代校舎が完成した。戦後すぐの 1948 年に、現在地に移転して 2 代目校舎が完成する。この校舎の建設に際しては、川の谷底から砂や石を運んだり、トラックでは敷地の 500 メートル手前までしか運べなかった廊下用の板を手で運んだりといった形で、子どもたちも建設に協力したそうである。

　現存している校舎は 3 代目にあたり、1982 年に竣工している。鉄筋コンクリート造 2 階建ての一文字形校舎である。教室は運動場のある南側に面し、直列に並んだ教室の北側に片廊下が配置された北側片廊下型の校舎である。この校舎には給食室が別棟で付随し、さらに 1994 年に竣工した体育館が運動場の西側に位置している。

　高尾小学校の校舎は、小学校に通う子どもたちや教員のみならず、高尾地区の地域住民によっても使われてきた。たとえば、高尾小学校の運動会は高尾区との合同による高尾区民体育祭として開催され、消防団・婦人会・青年団・老人会などの各種団体も参加した。この運動会は、高尾地区外から嫁いできた人が地区に「デビュー」する場でもあるなど、高尾地区内の交流の場でもあったという。

　高尾小学校が閉校となった後も、校舎は地域住民に使われ続けてきた。体育館は、バレーボールや子どもたちの「高尾太鼓」の練習会場などに利用されている。「高尾太鼓」とは、かつて高尾小学校の教員が子どもたちに教えたことがきっかけで高尾地区の子どもたちに定着した、1990 年代以降の新しい「伝統」である。運動場においては、グラウンドゴルフのほか、盆踊りやとんど焼きなどの伝統行事も行われている。旧給食室が食品加工施設として使われたり、校舎 1 階の旧職員室や旧校長室が野外体験活動団体によって使われたり、

1階の旧教室を使って陶芸や農繁期の学童保育が行われていた時期もあった。2012年には、運動場や体育館も含めて高尾小学校の校舎全体を使った、音楽とアートのフェスティバルである「高尾小フェス」が開催され、若いアーティストを中心に高尾地区の外部から多数の来訪者が参加した。この催しは、以降も2度ほど開催されている。

　以上のように、閉校後も廃校舎が断続的に使われており、2007年には村の条例によって高尾生涯学習センターに位置づけられている（旧田山小学校校舎や旧野殿童仙房小学校校舎も同様）。しかしながら、校舎全体が常時活用されているわけではなく、来訪者がいつでも訪ねられるようにはなっていなかった。私が2009年9月に訪問した際に印象的であったのが、校舎2階の西端にある旧図書室であった。角部屋のため部屋の西側と南側一面が大きな窓ガラスで占められ、窓際の作り付けの書棚も窓の高さにおさえられているため、日当たりがよく木の床にあたたかみが感じられた。図書室には準備室まで付随しており、月額5000円で南山城村から借りることができるにもかかわらず、空き部屋のままであった。

　先に述べたように、教育の境界研究会では、2002年以降、南山城村において学校統廃合にかかわるフィールド調査を進め、高尾地区においても、2005年に地域住民対象の聞き取りを行った。そのなかで語られたのは、高尾小学校の校舎が、子どもたちに対する教育的な機能を担ってきたことに加えて、高尾地区のコミュニティセンターとしての役割をも担い、地域住民と多様なかかわりを有してきたことであった。高尾小学校の校舎がこれまで担ってきたこのような役割を、閉校後に少しでも代替して担いうる場を創出するきっかけづく

旧高尾小学校校舎外観

高尾いろいろ茶論

りをお手伝いできないかと考えていたところ、この旧図書室に出会ったのである。

そこで、2010年6月に旧図書室の賃貸契約を教育の境界研究会と南山城村とで交わし、研究会内のプロジェクトとして学校統廃合研究会を立ち上げ、2010年12月には高尾図書室を開室することとなった。当初は週1回の開室でスタートし、運営は学校統廃合研究会の会員が担った。教育の境界研究会会員や高尾地区の住民から図書の寄贈を受け、図書室としての体裁を整えるところから活動を開始した。高尾区の婦人会はすでに解散しているが、高尾公民館には婦人会で購入した図書が残されていたので、こちらの図書室に移すことになった。

開室当初、来室者に好評だったのは、バックナンバーがほぼ揃っている高尾小学校の文集「茶の実」であったが、これらももともとは体育館に置いてあったものをこちらに移している。高尾図書室では、このようにして収集した図書を閲覧に供し、貸し出しも行ってきた。さらには、図書室としての活動に加えて映画会を開催するなど、高尾図書室が地域住民や高尾地区を訪れる人々が気軽に集まって談笑できるような、高尾地区の憩いの場となることを目指した。

2011年9月から週2回の開室となり、2回のうちの1回は高尾地区の住民が当番を担当することとなった。2012年3月以降は再び週1回の開室に戻ったが、学校統廃合研究会は当番を外れ、運営は完全に高尾地区の住民に委ねられることとなった。その後、「高尾いろいろ茶論（さろん）」に名称が変更されて現在に至っているが、高尾いろいろ茶論の活動が続くことで、地域住民の憩いの場として、そして高尾地区のウチとソトとが出会う場として、廃校舎が再生することを願っている。（2005年7月、2017年9月ほか複数回訪問）

ここまで、京都府南山城村の学校統廃合を学校建築の観点からみてきた。統合新設校である南山城小学校の校舎は、1980年代以降の学校建築の動向にのっとりつつも、「境界人」としての建築家が手がけた校舎であることを示す、既存の校舎イメージを相対化するようなさまざまな仕掛けを確認することができる。「学校と地域社会の連携」を意図した複合施設であるという点でみてみると、〈第2章〉でみた複合施設と同様に、小学校と併設施設とのあいだで教育的な「連携」はあるが、そもそも小学校と併設された施設とで利用者どうしの

動線はクロスしないようになっており、学校のウチとソトとが出会う「境界」的な空間は生成しづらいツリー構造をなしているのであった。

　一方で、閉校となった旧田山小学校や旧高尾小学校の校舎は、北側片廊下型校舎という日本の学校建築スタイルにのっとったオーソドックスな校舎であり、教育的な機能に特化して設えられているはずであるにもかかわらず、子どもたちや教員のみならず、地域住民が校舎と多様にかかわることで、地域との「境界」的な空間を学校内に生じせしめてきたのであった。そして、閉校となることで校舎が教育的な機能を喪失しても、廃校舎の活用がなされることで、地域住民と校舎とのかかわりは継続し、さらには地域のソトからやってきた人々が新たに校舎とかかわっている。閉校となった校舎とかかわり続けてきた地域住民、そして廃校舎活用を手がける人々もまた、教育的な機能に特化して設えられた校舎の造りはそのままに、それ以外の機能や意味を校舎に持ち込み、校舎のウチ側に「境界」的な空間が生成する可能性を提示している点において、学校のウチとソトを架橋する「境界人」と呼んでもさしつかえないであろう。

3．兵庫県神河町における学校統廃合と学校建築

　2005 年 11 月に神崎町（かんざき）と大河内町（おおかわち）が合併して誕生した兵庫県神河町（かみかわ）は、地理的に兵庫県のちょうど中心部の山間に位置する。ハートの形をした町の中心部を JR 播但線と播但連絡道路（ばんたん）が南北に縦断しており、その東側が旧神崎町、西側が旧大河内町となる。神河町公式ホームページによると、2017 年 11 月現在の人口は 1 万 1654 人である。

　以下、神河町における学校統廃合にかかわる校舎をみていくことにしたい。まずは、旧神崎町地域において山村留学で連携をしている、統合校である神河町立越知谷（おちだに）小学校の校舎と、閉校となった旧神崎町立越知谷第二小学校の廃校舎を活用した神河町地域交流センターについて、次いで旧大河内町地域において閉校となった旧神河町立上小田小学校の廃校舎について、みることにしよう。

神河町立越知谷小学校（兵庫県神河町、2004 年竣工）

　神崎町立越知谷第一小学校と神崎町立越知谷第二小学校（おちだに）との統廃合によっ

て、2005 年度に神崎町立越知谷小学校が開校した。開校した 2005 年度の途中に町合併によって神河町が誕生したことにともない、神河町立越知谷小学校に改称した。戦前の分校が、戦後に第二小学校として独立したという経緯があり、2005 年度からの学校統廃合は、もともとのひとつの学校に戻した形であり、比較的スムーズに事が進んだという。ちなみに私が訪問した 2007 年度の児童数は山村留学生 9 名を含め 60 名で、2 年生と 3 年生は複式学級、その他は 1 学年 1 クラスであった。

　越知谷小学校の現在の校舎は、越知谷第一小学校時代の 2003 年度に 5 億円あまりをかけて新築された平屋の木造校舎である。校舎建設中は、第一小学校の子どもたちは第二小学校に通っており、その時期には第一小学校と第二小学校が運営上は別個の学校でありながら、第二小学校のひとつの校舎に同居していたそうである。

　越知谷小学校の平屋の木造校舎は、もともとこの地において林業が盛んであったこともあり、杉の丸太がそのまま柱や梁に使われるなど、地元の木材がふんだんに用いられている。総合的な学習の時間を利用して、子どもたちも丸太磨きなどを手伝ったという。

　校舎のなかに入ってみると、運動場に面した南側に、西端の校長室より順に職員室・昇降口・保健室・知的障害児学級・1 年生教室・2 ～ 3 年生教室が直列に並び、廊下を挟んだ北側には、肢体不自由児学級・用務員室・トイレ・玄関・交流室・メディアルーム（図書室）がやはり直列に並んでいる。これらの部屋の真ん中を一直線にのびる廊下は 62 メートルあり、床板にはヒノキ材が用いられている。平屋建てで中廊下でありながら、廊下の天井が高くとられ、そこから自然光が漏れてくるために、木の感じと相まってゆったりとした雰囲気である。また、床板だけでなく、廊下上方の梁・天井に加え、廊下に接している教室の柱・窓枠・引き戸にいたるまで、廊下に立ったときに目に入ってくるあらゆる箇所に木材が多用されていて壮観である。

　低学年教室部分より先は、校舎が右斜め前方に続いており、普通教室 4 室（学習室と 4 ～ 6 年生教室）が運動場に面して南側に直列に配置され、これらの教室の北側には多目的ホールが付随している。多目的ホールの天井は丸太がアーチ状に組まれたダイナミックな構造で、ここで卒業式が行われるほど広いスペースである。多目的ホールの先には短い廊下が続いており、廊下のライン

1年生教室と廊下

多目的ホール

音楽室

運動場からみた外観（中央は防火壁）

からせり出す形でベンチと図書コーナーが設けられていて、広くてオープンな多目的ホールからみると、ちょっとした死角になっている。

多目的ホールから北側に特別教室4室が配置されている。とりわけ音楽室は、前方から後方に向かって教室が扇形に広がっているが、それにあわせて放射状にのびる太い木の梁に圧倒的な存在感がある。また、低学年教室部分と中・高学年教室部分の間に、天井まで続くらせん階段が設けられたコンクリート造の倉庫部屋が挿入されている。これは、機能的には防火壁であるが、外観的にも校舎を分節するよいアクセントとなっている。

各教室の入り口には、地域住民の手作りによる木製のプレートがかけられている。普通教室には木製の机と椅子が並んでいるが、これらは子どもたちが卒業するまでの6年間、自分専用のものであるという。

普通教室からは、運動場側に設けられたオープンデッキに出ることができ、

ここに設けられた木製のテーブルや椅子も地域住民によって作られたものであるという。また、校門から昇降口に至る校舎周りの通路はプロムナードと名付けられており、採光窓のついた雪よけの木の屋根が架けられ、その下をぬれずに歩けるようになっている。オープンデッキやプロムナードからは運動場越しに、敷地に隣接する山並みが眺望できる。校舎に付随して、オープンデッキやプロムナードが設けられていることで、校舎のウチからソトへと誘われ、校舎と周囲の山深い環境とのつながりを実感することができる。

　この校舎では、子どもたちや教員のみならず、地域住民の利用もみられ、そのことを想定した造りになっている。先述のごとく、玄関の隣には畳敷きの交流室が設けられ、交流室にはメディアルームが襖をはさんで隣接している。地域住民の利用は、家庭科室や体育館でもみられる。家庭科室では調理台とは別に教室後方に、調理した料理を試食することもできる畳敷きのスペースが設けられている。また、体育館は 1994 年に越知谷アクティブセンターとして小学校の敷地に隣接して建てられたものであり、小学校からみれば、地域住民の利用する体育館を共用している形となっている。

　このように木がふんだんに用いられた越知谷小学校の校舎は、学校が位置する地に校舎を着地させようとする細やかな工夫がなされており、そこに地域住民の想いや手作りの良さを感じ取ることのできる校舎であった。（2007 年 8 月訪問）

神河町地域交流センター（兵庫県神河町、2007 年改築）

　神河町地域交流センターは、2005 年 3 月に閉校となった旧越知谷第二小学校の鉄筋コンクリート造の廃校舎をリニューアルした施設である。国土交通省都市地方連携推進事業により、1 億 7000 万円あまりの改築費用のうちの 3 分の 1 ほどの国庫補助を受けつつ、2006 年度中にリニューアル工事が行われた。

　センターの主な事業は、旧越知谷第二小学校時代から行ってきた山村留学を受け入れる神河やまびこ学園の運営であり、山村留学を核として都市との交流の場となることが、このセンターに期待されている役割である。山村留学には、夏休み中に行う短期のものから、1 年単位の長期のものまでさまざまなタイプのものがある。もともと越知谷第二小学校時代から、10 数年にわたって地元主導で山村留学を受け入れてきた実績があり、この学園はそうした実績の

外　観

　うえに開設されたものである。神河やまびこ学園の学園長は教育長であり、教育委員会より派遣された所長以下6名のスタッフで運営している。

　1期生である2007年度の長期（1年）山村留学生は、男子6名・女子3名の9名であり、このセンターと地元農家をそれぞれ20日間、10日間ずつ交互に生活拠点としながら、統合先の越知谷小学校へ通学する。学期中は朝5時45分に起床し、地元の子どもたちの集合場所まで車で送ってもらい、そこから学校までの3キロメートルの道のりを歩いて登校する。また、帰りには集合場所まで車の迎えがあるが、その途中で車から降りて歩いてもらうようにしている。徒歩の道すがら、地域のおじいちゃんおばあちゃんから、しばしば声をかけられるという。過疎化・高齢化の進む地域において、こうした出会いのもつ意味が大きいことは想像に難くない。

　センターの外観は校舎そのものである。多目的学習室や交流室がある中心部のみ4階建てで、その右側2階〜3階部分に、1階分高い土地に建つ2階建て校舎が続き、左側には体育館が付随している。校舎のなかに入ってみても、廊下と教室の面影を残しつつ、3階教室部分は和室の宿泊室に改装されている。また、既存の校舎のリニューアルのみならず、生活体験館と県民交流広場が一体となった、木造平屋の体験交流館が新設されている。五右衛門風呂と囲炉裏の間からなる生活体験館は、前述の国交省事業による補助を受けて建てられ、県民交流広場は兵庫県の県民交流広場事業と連携したもので、出所の異なる補助金を組み合わせてひとつの建物が建てられたそうである。（2007年8月訪問）

旧神河町立上小田小学校 （兵庫県神河町、1994 年竣工）

　旧上小田小学校は神河町の旧大河内町地域に位置し、2006 年 3 月に閉校と
なった。地理的には、旧上小田小学校区と統合先の寺前小学校区との間に南小
田小学校区がはさまっており、ひとつの学区をとばしての統廃合ということに
なる。なお、旧上小田小学校閉校年度の児童数は 10 名、校区の幼稚園以下の
子どもの数はゼロであったという。

　この学校自体は明治中期に創立されているが、現存する校舎は、1994 年 3
月竣工の鉄筋コンクリート造 2 階建て校舎であり、築 10 年あまりで閉校と
なった。校舎の建築費は約 5 億 8000 万円である。

　1 階の普通教室は 3 教室が直列に配置されており、校舎竣工の時点ですでに
全校で複式 3 学級の計算であったことがわかる。普通教室には多目的ホール
が仕切りなく付随しているオープンスクール型の校舎である。この多目的ホー
ルには暖炉も設置されており、給食時にはランチルームとしても使用されてい
たという。また、旧上小田小学校には旧上小田幼稚園が 1 階に併設されてい
たが、保育室が広々として開放的であった。

　校舎の全体的な印象としては、鉄筋コンクリート造でありつつ内装には木材
が用いられており、明るく開放的でありながら、コンパクトにまとまっている
ように思われる。また、校舎や体育館の玄関にはポーチが設えられ、これらの
ポーチや体育館本体の屋根が三角屋根で、外観的にも少々凝った造りとなって
いる。

　私が訪問した 2007 年の状況としては、廃校舎の利用に関しては体育館のみ

多目的ホールと普通教室

外観（左は体育館）

地域住民によってスポーツクラブの活動拠点として利用されているが、校舎本体の活用の目処は立っていないということであった。学校以外の施設への転用は、補助金の関係や、宿泊施設などに転用候補となりうる施設がすでに周囲に点在しており、たいへん難しいとのことであった。オープンスクールの廃校舎というのは、全国的にも珍しいのではないだろうか。新しい校舎のまま閉校となり、その校舎の活用もままならないというのは、なんとももったいない話である。このような新しい校舎を抱えながら学校統廃合に踏み切った経緯も気になるところである。

しかし、その後、さまざまなワークショップが体験できる「碧河舎（あいこうしゃ）」として、この廃校舎が活用されていることを、碧河舎のホームページで知った。本書の執筆には間に合わなかったが、ぜひとも再訪したいと願っている。（2007年8月訪問）

4. 京都府京都市における学校統廃合と学校建築

本章〈2.〉節と〈3.〉節では、地方における学校統廃合を取り上げた。しかし、学校統廃合は地方のみならず、都市部においても進行している。以下、京都市における学校統廃合に焦点を当て、統合新設校の校舎と廃校舎活用について、みていきたい。

〈第1章〉で述べた通り、もともと京都市立の小学校・中学校は番組小学校にルーツを持つ学校が多かった。番組小学校とは、学制発布に先立つ1869年に京都市中を64の番組に分け、各番組それぞれに小学校を設置したもので、子どもたちへの教育的な機能に加えて、行政・警察・消防などの機能をも担わせることで、コミュニティセンターとしての役割を果たさせようとしたものである。学制以降は、番組は「学区」に引き継がれて今日に至るが、京都市内における学区はたんに通学範囲を指すのみならず、住民自治の単位でもある。京都市立の小・中学校が閉校となった後にも、消防分団が学校跡地に設置され続けているところが多いが、これは番組小学校開設以降各小学校に置かれた「学校火消」に由来し、閉校となって子どもたちへの教育的な機能を喪失してもなお、地域としての学区は存続しており、地域の拠点としての学校のありようが継続していることを示しているといえるだろう。

　学区は地域そのものであり、学校は地域の拠点であるという側面の強い京都市において、学校統廃合を行うことは困難が予想されるようにも思われる。しかし、1990 年代以降、京都市立の小・中学校の学校統廃合が積極的に進められている。京都市教育委員会の公式ホームページでは、「京都市の学校統合」について、昭和 60 年代初頭にとくに都心部において小学校の大半が小規模校となり、「小規模校では、一人ひとりに先生の目が行き届くなどの長所がある反面、切磋琢磨して互いに力を高め合うことができないなどの短所があり、教職員や保護者から教育上の諸課題が指摘されるようにな」ったために、「『小規模校問題は、教育問題であると同時に地元問題である。』という観点に立って、地域住民や保護者の方々の議論・検討を尊重し、その意向を反映しながら課題解決を目指す“地元主導”の学校統合を推進してい」ると説明されている。その結果、2017 年度の段階で、京都市立小・中学校 72 校が 19 校に統廃合されている。

　京都市における学校統廃合の特徴としては、規模が大きいことがあげられるだろう。たとえば、〈第 4 章〉の旧京都市立清水小学校のところで述べたように、東山区の北部では、東山・白川・清水・新道・六原の 5 小学校、さらには、弥栄・洛東の 2 中学校を加えた 7 小中学校による統廃合によって、小中一貫校である開睛小・中学校が 2011 年に開校している。この統廃合に先立って、2002 年には貞教・修道両小学校の統廃合によって東山小学校が、2004 年には粟田小学校と〈第 1 章〉でみた校舎屋上に太鼓望楼がある有済小学校との統廃合によって白川小学校が、それぞれ開校しているので、もともとの小学校数でいえば 7 校ということになる。この貞教・修道・粟田・有済、それから上記した清水・新道・六原・弥栄の 8 つの旧小・中学校は、すべて番組小学校にルーツがあり、この統廃合は 8 つの学区にまたがり、もともとの 9 校を 1 校に統廃合するという大規模なものである。なお、弥栄中学校は戦後すぐに弥栄小学校を中学校に移行させたものであり、洛東中学校は戦前に高等小学校単独校であった第三高等小学校を転用して開校したものである。東山区ではこの北部に加え、南部においても 3 小学校・1 中学校が小中一貫校である東山泉小・中学校 1 校に統合されている。東山区全体でいえば、もともと 13 校あった市立小・中学校が、現在ではたったの 2 校しかないことになる。ちなみに、開睛小・中学校の開校時の児童・生徒数は 864 名で 29 学級、東山泉小・中学

校の開校時の児童・生徒数は 693 名で 23 学級である。

　以下に校舎をみる中京区東部においても、大規模な学校統廃合が進行している。中京区の東部は、高倉小学校・御所南小学校・京都御池中学校の 3 校で小中一貫教育が進められており、2007 年度からは高倉小学校・御所南小学校の 6 年生は、京都御池中学校の教室で授業を受けているが、この 3 校はすべて統合新設校である。

　高倉小学校は、高倉西小学校と高倉東小学校が統合して 1995 年に開校した小学校である。その 2 年前に、旧高倉西小学校は明倫・本能の 2 つの小学校による統廃合、旧高倉東小学校は立誠・日彰・生祥の 3 つの小学校による統廃合によって、それぞれ開校しているので、もともとの小学校数でいえば、高倉小学校は 5 小学校による統合校ということになる。この 5 小学校はすべて番組小学校以来の伝統を有するが、高倉小学校の通学範囲はこの 5 学区のみならず、戦後中学校に移行した城巽・初音学区の一部も含まれ、合計 7 学区にまたがる学校統廃合である。

　御所南小学校は、龍池・梅屋・春日・竹間富有の 4 小学校の統廃合によって 1995 年に開校した小学校である（旧春日小学校のみ上京区に位置する）。旧竹間富有小学校は、竹間と富有の 2 つの小学校による統廃合によって 1993 年に開校した小学校であるので、もともとの小学校数でいえば、御所南小学校も 5 小学校の統合校ということになる。この 5 小学校もすべて番組小学校にルーツがあるが、御所南小学校の通学範囲もこの 5 学区に加え、戦後中学校に移行した柳池・銅駝学区、さらには城巽・初音学区の一部も含まれ、合計 9 学区にまたがる学校統廃合である。

　京都御池中学校は、京都柳池中学校と京都城巽中学校との統廃合により 2003 年に開校した中学校である。その前年に、上京区の滋野中学校が柳池中学校・城巽中学校・上京中学校に分割統合されて閉校となり、京都柳池中学校と京都城巽中学校が開校している。それ以前には、1979 年に銅駝中学校が、1992 年に初音中学校が、柳池中学校に統合されている。現在、京都御池中学校の校舎は、旧京都柳池中学校の跡地に建っている。なお、旧銅駝中学校の校舎は京都市立銅駝美術工芸高等学校に、旧初音中学校の校舎は不登校を経験したことのある生徒を受け入れている京都市立洛風中学校に、そして旧京都城巽中学校の跡地は京都市立京都堀川音楽高等学校に、それぞれ引き継がれてい

る。

　では、以下に、この中京区東部における学校統廃合によって新設された統合校の高倉小学校・御所南小学校・京都御池中学校の校舎、そして閉校となった旧明倫小学校の廃校舎を活用した京都芸術センター、立誠シネマプロジェクトなどさまざまな活用がなされた旧立誠小学校の廃校舎、旧龍池小学校の廃校舎を活用した京都国際マンガミュージアムを、順にみていくことにしたい。

京都市立高倉小学校 （京都府京都市、1995 年竣工）

　先述のごとく、高倉小学校は高倉西小学校と高倉東小学校が統合して 1995年に開校した小学校である。高倉小学校の校舎は旧日彰小学校の跡地に、開校に合わせて新築された。

　鉄筋コンクリート造 4 階建て校舎が敷地の北側と西側にのびているが、1 階から 3 階部分は北西角から運動場側に校舎が雁行型にせり出している。せり出した部分の 2 階〜3 階には普通教室が配置され、もともとの設計では 2 教室でひとつのオープンスペースを仕切りなく共有するオープンスクール型の校舎となっている。次にみる御所南小学校と同じく、普通教室とオープンスペースの 1 学年のまとまりは、廊下とは仕切られている。

　私が初めて訪問したのは 2004 年であるが、前年の 2003 年度の資料によれば、ほぼこの設計通り 1 年生のみ 3 クラスで他学年は 2 クラス、全校児童 280名であった。しかし、2 度目に訪問した 2010 年の前年 2009 年度になると、2クラスであったのは 3 年生のみで、1 年生と 4 〜 6 年生が 3 クラス、2 年生に至っては 4 クラスもあり、全校児童は 538 名にまで増加していた。それでも

外　観

プール

先述の通り小中一貫教育が進められており、2007 年度以降の 6 年生はふだん京都御池中学校の校舎で授業を受けているので、6 年生 3 クラスの教室は図工室やもともとは多目的室であったスペースを割り当て、他学年は一部のクラスを除いて普通教室に何とかおさまっているような状況であった。

4 階には、開閉ドーム付きのプールと体育館がある。体育館には屋外階段で直接アクセスが可能であり、シャワー付きの更衣室も備わっており、地域開放されている。プールと体育館との間はやや広いスペースになっており、プールに至るスロープに沿って木のベンチが設えられ、運動場側は全面ガラス張りとなっている。1 階から 3 階部分においても廊下が広く取られ、ゆったりしたスペースには祇園祭の山鉾（やまぼこ）をはじめ子どもたちの制作した作品が置かれ、木のベンチも複数設けられている。1 階には、2 クラスの子どもたちが一緒に給食を食べることができる、和室 80 畳のランチルームが設けられている。格子戸の入口に加え、南側のアプローチに面して縁側まで設けられており、宴会場のような趣である。

高倉小学校の校舎は、限られたスペースに建てられた 4 階建て校舎でありながら、ゆったりとした空間となるような試みがみられる校舎であるといえよう。（2004 年 7 月、2010 年 5 月訪問）

京都市立御所南小学校 （京都府京都市、1995 年竣工）

先述のごとく、御所南（ごしょみなみ）小学校は、龍池・梅屋・春日・竹間富有の 4 小学校の統廃合によって 1995 年に開校した小学校である。校舎は、旧富有小学校の跡地に、開校に合わせて新築された。

先にみた高倉小学校と同じく、鉄筋コンクリート造 4 階建て校舎の最上階には、プールがある。開閉式の天井はガラス張りで、温室のような趣である。ちなみに、京都市で同じく統廃合によって新設された下京区の京都市立洛央小学校の校舎も 4 階建てで、開閉ドーム型のプールが最上階にある。

普通教室は 1 学年 3 クラスで設計されており、3 教室でオープンスペースと教師コーナーを共有し、教室とオープンスペース・教師コーナーとは壁で仕切られていない、オープンスクール型の校舎である。この 1 学年のまとまりと廊下とは壁で仕切られているところも、高倉小学校と同様である。訪問したときには、大原にある郊外学舎で 2 年生が刈り取ってきた稲が、オープンスペー

スに干されていた。

　開校時には 661 人であった児童数が 2002 年度以降増加し続け、訪問した 2009 年度は 1067 名にまで増え、1 ～ 2 年生が 6 クラス、3 ～ 6 年生が 5 クラスで、もともとの設計からすると 10 クラス以上の増クラスということになる。当然教室の数が足りないため、教材や備品などを置くためのスペースとして用意された教師コーナーや、図工室や会議室などを普通教室として使用するなどしてやりくりしている。敷地の南側にある 3 階建ての建物を教育委員会が借りて御所南小コミュニティ・サイトとして活用し、図工室や会議室はこちらに移転している。ちなみに、このコミュニティ・サイトは運動場に面する側が全面ガラス張りであるため、運動会の際にはここに敬老席を設けるという。また、先述の通り小中一貫教育が進められており、2007 年度以降は 6 年生はふだん京都御池中学校の校舎で授業を受けているので、6 年生の普通教室を御所南小学校内に常時確保する必要がなくなったことも、児童数増加に対応するうえで大きい。

　ただそれでも、当初の想定を大幅に上回る児童数であるがゆえに、本来は余裕をもったスペースとして用意された空間まで教室としてフル活用されていて、相当に窮屈な印象である。この学校には、2 階の校舎の中心部分や 3 階の体育館入口前に、ステージ付きの多目的に使用可能なスペースが設けられている。2 階のステージは読書のコーナーとして使われ、スペースには子どもたちが作成した山鉾が置かれ、3 階のステージには何も設けられていないが、スペースにおいて学年集会が開かれることもあるという。

　その後も児童数は増え続け、ついに 2018 年度に御所南小学校に統合された

オープンスペースと普通教室　　　　　　　　　　　2 階多目的スペース

旧春日小学校の跡地に校舎を新築し、春日・銅駝学区を通学範囲とする御所東小学校を開校することとなった。児童数がもともと想定した人数であれば、この校舎がもっているゆとりのあるスペースが、もっと存在感を発揮したことであろう。（2009年9月訪問）

京都市立京都御池中学校（京都府京都市、2006年竣工）

　先述のごとく、京都御池中学校は、京都柳池中学校と京都城巽中学校との統廃合により2003年に開校した中学校である。開校から3年間は旧京都城巽中学校の校舎を使用し、2006年度から旧京都柳池中学校の跡地に新築された校舎に移転している。

　現在の校舎は、北をうえにして逆コの字形に配置された、地下1階地上7階建ての鉄筋コンクリート造（一部鉄骨造）である。別棟で自治会館や消防分団、観光トイレなどが入った地元施設も建てられており、総事業費は63億2000万円である。2階以上を京都御池中学校が使用しており、南棟最上階の6階にプールがあり、南棟と北棟をつなぐ西棟5〜6階吹抜けでアリーナ（体育館）がある。この校舎には、京都御池中学校に加えて、北棟1階に京都市御池保育所（現在は、おいけあした保育園）、南棟1階に京都市御池老人デイサービスセンターと京都市御池地域包括支援センター、そして地下1階には京都市職員研修センターと災害応急用物資備蓄倉庫（2万食が備蓄されている）が併設されている。また、開校当初は南棟6〜7階に京都市役所保健福祉局が入っていた。さらに驚くべきはこれらの公共施設に加えて、南棟1階の高齢者福祉施設のさらに南側に、御池通りに面して「賑わい施設」が設けられ、ベーカリー

御池通り越しにみた外観

賑わい施設

カフェ・イタリアンレストラン・雑貨屋の3店舗が入っていることである。

　京都御池中学校が開校した2003年度の生徒数は397名、新校舎が竣工した2006年度の生徒数は426名であったのに対し、私が2度目に訪問した2012年度の生徒数は663名と大幅に増えていた。しかも、先述のごとく高倉小学校と御所南小学校とで小中一貫教育を進めている関係で、2007年度以降は両校の6年生がこの校舎で授業を受けている。2012年度の両小学校の6年生は270名で、中学生（この学校では7年生〜9年生と称する）663名と合計すると、933名の子どもたちがこの校舎で学んでいたことになる。もともとの設計では、6年生から8年生は6クラス、9年生が8クラスであるが、2012年度は6年生から8年生は8クラス、9年生は10クラスで、当初の設計からすると合計で8クラスも多いことになる。

　こうした状況もあって、多目的室の一部が普通教室に転用され、開校当初は6〜7階に入っていた京都市役所保健福祉局が2012年の段階ではすでに撤退しており、学校施設となっていた。また、保育所の子どもの数も増えており、北棟1階に加え、北棟2階の半分ほどのスペースも保育所エリアとなっていた。

　複合施設という観点からこの校舎をみてみると、保育所の入口は北棟1階、高齢者福祉施設の入口は南棟1階、中学校の昇降口は南棟2階と、各施設の入口は別に設けられている。また、6〜7階に京都市役所保健福祉局が入っていたときには、1階からエレベータで直行しており、5階のアリーナを夜間に地域開放するさいには、エレベータは途中の階には停止せず5階まで直行するようにビル管理会社が設定しているとのことであった。このように、基本的に各施設の利用者どうしの動線がクロスしないようになっているというのは、これまで本書でみてきた他の複合施設と同様である。しかしながら、たとえば中学生が、南棟1階の「賑わい施設」にあるベーカリーレストランで職場体験を行ったり、保育所の子どもたちに読み聞かせをしたり、文化祭に京都市御池老人デイサービスセンターの高齢者を招いたりといったごとく、複合施設であることを活かした教育的な連携がみられるということも、他の複合施設と同様である。

　それにしても、京都御池中学校や御所南小学校の子どもたちの数が激増しており、かなり窮屈な印象である。運動場も狭く、運動会の際には、保護者には

昇降口へのアプローチにもなっている2階のエコテラスや3階教室からみてもらっているとのことであった。(2006年11月、2012年9月訪問)

　以上、京都市中京区東部における学校統廃合による統合校3校をみてきた。3校ともに校舎が高層化しており、最上階にプール、校舎内に体育館を設けている点で共通している。また、2つの小学校ともにオープンスクール型の校舎である。このような共通点に加え、どの学校も子どもたちの数が当初の予測を大幅に超えて増えており、校舎にもともと用意されていた余白のようなスペースがすべて教室として利用されているような状況で、窮屈さは否めない。子育て層の都心回帰による都市部の児童数増というのは全国的な傾向となっているが(「教室不足 大都市に宿題」『朝日新聞』2016年11月24日夕刊)、閉校となった小学校を「復活」させるくらいならば、学校統廃合の進め方ももう少し違ったやり方があったのではないかと思う。

　では次に、学校統廃合によって、閉校となった廃校舎についてみていこう。

京都芸術センター (京都府京都市、1931年竣工)

　京都芸術センターは、1993年に閉校となった旧京都市立明倫小学校の廃校舎を活用している。明倫小学校が閉校してから2年間は、本能小学校との統合校として2年間だけ存続した旧高倉西小学校の校舎として活用されたが、先述のごとく、1995年に高倉東小学校と統廃合して高倉小学校が開校し、校舎は廃校舎となった。

　校舎が現役の学校として使用されなくなって5年後の2000年に、京都芸術センターとしてリニューアルオープンすることとなった。前年の1年間をかけて改修工事が行われ、改修工事費は9億8500万円である。それまでにも、「芸術祭典・京」の会場として利用されるなど、芸術表現の場として活用できるかどうかの試行錯誤が重ねられた。最終的に、文化・芸術によるまちづくりを進めつつあった京都市と、活動の場を求めていた若手のアーティスト、そして校舎をなるべくそのままの形で残したい学区の3者の想いが重なることとなった。明倫学区はもともと呉服問屋が多く、祇園祭に多くの山鉾を出す地域であり、モノ作りやデザイン、美的なものへの理解があったことも、学区の負担で建てられた校舎に京都芸術センターを受け入れてもらううえで大きかった

という。

　室町通に面して正門があり、敷地西端の正門から南校舎（現在は南館）へと至る細い通路に沿って、通路の北側に本館（現在は西館）が建ち、敷地の東半分に、運動場を挟んで南校舎と北校舎（現在は北館）が建つ。3棟の校舎はすべて一文字形の鉄筋コンクリート造であるが、正門からみえる校舎の外観はよくある「質朴堅牢」な校舎のそれではまったくない。室町通に面した本館は、オレンジ色の屋根瓦が葺かれ、その下には青緑色の雨樋が設けられている。南校舎の室町通に面した側は、塔屋の屋根に2本の細い柱が立ち、本館同様にオレンジ色の瓦屋根と青緑色の雨樋があり、雨樋のすぐ下に塔屋の丸窓が3つ横一線に連なり、その左には屋上の腰壁が半円状にくりぬかれているのがみえる。川島智生によれば、2本の細い柱は「祇園祭で巡行される山鉾の屋根上に掲げられる鉾の形をモチーフとして」おり、丸窓や半円形の腰壁に「和風に通ずる意匠が目指されたことが読み取れる」という。

　正門から南校舎への通路のなかほどに、本館の玄関が設けられている。玄関を入ってすぐ左手に窓口があり、窓口の向こうはもともとは学務委員室である。この学務委員室は、『京の学校・歴史探訪』によれば京都独特のもので、もともと番組小学校が役場的な機能を担っており、学区の学務委員がそうした機能を引き継ぐことで学務委員室がいわば「学区事務室」としての役割を果たし、窓口は「学区自治の象徴的存在」であるという。現在は、学務委員室は京都芸術センターの事務室として、窓口はチケットショップの窓口として、それぞれ使われている。

　本館にはほかに、1階に体育館、2階には講堂に加えて78畳の和室の大広間がある。天井に達する広い窓を三方に配置し、舞台奥には奉安庫まで設えられた講堂もたいへん立派な造りであるが、襖をあけて入ると丸窓が印象的で、床の間や書院が付いた折上げ格天井の大広間も、ここが校舎であることを忘れてしまいそうなほど豪華な造りである。先の川島によれば、この大広間はもともと「集会室」と呼ばれていた部屋で、「この部屋の広さや意匠の格式などを考えれば、単に児童の礼儀作法の教育を目的とするためだけとは考えられにくく、学区の会合などに使用する目的があったとみることができる」という。そして、こうした和室に、職員室や校長室といった管理スペース、体育館や地域住民も使用する講堂、そして先ほどの学務委員室などを組み合わせて本館

本　館

南校舎と（左は本館玄関）

本館玄関（左に窓口）

講　堂

大広間

階　段

スロープ

　と称するのは、教育的な機能を担うのみならず、「学区という地域のコミュニティセンターとしての側面を強く有して」いる、「京都市の小学校に特有のプランニングである」という。なお、体育館は現在フリースペースとして演劇やダンスの公演やワークショップなど、講堂は講演会やシンポジウムなど、大広間は落語や展覧会など、さまざまな活動に使用されている。

　北校舎・南校舎は、普通教室が東西方向に直列に並び、その北側に片廊下を配置する一文字形の北側片廊下型校舎であり、両校舎の東端に特別教室が配置されている。北校舎の1階において普通教室と廊下を仕切っていた壁が取り払われたり、南校舎にエレベータが設置されたりといった改修が行われているが、そのほかは基本的にもともとの校舎の造りが維持されている。両校舎の旧教室は、芸術作品の制作や舞台芸術の練習を行うための制作室や、カフェや図書室・ミーティングルームなどに活用されている。12室ある制作室のうち、制作室5は北校舎2階東端の旧音楽室を活用したもので、もともとの造りとして演奏用のステージが設けられており、そのうえにピアノが1台置かれている。両校舎の1階両端は現在ギャラリーとなっており、展覧会が催される際にはその会場となる。

　北校舎は3階建てで、南校舎は3階のうえに先述の塔屋と和室が載っており、4階はこの和室のみということになる。先述のごとく、主として学区住民が使用する78畳の和室が本館にありながら、それとは別に「作法室」として床の間の付いた15畳の和室が設えられている。現在はここで茶会が催される

こともあれば、私が2017年に訪問したときには「のっぴきならない遊動」展のインスタレーション作品が展示されており、和室が作品と融合していた。なお通常は立入禁止になっているが、南校舎4階塔屋から先述の半円状の腰壁のところを通過して本館屋上へ出ることも可能であり、学校が現役であった頃にはここで体育をやることもあったという。

北校舎には、1931年竣工の校舎としては驚くべきことに、もともとの造りとしてスロープが設けられている。1923年に発生した関東大震災を受けて、震災の際の避難のしやすさを考慮して設けられたものらしい。このスロープは、避難経路であったり、あるいはバリアフリーで荷物を運び入れるのにも都合よいといった機能的な先進性を有しているだけではない。スロープの腰板は高く、木製の手すりも年季が入っており、並行する南校舎への渡り廊下との仕切りはアーチ状に大きくくりぬかれ、そこから渡り廊下のアーチ型の窓がみえているなど、開放的でありながらディテールにまでこだわった風格を感じる。2017年に訪問したときには、このスロープには先述の「のっぴきならない遊動」展の映像作品など複数の作品が展示されており、スロープの雰囲気と作品とのコラボレーションが楽しめた。

校舎内では、とくに階段周りに趣がある。階段の踊り場に設えられた窓は大きく天井近くにまで達しており、また階段の手すりが始まるところには円形の石柱が立っていて、明倫小学校が下京第三番組小学校として創立されたことにちなんで、石柱の上方には三本線のデザインが施されている。南校舎の3階から4階塔屋への階段途上の踊り場にはアーチ型の大きな窓が設けられ、階段室内で南面のアーチ窓と西面の先述の3連の丸窓とが並んでいる。このように、明倫小学校の校舎は、教育的な機能をはみ出す部分にまで目配りのきいたこだわりの校舎である。

2017年の訪問時に案内してくれた職員によれば、もともと教育的な機能を想定して設計されている校舎をアートの活動に使うには、たとえば防音・空調・照明など使いにくい点もあるが、しかしそれを逆手にとって活動がなされており、小学校の記憶が作品を立ち上げることもあるという。また、京都芸術センターの運営は公益財団法人京都市芸術文化協会が担っており、学区が直接運営にかかわっているわけではない。それでも、ボランティアスタッフの一員として学区住民がアート活動を支えることもあれば、祭りや会合のさいに学区

住民と運営スタッフとが交流することもあるという。また、運動場と運動場に設置された防災倉庫は学区が管理しており、運動場では従来通りテニスやゲートボール・明倫区民運動会などが行われている。なお、室町通をはさんで明倫小学校の向かい側に旧明倫幼稚園の園舎があり、明倫学区自治連合会・祇園祭山鉾連合会の事務局や明倫消防分団はこちらに入っている。

　学区の負担によって建てられ、ディテールにまでこだわった開放的でゆったりした風格のある学区の誇りでもある校舎が、閉校後ももともとの校舎の姿をとどめたまま使い続けられることは、学区住民にとっても歓迎すべきことであろう。(2013 年 8 月、2017 年 6 月ほか複数回訪問)

旧京都市立立誠小学校（京都府京都市、1928 年竣工）

　立誠小学校は、先述のごとく、日彰・生祥両小学校との 3 小学校による統廃合によって、1993 年に閉校となった。立誠小学校の現存する鉄筋コンクリート造 3 階建て校舎は、1928 年に竣工している。先の川島によれば、「京都市内に現存する最古の鉄筋コンクリート造校舎である」。

　木屋町通から高瀬川に架けられた石橋を渡って校舎に至るというアプローチになっていて、橋を渡った先に、アーチ型の玄関が待ち構えている。玄関には大きな庇が設けられ、またそのうえの校舎 3 階部分にはアーチ型の窓が 3 つ連なり、ベランダが設けられている。ここを中心に左右対称に校舎が広がり、右側の北校舎と左側の南校舎は、高瀬川に面する位置まで校舎が前面に出ている。このようなどっしりした感じの外観をもつ校舎は、校舎へ至る風情のある石橋とあいまって、このあたりの街並みの風景の一角を担い続けてきたことであろう。

　校舎は北をうえにしてコの字形に配置されており、コの字の縦棒部分のど真ん中に、先ほど述べたアーチ型の玄関があって正面となっており、縦棒部分が中廊下式の本館となっている。コの字の横棒部分は北校舎と南校舎であり、北側片廊下型になっている。南校舎の西端には、講堂がある。外観同様に、校舎内に入っても趣があり、廊下は角張ったアーチ型となっていて、階段の踊り場の窓も大きく、階段室最上階の窓はアーチ型となっている。本館 3 階には、60 畳の和室の「自彊室」が設けられている。

　立誠小学校は京都随一の歓楽街に位置しており、これまで学校であったため

に規制されてきた学校周辺への風俗営業の出店が、閉校後に進むこととなった。そこで、2005年に高倉小学校の第二教育施設に指定されることで新規出店を押しとどめ、さらに立誠自治連合会と京都市との協働で「立誠・文化のまちプロジェクト」が立ち上げられた。以降、立誠小学校の校舎を舞台に、演劇や音楽・展覧会・フリーマーケットなど、さまざまな文化・芸術イベントが開催されるようになった。本館1階の旧職員室がカフェとなり、南校舎1階の旧保健室では「京都木屋町花いけ部」「高瀬川花道部」の活動が行われている。運動場ではこれまでと同様に、スポーツフェスタ（学区運動会）やテニスなども行われ、防災倉庫も設置されている。

　2013年からは、南校舎3階の旧普通教室2室が映画上映スペースとロビーに改装され、立誠シネマプロジェクトが始まった。立誠小学校は「日本映画原点の地」であるらしく、プロジェクトはシマフィルムと京都市が共同主催しており、それまでにも単発のイベントとして映画が上映されることはあったが、

外　観

廊　下

立誠シネマプロジェクトロビー

このプロジェクトによって他の映画館ではあまり観ることのできない映画が常時上映されることとなった。私が訪問した 2017 年 5 月は、「特集〈子どもの居場所はここにある！〉」が組まれ、『みんなの学校』と『さとにきたらええやん』が上映されており、月末に上映が始まった『リトル京太の冒険』とあわせて、1 か月で 3 本の映画をみることができた。

　学区住民が従来通り使い、映画をはじめとする文化・芸術の場としても活用されてきた立誠小学校の校舎であるが、京都市公式ホームページによれば、「文化的拠点を柱に、にぎわいとコミュニティの再生」を目指した学校跡地活用を進めるための公募型プロポーザルが実施され、その結果、ホテルや図書館・商業施設などからなる複合施設として活用することを提案したヒューリックに、期間は 60 年間、年額 2 億 3000 万円で貸し付けられることとなった。ホテルの開業は 2020 年の予定である。これにともない、2017 年 7 月で立誠シネマプロジェクトも終了することとなった。立誠小学校の校舎のもつ趣や校舎と人々とのかかわりが、ホテルとなった後にどの程度維持されるのかが気がかりである。（2017 年 5 月訪問）

京都国際マンガミュージアム（京都府京都市、1929 年竣工）

　京都国際マンガミュージアムは、1995 年 3 月に閉校となった旧京都市立龍池（たついけ）小学校の校舎を活用している。龍池小学校が閉校となってから 10 年あまりの時を経て、2006 年にマンガミュージアムとして廃校舎がよみがえることとなった。改修総事業費は、約 8 億円である。

　龍池自治連合会会長（2009 年 10 月訪問当時）によれば、龍池学区の意向として廃校舎存続への希望は強かったものの、マンガミュージアム構想が浮上した当初、学区住民の「マンガ」に対する反応はあまりよいものではなかったという。龍池学区、そしてマンガミュージアムの事業主体である京都市と京都精華大学の三者による、300 回以上にわたる協議を重ね、開館へ向けてのコンセンサス作りが入念に行われた。

　現存している校舎は鉄筋コンクリート造で、本館（地上 2 階地下 1 階建て）と体育館（1 階）・講堂（2 階）棟は 1929 年に竣工し、北校舎（地上 3 階地下 1 階建て）は 1937 年に竣工している。敷地の北端を東西に一直線にのびているのが北校舎、西端を南北に一直線にのびているのが体育館・講堂棟と本館であり、

両者は敷地の北西角を中心にL字型に配置されている。

　中廊下式の本館には、もともと校長室や職員室、会議室や作法室などがあった。先に明倫小学校のところでみたように、学区住民も使用する本館を教室棟とは別に建てるのが京都の学校建築の特徴である。〈第4章〉でみた旧清水小学校や〈本章〉で先にみた旧明倫小学校・旧立誠小学校と同様に、龍池小学校の校舎もこうした京都スタイルを踏襲しているといえる。

　龍池小学校出身者へのインタビューなどをもとに制作された『マンガ　龍池小学校史』には、1950年代半ばの話として、本館にまつわる次のようなエピソードが登場する。当時、本館2階にあった第二図書室と第二音楽室を教室として使用できることが6年生だけの「特権」であり、そのことが子どもたちにとって憧れであった。しかし、6年生が3クラスあって、残る1クラスのみ他学年の児童とともに北校舎に残留せざるをえず、そのことを悔しがった北校舎組と本館組とで、校舎の屋上で水のかけ合いをしたという。

外観（左は本館、右は北校舎）

本館階段

マンガの壁（北校舎3階）

ホール（右は講堂外壁）

　このような学区住民の校舎に対する強い想い入れもあって、校舎をマンガミュージアムとして活用するにあたっては、既存の校舎をそのまま活かすことが学区サイドの要望であった。それゆえ大規模な改築は行なわず、こうした要望に添う形で廃校舎活用がなされている。

　たとえば、階段も既存のものをそのまま利用している。本館の階段は、階段への出入り口がアーチ状になっており、また踏面や手すりが木製で、多くの子どもがすべり降りたであろう手すりは黒光りしていて、重厚な雰囲気が立ちこめている。北校舎の階段は、踏面がタイル張りですべり止めに木が用いられている。

　北校舎は北側片廊下式で、日本の校舎の典型的なスタイルであるが、研究室が並ぶ3階部分も、もともとの廊下と教室をそのまま利用している。ただ、教室と廊下という見慣れた風景のはずが、廊下に「マンガの壁」が並ぶと壮観で、ここがもとは校舎であったことを忘れてしまいそうである。

　このように、既存の校舎の造りが基本的に維持される一方で、唯一の大規模増築は、体育館・講堂棟前の屋外の部分に屋根をかけ、吹抜けのホールとして屋内に取り込むことで、本館と北校舎をダイレクトにつないだことである。ホールの運動場に面した側は全面ガラス張りで、ガラスの外にはウッドデッキが設けられている。既存の校舎になかった新設のホールが、新たに人工芝をはった運動場も含め、敷地内の既存のスペースを一体的につなぐ役割を果たしている。

　マンガミュージアムに生まれ変わったとしても、これまでと同様に龍池学区が行ってきたさまざまな活動が継続できるようにすることも、学区からの要望のひとつであり、本館には地域集会室や会議室などの学区住民のためのスペースが確保されている。グラウンドゴルフやゲートボール、なぎなたやダンスなども運動場や体育館で行われ、選挙の際には会議室が投票所となる。龍池区民体育祭も従来通りここの運動場で行われ、マンガミュージアム関係者も「みなし町」として1チームを作り、参加するそうである。

　京都国際マンガミュージアムにおいては、既存の校舎や学区という「伝統」を引き継ぎつつ、そこにミュージアムやマンガという新しい要素をかみ合わせた、新旧の出会いがみられるように思う。(2009年2月、10月ほか複数回訪問)

　以上、京都市中京区において閉校となった廃校舎を3校みてきた。いずれも本館以外の校舎は北側片廊下型校舎で、日本の学校建築スタイルにのっとって建てられているが、「質朴堅牢」とは程遠い、ディテールにまでこだわった丁寧な造りが確認でき、学区住民も使用する本館を別に建てるという京都方式にものっとっている。そして、こうした廃校舎の活用にあたっては校舎のもともとの造りが維持されており、校舎が教育的な機能を担う以外にもさまざまな可能性を有していることを示唆してくれているように思う。さらには、閉校によって「中心」的な機能である教育的な機能を喪失しても、「周縁」的に担ってきたコミュニティセンターとしての役割を、廃校舎が担い続けているのである。

　では、本節の最後に、同じく京都市における学校統廃合によって閉校となった廃校舎を活用した京都市学校歴史博物館についてみておこう。

京都市学校歴史博物館 （京都府京都市、1938 年竣工）

　京都市学校歴史博物館は、閉校となった旧京都市立開智小学校の廃校舎を活用している。開智小学校は、豊園・有隣・修徳・格致の4小学校とともに洛央小学校に統廃合され、1992 年に閉校となっている。

　四条河原町から南西方向に5分くらい歩いていくと、御幸町通に沿って南北に石塀が続き、石塀と石塀に挟まれるようにして、瓦屋根の木造の正門が待ち構えている。この正門は 1901 年、石塀は 1918 年にそれぞれ造られたもので、ともに旧開智小学校が現役の頃よりこの地にあり続けている。正門・石塀ともに登録有形文化財であり、学校歴史博物館の館内に入る手前の部分から、学校史の貴重な史料に迎えられることになる。

　正門は敷地の東側に位置し、敷地の北端を東西方向に一文字形にのびている地上3階地下1階建ての北校舎と、西端を南北方向に一文字形にのびている3階建ての西校舎、そして西校舎の南側に、1階が体育館、2階が講堂の体育館棟が位置している。北校舎・西校舎・体育館棟とが、敷地の北西角を中心にL字型に配置されている形になる。北校舎は北側片廊下型、西校舎も教室の東側に片廊下が配置されている。体育館を1階に、講堂を2階に別に設けるというのは、先にみた旧明倫小学校や旧龍池小学校と同様であるが、先の川島によれば、これらの小学校以外の「京都の小学校ではほとんどな」いという。

　現存する校舎は、1934 年の室戸台風によって当時の校舎が傾くなどの大きな被害を受けたために建て替えられたものである。体育館棟は 1936 年竣工、校舎は 1938 年竣工で、ともに鉄筋コンクリート造である。なお、北校舎の階段室より東側は、戦後の 1956 年に増築されたものである。

　西校舎の階段室のところに博物館入口があるが、瓦葺き屋根の玄関が校舎に付随している。これは 1875 年に建てられた旧成徳小学校（戦後は中学校に移行したが、2007 年統廃合によって閉校）の玄関車寄せで、1909 年の改築時に城陽市の寺に売却され使用されていたものを、2007 年に移築したものである。現存する京都市最古の小学校建築物であるという。

　入口を入って左側が第 1 展示室となっている。ここはもともと体育館で、番組小学校を中心に京都の学校の歴史にかかわる常設展示をみることができる。入口の右側の西校舎 1 階部分に第 2 展示室があり、ここでは企画展示をみることができる。この 2 つの展示室はかなり改修されており、体育館や教

正門と石塀

外観（左は体育館棟、中央は西校舎、右は北校舎）

西校舎階段

西校舎 2 階廊下

室と廊下の面影はほとんどない。

　しかし、そのまま２階〜３階部分にあがると、教室と廊下の造りはほぼそのまま維持されている。２階の講堂においては講演会などが行われ、西校舎２階の第４展示室では開智小学校の歴史にかかわる展示を、３階の第３展示室では企画展示を、それぞれみることができる。同じく３階の講義室では講演会や講座・体験教室などが開催されている。

　階段室ももとの造りのままであるが、なかなか趣がある。床はタイル張りでチェック模様になっており、踏面のすべり止めに木が用いられ、手すりは茶系の石造で、腰壁にも同様の石が用いられている。２階と３階の踊り場には足下からほぼ天井に達する高い窓が２列並んでいて、光の射した階段の色合いや、板張りの廊下とタイル張りの階段とのコントラストがすばらしい。階段室を印象的にしているのは、このようなもともとの造りに加え、開智小学校の歴代の卒業制作の作品が複数飾られたままになっていることも大きい。踊り場の窓の上方にも、卒業制作のステンドグラスをみることができる。かつてこの校舎に子どもたちがいて、子どもたちと校舎とのかかわりが確実にあったことを想い起こさせてくれる、そんな階段室である。

　北校舎は学校歴史博物館の事務室や収蔵庫になっている。また、北校舎東端の旧給食室は開智自治連合会事務局となっており、そのさらに東側に御幸町通に面して開智学区自治連合会館と開智消防分団がある。運動場ではゲートボールや開智学区の区民運動会などが行われている。開智小学校の廃校舎は学校歴史博物館として、開智小学校をはじめとする京都市内の学校統廃合で閉校となった学校の記憶をとどめながら、開智学区の現役のコミュニティセンターであり続けている。（2009 年 9 月、2017 年 9 月ほか複数回訪問）

【参考文献】

川上貢監修『京都の近代化遺産』淡交社、2007

川島智生『近代京都における小学校建築』ミネルヴァ書房、2015

京都市学校歴史博物館編『京の学校・歴史探訪』京都市生涯学習振興財団、1998

京都市学校歴史博物館編『学びやタイムスリップ』京都新聞出版センター、2016

京都市教育委員会京都市学校歴史博物館編『京都市学校歴史博物館常設展示解説図録』京都市生涯学習振興財団、2009

京都精華大学マンガ学部編『マンガ 龍池小学校史』京都国際マンガミュージアム、2006

葉養正明『人口減少社会の公立小中学校の設計』協同出版、2011

南山城村史編さん委員会編『南山城村史 本文編』南山城村、2005

南山城村史編さん委員会編『南山城村史 資料編』南山城村、2002

立誠・文化のまちプロジェクト運営委員会『文化まちづくりのすすめ』京都市文化市民局文化芸術企画課、2010

リチャード・ロジャース、フィリップ・グムチジャン『都市 この小さな惑星の』（野城智也・和田淳・手塚貴晴訳）鹿島出版会、2002（1997）

『大河原小学校閉校記念誌』南山城村立大河原小学校、2003

『学校施設の複合化に関する研究』科学研究費補助金研究成果報告書（研究代表者：四方利明）、2007

『京都市学校歴史博物館年報』第 18 号、2017

『高尾図書室から高尾いろいろ茶論へ』科学研究費補助金研究成果報告書（研究代表者：中島勝住）、2013

『高倉―はばたく―』京都市立高倉小学校創立 10 周年記念事業実行委員会、2004

『田山小学校閉校記念誌 かけはし』田山小学校閉校記念事業実行委員会、2003

『閉校記念誌 開智』京都市教育委員会、1994

『平成 15 年度 高倉の教育』京都市立高倉小学校、2003

『平成 21 年度 高倉の教育』京都市立高倉小学校、2009

『東山区 80 周年記念誌』東山区役所区民部まちづくり推進課、2009

『南山城村立高尾小学校閉校記念誌』高尾小学校閉校記念事業実行委員会、2003

『南山城村立野殿童仙房小学校閉校記念誌 やまゆり』南山城村立野殿童仙房小学校閉校記念事業準備委員会、2006

「京都市立京都御池中学校・複合施設（京都御池創生館）」『School Amenity』2006 年 10 月号

「小学校校舎をミュージアムに日本初のマンガ博物館が誕生」『School Amenity』2007 年 1 月号

「南山城村立南山城小学校」建築思潮研究所編『建築設計資料 105 学校 3』建築資料研究社、2006

第6章

学校建築の諸相

1. 廃校舎と希望

　今世紀に入って廃墟がブームとなり、近年では廃墟巡りが趣味のひとつとして定着した感さえある。「こんな世の中が来るなんて、10年前は本当に予想もできなかった」と、ブームに先がけ10数年にわたって廃墟を取材し続けてきた中田薫が述べるほどである。しかし、世間の多くの人々にとっては、廃墟は一刻も早く撤去されてしかるべきシロモノであろう。廃墟ブームについて報じた新聞記事のなかで、野口悠紀雄は、「若者が廃墟に夢中になっているのは、彼らが未来に対して夢を描けないからである」と断定し、廃墟ブームは「決して健全な現象ではない」と言い切る（「今なぜか廃墟」『毎日新聞』2002年8月29日）。また、渡辺裕は、廃墟ブームは、「いささか一面的で自己中心的」であり、「自分で気づかないうちに特定の立場の人を独善的に切り捨て、傷つけるような政治的行為にもなりかねない」と述べている（「考える耳 自己中心的な『廃墟ブーム』」『毎日新聞』2009年1月22日夕刊）。

　こうまで言われてしまう廃墟のどこに、一部の人々は惹きつけられるのだろうか。廃墟を撮り続けている小林伸一郎は、自らの廃墟写真集に次のようなことばを添える。「廃墟に共通するイメージには、およそ美的なものは見当たらないのだが、実は美しいものたちがそここここに隠れている。（中略）用済みになった機械やその残骸も、長い年月による劣化や腐食で思わぬ美をもたらすことがある。もともと機械は性能が重視され、外観の美は想定されていないからこそ、その変化は予想し得ない効果を見せてくれるのだ。無用の長物となっても、なお廃墟の中央に鎮座し、朽ちてゆくアナログマシンたちの存在感は圧倒的な迫力がある。（中略）人は美を創り出すことはできても、朽ちてゆく美を創り出すことはできないのだ」。

　人々から関心を向けられなくなり、撤去されることもなくただただ朽ち果てる日を待つだけとなってしまった廃墟に、美という新しい意味を吹き込むことで、廃墟を廃墟のままに救済する。廃墟写真集には、廃墟に対する強いリスペクトのまなざしが充満している。

　廃墟のなかでも、とりわけ美しいのが廃校舎である。傷みも少なく、廃校になった時点で時が止まったままであるかのように閑かにたたずむ廃校舎。学校

が地域社会の核であり、それゆえ校舎が地域社会のランドマークとなりうるよう、当時の持てる資材が投入され、地元の大工が丁寧な仕事をしたであろうことを雄弁に物語る。

　こうした廃校舎に美という意味を与えることで救済をはかるのが、廃墟写真というアートの作法であるとするならば、廃校舎の活用は、廃校舎そのものの救済のみならず、廃校舎が廃校舎でなかった頃の、校舎と人々とのかかわりをも救済することで、廃校舎の再生を試みるものである。

　〈第 5 章〉で京都府南山城村・兵庫県神河町・京都府京都市における廃校舎活用事例についてみてきたが、引き続き本節では廃校舎の活用事例を集中的に取り上げる。では、全国に広がる元気な廃校舎をみに行こう。

共星の里（福岡県朝倉市、2000 年改修）

　共星の里は、1995 年 3 月に閉校となった旧甘木市立黒川小学校の廃校舎を活用し、2000 年 4 月に開館した美術館である。今から 10 年ほど前、2008 年に初めて訪れたときの衝撃が忘れがたく、以降何度か訪ねている。

　校門を通過すると、運動場の奥に鉄筋コンクリート造の 2 階建て一文字形校舎が建っている。開催中の企画展の垂れ幕がかかっていたものの、外観をみるかぎり何の変哲もない日本の典型的な校舎のたたずまいである。玄関に近づいても、旧甘木市立黒川小学校の表札はそのまま残されている。玄関ドアに貼られた共星の里のロゴと、設置された案内ボード以外に、ここが学校以外の場であることを示すものは何もない。

　しかし、玄関を入って右側の廊下をみると、学校の廊下であるはずの空間に、大きな犬の首が鎮座していた。これは、吉野辰海の「大首 1989」という作品で、作品は時空を超えるので専用の展示スペースに囲い込むよりもみんなに親しんでもらう方がよい、という吉野の意向を汲んでのことらしい。「大首」のさらに奥にも、現代アートの作品群が、廊下の突き当たりまで所狭しと並んでいた。

　この 1 階の廊下をみたとき、モノの配置が変わるだけでここまで違った風景が生まれうることに強い衝撃を受けた。教室を南側に直列させてその北側を片廊下でつなぐという、日本の典型的な校舎の造りそのものは、美術館として再生された現在も何も変わっていない。おそらく、この校舎が現役の学校で

▲ 外　観
▶ 1 階廊下（手前の作品は、吉野辰海「大首 1989」）

　あったときには、よくある学校の風景であったことだろう。にもかかわらず、そこに現代アートが鎮座することによって、自明のはずの風景が自明でなくなる。校舎を学校として使っていたときよりも、美術館として再生された今の方が、校舎と人々のかかわりが明らかに自由でクリエイティブなのである。

　現在、「大首」は 2 階廊下に引っ越しているが、相変わらず妖しいオーラを放っている。この「大首」以外にも、さまざまな現代アートが館内に炸裂している。1 階の教室のうちの一室は「音楽室」となっており、ここにはピアノを解体するパフォーマンスで有名な風倉匠の遺作が収められている。教室と廊下の仕切りから窓ガラスが外され、窓枠と窓枠の間にいろいろな太さのピアノの弦が張りめぐらされており、風倉のパフォーマンスを体験すべく、木の棒で弦を叩いて音を出す仕掛けとなっている。一緒に行った子どもたちは「大首」にはびびっていたものの、この仕掛けには大喜びで、傍らに置いてあった笛を吹き鳴らしながら、とりつかれたようにピアノの弦を乱打し続けている。天国にいる風倉もきっと喜んでくれていることだろう。

　さらには、玄関から廊下や階段の踊り場など、館内の至る所に鎮座しているのは、八尋晋の作品である。生命力がみなぎり、それでいてどことなくユーモラスな感じもして、みるものに相当に強烈なインパクトを与え続けている。2014 年 10 月から 12 月にかけて、「つるかめめしべ 八尋晋彫刻展」が開催さ

▲レストラン
◀音楽室

　れ、共星の里が八尋ワールドにそまった。この個展のさなか、八尋自らが一緒に館内を歩きながら自身の作品について語るという催しが開催され、幸運にもこのぜいたくな時間を共有することができた。

　階段の踊り場には、椅子に腰掛けたような格好で3人が連なる「排泄ダンス」という作品がある。3人のお尻から垂直落下して床までつながっているカラフルな棒状のものを指して、「これは虹色のうんこです」と真面目な顔で説明する八尋に、思わず大笑いしてしまった。しかも、この「排泄ダンス」を前後から挟む形で2枚の鏡が設置されているので、「排泄ダンス」が階段の踊り場で無限に続いているようにみえる。

　敷地に高低差があり、2階の廊下を進んでいくと、運動場より1階分高い位置にある木造平屋の旧講堂に至る。瓦屋根に板張りで、ガラス窓が広く取られていてレトロな雰囲気を漂わせている旧講堂は、現在はレストランとなっている。レストランにおいても、八尋の作品が来訪者を出迎えてくれる。旧講堂の造りそのものは維持され、もともとはがらんとした広い空間であったはずが、テーブルや椅子、アート作品が配置されることによって、食事を楽しむことができる空間に生まれ変わっている。入館料500円を払うと、こちらでコーヒーかジュースをいただくことができるが、やはり地元の食材をふんだんに用いた食事も、たいへん美味である。山里ランチは日替わりで、2014年4月に訪れ

たときには、山菜の天ぷらや旬の筍に加え、ここの運動場の片隅で採れた銀杏入りのおにぎりや猪汁まで登場し、これで1000円とはすばらしすぎると思う。

　講堂の舞台裏には、旧給食室と旧ランチルームが配置されており、旧給食室はそのままレストランの厨房として使用されている。旧ランチルームは宿泊室となっており、子どもなら20人、大人なら10人から15人は宿泊することができるという。実際、子どもたちがこの宿泊室に泊まり込んでのワークショップも開催されている。修学旅行で共星の里を訪れる学校もあり、子どもたちを対象にしたアート体験ができるワークショップにも力を入れている。また、旧黒川小学校校舎を残すことは地域の強い意向であったが、地域住民が年に2〜3回、地域の行事で集まるなど、校舎と地域とのかかわりは継続している。共星の里というネーミングには、アーティストと地元が共に輝くという願いが込められているそうで、こうした願い通りに、地域の内外や世代を超えてさまざまな人々が、ここでゆっくりした時間を過ごしている。

　以上にみてきたように、共星の里は、既存の校舎の造りをほぼそのまま引き継いだ美術館となっている。旧甘木市が5000万円近くの費用をかけて校舎を改修したが、その費用の大半はトイレの改修にあてられている。にもかかわらず、ここがもともとは学校であったとは信じ難いくらいに、自由でクリエイティブな校舎とのかかわりが生まれている。

　しかし、校舎内をよくみてみると、ここがもともとはまぎれもなく学校であったことを示す痕跡が、そこかしこに残っている。階段の踊り場には、先ほど述べた「排泄ダンス」を挟む2枚の鏡に加え、実はもう1枚、踊り場の奥の壁にもともと校舎に設えられていた鏡がある。その鏡にも「排泄ダンス」が写りこむことで、「排泄ダンス」が攪乱させられるという絶妙なコラボレーションがみられるのだが、鏡には「昭和二十九年度卒業」と記されている。また、運動場には「昭和三十六年度黒川小学校卒業生記念植樹」と記された石碑があり、校舎前に設けられた手洗い場には「卒業記念 昭和四十四年三月」と彫られた石造のプレートが埋め込まれ、校門付近の石造のモニュメントにも「平成5年度卒業生」の文字が記されている。

　卒業生や、卒業生を送り出す教員が、さまざまなアイデアを出し合い、議論を重ねたうえでひとつの形に結実していき、しかも、それが何年にもわたって続けられてきたことの証である。この地における時間や、この地で生み出され

た多様なアイデアや議論の、積み重ねを想起せずにはいられない。

　また、先ほどのおいしい昼食をいただいた旧講堂のトイレ側の入口の上方の壁に、月間予定表の黒板が掲げられている。チョークで記された予定には、28 日火曜日の欄に「閉校式」とある。旧黒川小学校が閉校となった 1995 年 3 月の予定の書き込みが、当時のまま残されているのである。

　自らの手で学校を閉じなければならなかった教員や、自分が通ってきた学校が閉じられていく様を目の当たりにした子どもたち、学校が閉じたことを知らされた歴代の卒業生、地域から学校が消えていく事態に直面した地域住民。この黒板は、閉校に立ち会ったさまざまな立場の人々の、一色には染め上げることのできない多様な思いが、当時交錯したであろうことを物語っている。付言すれば、この共星の里を立ち上げた尾藤悦子ゼネラルマネージャーもまた、この小学校の卒業生である。

　ところで、八尋晋の作品が、共星の里の雰囲気とあまりにマッチしているので、開館当初から作品が存在しているものと思っていた。しかし、八尋本人に尋ねると、たまたま近くで個展をやっているときに、自らもアーティストである共星の里の柳和暢アートディレクターと出会ったことが、共星の里に八尋作品が登場するきっかけとなったそうである。そして、人間や土地のつながりのなかで、共星の里や作品が共に育ってきているのではないかということであった。生命のつながりといったことが根底にひそんでいそうな八尋作品と、この地に根ざして時を重ねてきた共星の里とが、共鳴しあってこのような絶妙な舞台ができあがってきたのであろう。

　共星の里においては、小学校が閉校となり、子どもたちへの教育的な機能を喪失したことで、かえって学校は学校でしかないという固定観念から自由となり、校舎と人々との新たなかかわりが生まれることとなった。しかもそうした新たなかかわりは、この地にねざしながら、人々のつながりの積み重ねのなかで育ってきたものである。学校という場もまた、学校が位置する地にねざしつつ、子どもたちや教員、地域住民らいろんな人々のつながりを積み重ねながら、多様な出来事が生成してきた場である。そのような当たり前のことを、もう一度想起することの重要性を、共星の里は教えてくれているように思う。

　共星の里にしばらくご無沙汰しており、久々に訪ねるつもりにしていた矢先の 2017 年 7 月に、九州北部豪雨災害が発生し、あたり一帯は壊滅的な被害を

受けた。共星の里も、ライフラインやアクセスルートが寸断され、運動場にまで大量の土砂や瓦礫・倒木が押し寄せた。しかし、校舎前に柳が作った屋外作品が、校舎内への流入をすんでのところで押しとどめることとなった。被害は甚大ではあるが、アート作品によって校舎内の他の作品の数々が守られたことは奇跡としかいいようがない。しばらく閉館を余儀なくされ、まだまだ被災の爪痕が残るなかではあるが、2018年3月になんとか復活を果たしたようである。（2008年3月、2014年11月ほか複数回訪問）

芳賀町シルバー人材センター、第二けやき作業所・県東ライフサポートセンター（栃木県芳賀町、1986年竣工）

芳賀町シルバー人材センター、および第二けやき作業所・県東ライフサポートセンターは、2000年3月に閉校となった旧芳賀町立稲毛田小学校の廃校舎を活用した施設である。

旧稲毛田小学校の現存する校舎は、1986年に竣工した鉄筋コンクリート造の2階建て校舎である。校舎は敷地の北端に位置し、東西方向に一文字形にのびている。一文字形校舎は、中心部で東西に分かれており、特別教室棟であった東側の校舎をシルバー人材センターが、管理棟・普通教室棟であった西側の校舎を障害者の授産施設である第二けやき作業所・県東ライフサポートセンターが、それぞれ使用している。別施設に転用しているが、もともとの校舎の造りはさほど改修されずにそのまま使用されている。

シルバー人材センターは、もともと別の場所で運営されていたが、そこが手狭になったため旧稲毛田小学校校舎に移転してきたものである。玄関を入ってすぐの所にある事務室と、その右隣にある会議室は、旧図工室が2部屋に仕切られて使用されている。事務室・会議室と階段をはさんで反対側にあるのが作業室で、ここでは襖の張り替えを行ったり、そばがらまくらなどの小物類が作られている。作業室は旧理科室がそのまま使用されており、ゴミ箱にも「理科室」と書かれたままである。

2階に上がると、旧図書室と旧音楽室がほぼそのまま残されている。旧図書室は窓下や壁際の書架のみ残され、部屋の中央にもあったであろう他の書架や、書架内の図書、さらには机、椅子、カウンターなど、もともと備えられていたはずの備品は撤去されて、現在は広々とした研修室となっている。備品を

撤去すると、図書室は相当広いスペースであることに改めて気づかされる。また、小ホールといって差し支えない階段状の立派な旧音楽室には、小学校の備品であった楽器がそのまま残されており、現在は年2回程度カラオケ大会が開かれるなど娯楽室として使われている。

　このように、シルバー人材センターへの転用にあたって目立った改修は行われておらず、廃校舎がそのまま使用されている。このことは、第二けやき作業所・県東ライフサポートセンターの方でも同様である。玄関を入って左手1階部分は、もともと給食室・職員室・放送室・校長室があった管理エリアである。旧給食室はリニューアル後もそのまま給食室として使用され、4キロメートルほど離れたところにある（第一）けやき作業所の分も含めて毎日80食を5名のスタッフで調理している。旧職員室もそのまま現在も職員室として引き継がれ、その奥にあるスタジオ付きの旧放送室は面接室となっている。旧校長室

シルバー人材センター作業室

第二けやき作業所・県東ライフサポートセンター外観

第二けやき作業所・県東ライフサポートセンター
1階オープンスペース

第二けやき作業所・県東ライフサポートセンター
2階オープンスペース

にはもともと冷房が備え付けられていたため、現在は保健室として利用されている。

　玄関より右手の1階部分および2階部分は、旧普通教室のエリアである。1階の旧教室は現在は作業スペースとなっており、また2階の旧教室は会議室およびカラオケセットも備えられたリラックスルームとして使われている。教室と廊下の間は、他の多くの校舎と同様に壁で仕切られている。ただ、もともとの校舎の造りとして廊下はかなり広くとられており、また廊下の窓際にはベンチが設えられていて、廊下というよりはオープンスペースととらえた方がよいだろう。

　印象的だったのは、このオープンスペースの使われ方である。1階のオープンスペースには、旧教室の作業スペースに収まりきらない作業台や資材が置かれており、教室部分とこのオープンスペースが一体の作業エリアとなっている。さらには、オープンスペースにテーブルと椅子も置かれていて、ここで食事もとるようだ。また2階のオープンスペースには、テーブルや椅子に加え、冷蔵庫や電子レンジ・食器棚に卓球台まで、実にさまざまなモノが置かれている。学校に設えられたオープンスペースが、しばしば使い勝手が悪いとされ、がらんとした空間と化しているケースが見受けられるのとは対照的に、ここではオープンスペースが実によく使いこなされている。ひょっとしたら、教室と廊下以外のスペースというのは、学校よりむしろ他の施設の方にこそ必要なのかもしれない。

　以上のように、芳賀町シルバー人材センター、第二けやき作業所・県東ライフサポートセンターは、既存の廃校舎をさほど改修せずにそのまま再利用している。改修費用が廃校舎活用のネックとされる場合も多いが、その点においてもここの施設はうまく再利用に成功している事例だといえよう。その成功の裏には、稲毛田小学校が閉校する前からシルバー人材センターが廃校舎を活用することが決定しており、閉校後わずか4か月後に移転してくるなど、学校統廃合の計画と並行して廃校舎活用計画が検討され、福祉施設のためのスペースが不足しているという芳賀町のニーズがいち早く見極められたことがあげられるだろう。(2007年9月訪問)

奈良カエデの郷ひらら（奈良県宇陀市、1938 年竣工）

　奈良カエデの郷ひららは、2006 年 3 月に閉校となった旧宇陀市立宇太小学校の廃校舎と運動場を活用して、2013 年 4 月にオープンした。翌年度に閉校を控えた 2004 年に、まだ現役の学校であった宇太小学校を訪ねたことがある。町村合併によって 2006 年 1 月 1 日に宇陀市が発足する前であったために、名称は菟田野町立宇太小学校であった。2004 年度の児童数は 159 名で、普通学級は 1 学年 1 クラスであった。まずは、そのときの様子を振り返ってみよう。

　宇太小学校の校舎は、1938 年に建てられた古い木造校舎である。校舎は小高い丘のうえに位置しており、石の階段を上り石造の門を通り過ぎると、運動場が広がっている。この運動場に面して、まず目に入ってくるのは、「本館」というべき木造 2 階建ての北側片廊下型の一文字形校舎である。この建物の 1 階には、校長室・職員室・保健室・理科室があり、2 階には、4 〜 5 年生の教室・音楽室があった。校長室には昔の宿直室が付随しており、また机の背面の壁には立派な収納棚が設えられていた。天井の左右両サイドの角が取れた廊下は 60 メートルもの長さがあり、とくに 2 階の廊下の床板は光っており、築 60 年以上を経過してますます格調高くなっていた。それもそのはずで、1935 年に当時の校舎が全焼したためにこの校舎が建てられたのであるが、その際に類焼を防ぐため敷地がぜいたくに使われると同時に、地域から木材を集め、当時の持てる技術を結集させ 3 年がかりで造った校舎なのである。

　「本館」に続いて、さらにその奥に平屋建ての北側片廊下型の一文字形校舎 3 棟が並んでいた。「本館」にいちばん近い校舎には図書館やコンピュータ室などが、その奥の校舎には低学年の教室や家庭科室などが、そして「本館」からいちばん奥の校舎には 6 年生の教室や図工室・生活科室などが入っていた。この 3 棟の校舎のど真ん中を串刺すようなかっこうで、幅が広くて屋根をかけただけの半屋外の渡り廊下が設けられていた。この渡り廊下がゆったりしているがために、渡り廊下を中心に左右に校舎が独立して建っているような印象を受けた。

　また、校舎と校舎に挟まれて複数の中庭があり、色とりどりの花が咲き誇る庭や、庭石がふんだんに配置された庭など、すべて異なる趣をもっていた。もともとは類焼を防ぐためという機能的な理由によって、複数の中庭をもつこと

ができる余裕のある空間配置となったのであるが、そのようにして与えられた空間的な「遊び」が上手く活かされることで、なんともぜいたくな空間が生成していた。

　学校のすぐ裏手にはお墓があり、墓参りにやってくる人たちのなかには、渡り廊下や中庭を通り抜けていく人たちもいるという。そういわれてみれば、この渡り廊下には水道の蛇口も備わっており、「参道」のような感じがしてくる。先に述べたように、この校舎は小高い丘のうえに位置しており、石段とその先の石造の校門を眺めていると、お寺や神社への参拝のイメージにも重なる。このような学校のウチとソトの風通しの良さに、小高い丘のうえにあるというロケーションとがあいまって、この学校が地域の中心に位置しているように感じられた。

　このようなすばらしい校舎の閉校後の行方が気がかりだったのだが、奈良カエデの郷ひらら として、2013 年にリニューアルオープンすることとなった。経緯としては、2005 年に写真家が蒐集した 1200 種 3000 本のカエデを当時の菟田野町に寄贈したことにさかのぼる。このカエデによる地域おこしとして、宇太小学校跡地を利用してのワールドメイプルパーク事業が菟田野町で計画される。この計画は町村合併後の宇陀市にも引き継がれ、2010 年にはワールドメイプルパークを管理・運営する「NPO 法人宇陀カエデの郷づくり」が地域住民を中心に創設された。ワールドメイプルパーク自体は運動場において整備が進められたが、校舎については取り壊す計画も一時浮上した。しかし、校舎を残したいという地域住民の意向をふまえ、校舎は宇陀市より NPO 法人

本館外観

本館 2 階廊下

宇陀カエデの郷づくりに譲渡されることとなって、現在に至っている。

　カエデの郷ひららに生まれ変わった宇太小学校の校舎に、2017 年に再訪することができた。運動場は一面にカエデの木が広がるガーデンとなっていた。運動場に隣接していたプールは、池としてガーデンに取り込まれている。「本館」の外観は 2004 年訪問時と何ら変わることなくそのままの姿であるが、カエデ越しにみるとまた違った趣がある。

　「本館」に入ってみると、1 階の旧職員室と保健室は、建て替え中の宇陀市立中央図書館が 2018 年 3 月末までの予定で入っていた。旧理科室は地場産展示場となっており、木材や鹿革製品などが展示されていた。2 階に上がると、旧音楽室と旧会議室の仕切りが外されて広い講堂となっていた。旧作法室はきれいな和室によみがえり、ここでお茶や着物の着付け、おりがみや習字を楽しむことが可能で、今後インバウンドの受け入れにも力を入れていきたいそうだ。5 年 1 組の教室はそのまま残されている。ここの校舎はコスプレのスポットとなっているらしく、土・日ともなると県外からもコスプレイヤーが集まるらしい。この教室や先ほどの講堂も 1 時間 1000 円で借りることができ、思う存分撮影に興じることができる。

　「本館」にいちばん近い位置に建っていた平屋校舎は、現在は取り壊されて駐車場になっている。そのさらに奥の平屋校舎の渡り廊下より西側に、事務所などが入っている。渡り廊下より東側の旧教室はお土産コーナーに、旧家庭科室は Cafe カエデになっている。渡り廊下から旧家庭科室までをつないでいた廊下も、カフェの「個室」のようなスペースとなっており、旧家庭科室の奥の

Cafe カエデ（右奥は旧廊下、左奥はお土産コーナー）

手前の平屋校舎からみた渡り廊下
（左に事務室など、右に Cafe カエデなど）

旧準備室はカフェの厨房として使われている。

「本館」からいちばん奥の平屋校舎の渡り廊下より西側は、まず、突き当たりにある旧図工室は教室の机や椅子が運び込まれて企業の研修などで利用されている。その東隣の学習室として使われていた旧教室は、図書室「玩槭文庫」となっている。これは、先の写真家がカエデ（槭）とともに旧菟田野町に寄贈した植物や料理関係の図書を整理したもので、閲覧も可能である。渡り廊下より東側の旧生活科室は 40 畳あまりの和室となっており、同窓会やママ友の食事会等に利用されている。東側突き当たりの教材室として使われていた旧教室は、住居スペースに改装されている。

このように、平屋校舎 1 棟を除いて校舎はそのまま残ることとなり、カエデの郷ひららに生まれ変わっても、既存の校舎はほぼそのまま引き継がれている。校舎を残したいという地域住民の熱い想いが 3000 本ものカエデと重なって、廃校舎は見事によみがえることとなったのである。（2004 年 8 月、2017 年 10 月訪問）

以上、美術館、シルバー人材センター・福祉施設、カエデの郷として活用されている廃校舎をみてきた。校舎の造りは基本的にそのまま維持されたまま、これまで担ってきた子どもたちへの教育的な機能とは別の機能を担っても、校舎がそうした機能にフィットする、どころか、むしろ学校として現役の頃より、校舎と人々とのかかわりが自律的かつ創造的で、校舎がいきいきとしているような印象を受ける。

次に、学校が閉校となり子どもたちへの教育的な機能を喪失した校舎が、測定可能な評価に包囲され「学校化」された学校において等閑視されがちな、自律的かつ創造的な学びを見守りながら、地域のウチとソトが出会う「境界」へと生まれ変わっている廃校舎をみてみよう。

ラーニングアーバー横蔵（岐阜県揖斐川町、1978 年竣工）

ラーニングアーバー横蔵は、2002 年度をもって谷汲小学校へ統合され閉校となった、旧谷汲村立横蔵小学校の校舎を活用した宿泊体験施設である。1978 年に竣工した校舎は、鉄筋コンクリート造（一部鉄骨造）3 階建ての一文字形校舎である。敷地の北端を、東西方向に一直線にのびており、教室は南側

の運動場に面している。

　旧横蔵小学校は、神原・木曽屋・有鳥の 3 つの集落の中間点に位置する。ラーニングアーバー横蔵に残されている横蔵小学校の沿革史を記したパネルによれば、もともとこの 3 つの集落は明治初期には村であり、三村合同によって創設した止信義校と称する学校が横蔵小学校の始まりである。1889 年に三村合併によって横蔵村が発足し、それにともなって止信義校は横蔵尋常小学校に改称される。旧横蔵小学校の周囲には、横蔵簡易郵便局・谷汲国保横蔵出張診療所・JA いび川横蔵出張所・谷汲高齢者ふれあいセンターなどがあり、横蔵地区の中心地となっている。横蔵小学校が村内の 3 つの集落を調整し、横蔵村としてのまとまりを維持する機能を担ってきたことをうかがわせる立地である。なお、横蔵村は 1960 年に谷汲村に統合されている。

　横蔵小学校が 2003 年 3 月に閉校してから 4 か月ほどで校舎が改修され、閉校後半年も経たない同年 8 月にラーニングアーバー横蔵としてリニューアルオープンすることとなった。クラブやサークルやゼミなどの合宿で利用するのに最適であり、そば打ちや木工などさまざまな体験プログラムも用意されている。すぐ近くでは 6 月にはホタル鑑賞が、また秋には谷汲山華厳寺や両界山横蔵寺の紅葉が楽しめ、連動した体験講座もある。2009 年に訪問したときには運動場で風の谷夏祭りの設営が行われており、ここを会場とした各種イベントも積極的に行われている。

　宿泊部屋は畳敷きの和室となっており、普通教室や特別教室を改修したものである。ひとつの教室が 2 つの部屋に分割されていたり、和紙にくるまれた照明器具が天井から吊されているなど、ここがもともとは教室であったことを忘れるくらいである。

　一方で、教室と廊下の仕切りなど、校舎のもともとの造りは基本的に維持されている。宿泊部屋のドアは教室のドアがそのまま再利用されているが、木の板をはりつけることで無粋な感じをおさえ、しゃれた雰囲気になっている。さまざまな体験ができるホールは、もともとの教室をほぼそのまま再利用している。旧理科室には水回りが整っているので、それを活かして浴室に改修されている。レストランに改修された旧職員室の黒板は、メニューボードとしてそのまま再利用されている。

　体育館は校舎と切り離されて別棟で建てられることが多いが、旧横蔵小学

校の体育館は校舎の西半分に2～3階吹抜けで埋め込まれるというユニークな造りになっている。体育館も改修せずに、そのままクラブの合宿などで利用されている。体育館の壁には多数の書籍が収められた本棚がずらりと並んでいるが、これはオープン当初にはなく、後から設えられたものである。運動場に目を転ずると、バーベキューサイトや木工ができる木学館など、学校が現役の頃にはなかった手作りの建物が複数建てられている。

　ラーニングアーバー横蔵を運営している樹庵の小林正美代表取締役社長によると、ラーニングアーバー横蔵開設にあたっては、休眠状態であった小林社長の実家の建設会社を、樹庵に社名変更のうえ、旅館業を営む会社に変更した。ラーニングアーバー横蔵の宿泊施設としての運営は樹庵が担う一方で、さまざまな体験プログラムの企画や運営は小林社長が事務局長を務めるNPO法人ぎふいび生活楽校が担っている。こうした運営の切り分けが功を奏し、黒字経営を維持しているという。

外　観

宿泊部屋

宿泊部屋前の廊下

レストラン

　校舎の改修にかかった費用は9500万円で、内訳は、建物そのものの改修費が6000万円、厨房設備やクーラーの設置・インテリアや食器の配置等内装にかかわる費用が3500万円である。前者については旧谷汲村が負担し、うち4500万円は宝くじ協会からの寄付で賄ったといい、後者については運営者の負担となった。また、谷汲村を含む町村合併によって2005年に発足した揖斐川町に対して、毎月払う賃料は10万円であるという。

　開設にあたって利用者としてねらいを定めていたのは、大学生までを含めた子ども世代と団塊の世代であり、子どもたちに生活のなかで学ぶ学校を提供したいという想い、そして団塊世代に新しい居場所を提供することで過疎化した地域を活性化したいという想いがあったという。実際、地域住民がパートタイムで働いており、また、NPOが運営する体験プログラムの講師を務めていたりと、地域の活性化に貢献している。

　ラーニングアーバー横蔵は、閉校から半年も経たない間にリニューアルオープンにこぎつけ、地域の活性化や都市と地方との交流に一役買っており、なおかつ黒字経営を維持している点で、廃校舎活用の成功事例のひとつであることは間違いない。そして廃校舎活用にあたって、もともとの校舎の造りが最大限活かされており、校舎の持つ多様な可能性を示唆している点でも注目に値するといってよいだろう。（2006年9月、2009年8月ほか複数回訪問）

星ふる学校「くまの木」（栃木県塩谷町、1936年竣工）

　星ふる学校「くまの木」は、1999年3月に閉校となった旧塩谷町立熊ノ木小学校の廃校舎を、1億1600万円あまりをかけて改装し、2002年4月にリニューアルオープンした宿泊型体験学習施設である。「くまの木」では、天体教室・そば打ち体験・木工教室など多様な体験学習プログラムが用意されており、宿泊も可能である。

　旧熊ノ木小学校閉校に際して、校舎を取り壊さず活用することが地域の強い意向であったが、どのように活用していくかについて閉校時には決定していなかった。旧熊ノ木小学校跡地利用検討委員会における種々検討の経過を経て、各地で廃校舎の調査を重ね同委員会においても活用案の提案を行った群馬県出身の遠藤正久理事長（当時）によって、NPO法人塩谷町旧熊ノ木小学校管理組合が立ち上げられ、星ふる学校「くまの木」を運営することとなった。なお、

2014年には、このNPO法人の名称が、くまの木里の暮らしに変更となった（NPO法人くまの木里の暮らしのホームページによる）。

改修費用のうち約半分を農林水産省の補助金で負担して改修を行い、星ふる学校「くまの木」の運営がスタートした。NPO法人は、17名の会員で発足したが、2007年に私が訪問したときには34名に増えているとのことであった。初年度の利用者は1840人であったが、2006年度には4900人あまりに増え、黒字経営に転じるようになったという。利用者は、首都圏からが全体の6割、県内からが4割であるという。なお、塩谷町に払う年間の賃貸料は60万円である。

星ふる学校「くまの木」という名称は、環境省と日本環境協会による2000年度冬季の「全国星がよく見える場所」調査において、旧熊ノ木小学校跡地での観測データが全国一になったことに由来している。運動場には、直径3.5メートルの天文台ドームが設えられ、なかには口径35センチメートルの望遠

西側校舎外観

東側校舎外観

東側校舎廊下

宿泊室（和室）

鏡が設置されており、天体教室はいちばん人気のある体験学習プログラムであるという。

旧熊ノ木小学校の木造校舎は、西側校舎（1955年築）と東側校舎（1936年築）が一直線につながる一文字形の校舎である。壁や天井を石膏ボードにしたりトイレや浴室を新設するなどの改装が行われているが、廊下と教室の配置はそのままであり、既存の木造校舎のよさを残した形でリニューアルされている。印象的だったのは東側校舎の廊下の床板である。西側校舎よりも古い1936年築の東側校舎の方が、床板の一本一本の幅が広く丁寧に作られており、たいへんやわらかい印象を与える。

西側校舎にある玄関を入って左手に食堂と厨房があるが、ここは旧図書室と旧理科室であり、もともと水回りが整っている旧理科室を厨房に転用している。玄関を入って右側に、順にリネン室・談話室・展示室が並び（くまの木のホームページによると、現在はフロント・事務所、里の資料室、学習室）、その向こうは東側校舎の突き当たりまですべて宿泊室である。宿泊室はベッドがしつらえられた洋室6室（現在は和洋室2室、洋室4室）と、31畳の畳敷きの和室2室が用意されている。

校舎の裏には理事長室があるが、これは旧家庭科室で、さらに昔にさかのぼれば宿直室だった建物であり、現在は理事長の住まいになっている（2007年訪問当時）。さらに、西側校舎の突き当たりを左に曲がったところにも、一文字形校舎からは独立した建物があり、そば打ちや木工教室など各種体験学習プログラムが行われる体験室となっている。ここは旧音楽室で音に配慮して独立した建物となっていたところを、炊事設備を整えて体験室にリニューアルしたものである。理事長室・体験室ともに、もともと独立した建物をリニューアルすることで他の諸室とワンクッション置くことができており、既存の校舎の造りが上手く活用されているといえるだろう。

星ふる学校「くまの木」は、熊ノ木小学校閉校にあたって大切に使い込まれてきた校舎を残したいという地元の意向を十分に汲みとり、もともとの校舎のもつよさを最大限活かした廃校舎活用であるように思う。地域のソトからやってきた理事長は、体験学習プログラムの講師登録やパートとしての雇用、さらには町内の子どもたちを中心にさまざまな自然体験を行う「くまの木自然クラブ」の設立など、地域住民に対して「くまの木」に積極的にかかわってもらえ

るように働きかけている。これまで子どもたちへの教育的な機能を担ってきた
校舎が、地域のウチとソトとの対話を創出する仕掛けとして再生しようとして
いる。（2007年9月訪問）

みつえ体験交流館（奈良県御杖村、1937年竣工）

　みつえ体験交流館は、1996年3月に閉校となった旧御杖村立菅野小学校の
廃校舎を活用した体験施設である。〈第3章〉でみたように、1996年度より、
旧菅野小学校を含む御杖村内の3つの小学校の統廃合によって、御杖村立御
杖小学校が開校した。新たに土地を造成して建設された御杖小学校の新校舎が
竣工するまでの1996年度から1998年度1学期までの間、この旧菅野小学校
校舎を御杖小学校の校舎として使用されていた。それから6年あまりが経過
し、2004年にみつえ体験交流館としてリニューアルオープンすることとなっ
た。芦澤明子によれば、校舎は1937年に竣工しており、1930年より7年も
の歳月をかけて建てられ、「当時、『地球の皮をひっぱがして、トンネルを掘る
気分』と回りからやゆされるほど、基礎工事に力を入れた」という。

　敷地の南端中心部に、2本の石柱が立った校門があり、そのまま運動場を
突っ切る形でアスファルト舗装された通路が校舎に向かって一直線にのびて
いる。この通路より西側の旧運動場は駐車場やゲートボール場として使われて
おり、さらにその西側には体育館が建っている。この体育館は、学校が閉校と
なった後も、地域住民によって使われているようだ。

　敷地の北端に平屋の木造校舎が配置されている。先ほどの通路は校舎の中心
部の玄関に行き当たる。玄関には屋根が架けられ、ポーチが設えられている。
玄関を上がると、校舎内を一直線に貫く廊下に圧倒される。この廊下の長さは
100メートル5センチであるという。教室は運動場のある南側に面しており、
それらを北側にあるこの長い廊下でつなぐという典型的な北側片廊下型校舎で
ある。

　旧教室や廊下の天井の左右両端は角を取って斜めにしてあり、やわらかさを
感じる。木の柱や梁は存在感があり、旧教室入口のドアは全面板でできてい
て、教室と廊下はともに腰板がはられ、木枠のガラス窓は大きめに設えられて
おり、差し込む日の光が木のよさを引き立たせている。

　この施設では、そば打ち・こんにゃくづくり・竹細工・コーヒー焙煎・陶芸

など、さまざまな体験プログラムが用意されている。こうした体験ができるようにするため、旧教室は、研修室・農産物加工体験室・「山の生活体験室」や、いろりのある「思い出と食の体験室」として使用されている。改修費用は1億円あまりであるが、もともとの校舎の造りは基本的に手が加えられておらず、古い木造校舎がそのまま新しくなったような感じである。

　運営は、御杖ふるさと交流公社が行っている。公社はみつえ体験交流館以外に、宿泊体験施設の「三季館」、キャンプ場の「みつえ青少年旅行村」、2004年にオープンした「みつえ温泉姫石の湯」も運営している。ちなみに、「三季館」は、旧菅野小学校とともに閉校となった旧御杖西小学校の旧分校校舎を活用している。

　役場から出向している公社の支配人（2008年訪問当時）によると、みつえ体験交流館の運営は厳しいという。類似の体験は三季館でも可能であるし、自然体験ならばみつえ青少年旅行村でのキャンプで堪能できてしまうため、これら

外　観

廊　下

研修室

思い出と食の体験室

の施設から距離的に離れているみつえ体験交流館にわざわざ足を運ばなくても事足りてしまうことが多いのである。雨で屋外活動ができない場合には、みつえ体験交流館での屋内体験のニーズが発生するが、体験のインストラクターは常駐しているわけではなく外部講師であるために、そのつど調整が必要となる。また、みつえ体験交流館で体験が行われるたびに、ここから6キロメートルほど離れたところにあるみつえ温泉姫石の湯内に設置された公社から、スタッフが出向いてくることとなる。

　このように運営が厳しいながらも、一方では、さまざまな工夫が試みられており、しばらくはなんとかやっていけるのではないかという印象も持った。1億円の改修費用は、農林水産省の「やすらぎの交流空間整備事業」の補助を受けるなどして資金調達したという。また、運営に関しても、みつえ体験交流館単体で考えるのではなく、昨今の温泉ブームにのってにぎわいをみせているみつえ温泉姫石の湯や、夏休みを中心に運営が安定している三季館を合わせた、みつえ交流公社全体で考えているという。そうやって、他の施設でカバーできている間に、みつえ体験交流館の方でも、新たな試みが生み出されていくであろう。

　みつえ体験交流館は、旧菅野小学校校舎が閉校となって本来有してきた子どもたちへの教育的な機能を担えなくなった後に、校舎そのものが持っているよさをそのまま活かしながら別の用途で使われ続けている。旧菅野小学校校舎を残すことについては、卒業生や地域の強い要望があったという。閉校後も何とかやりくりしながらこの校舎を使い続けることは、少子高齢化の進む地域にささやかな希望をもたらすであろう。（2008年12月訪問）

杵原学校（長野県飯田市、1949年竣工）

　杵原学校は、1985年に閉校となった旧飯田市立山本中学校の廃校舎を活用した、地域の内外の交流と学びの拠点である。旧山本中学校の校舎は1949年に竣工した木造校舎である。竣工当時は、1957年に飯田市と合併する前の山本村の時代である。『山本村誌』には、校舎建設当時の村民の「異常な協力」ぶりについての記述がある。それによると、「婦人会員は中学校建築可決するや、率先して一人二羽ずつの兎を飼育し、それを建築費の一部にして下さいと申出て、村議会・村当局をふかく感銘させ」、村民は「価格換算すれば莫大な

額に上る藁・竹・縄等を自ら現場に運搬して来て提供するを惜ま」ず、「敷地の大半は地主が無償開放をなし」、「Ｐ・Ｔ・Ａの人たちの奉仕で芝・庭木など植えつけられ」、「整地については村民一戸三日の奉仕によつて実施され、地づきは青年団の全員奉仕によつて行われ」たとある。「経済的に必ずしも恵れているとはいえないわが山本村が、郡下にさきがけて杵原の高台に独立校舎を設置することのできたのは、村長を中心に全村民愛村の熱意に燃えて、血のでるような努力と教育尊重の念によるたまものであつた」とまとめられている。

　戦後直後の新制中学校が、独立校舎の確保すらおぼつかない状況に陥っていたことについては〈第1章〉でみたとおりであるが、そのような時代に村民の熱意によって山本中学校の校舎が建てられたのである。それだけに、学校統廃合をめぐっては、賛成派と反対派で熾烈な対立が繰り広げられ、閉校後もこの対立が尾を引き、校舎はしばらくそのまま放置されることとなった。今世紀に入ってようやく自治会を中心に、校舎を学びの場として活用する動きが出始め、2005年には地域住民によって杵原学校応援団が結成され、子どもたち対象の農業や地域文化などを学ぶ教室や大人向けの講座が開かれ、農業体験活動や体験教育旅行の受け入れも開始された。その年の12月には校舎が登録有形文化財に指定され、その後には山田洋次監督の映画『母べえ』と『母と暮らせば』のロケ地となったり、校舎前に立つ大きな枝垂れ桜が桜の名所となり、杵原学校桜フォトコンテストも開催されるようになった。校舎内の旧教室では、現役の学校の教室のように机と椅子が並べられていたり、昔の農機具が展示されたりしており、上記の教室・講座や体験教育旅行に対応できるようになっている。

　では、校舎をみてみよう。平屋の一文字形校舎が2棟、中庭を挟んで建っている。運動場に面して建っているのが南校舎で、南校舎と中庭を挟んだ北側に北校舎が建っている。もともとは、北校舎のさらに北側にも校舎が建っていたが、現在は取り壊されている。また、2つの校舎の東側に体育館が建っていたが、2001年の大雪により倒壊し、現在は多目的ホールが建っている。北校舎と南校舎の東端・西端を、屋根が架けられただけの半屋外の渡り廊下がつないでおり、渡り廊下と校舎内の廊下を通って、中庭を中心にぐるっと一周できるようになっている。

　校舎の外観は、瓦葺きの切妻屋根に板張りであり、水色に塗られた窓枠がア

南校舎外観

南校舎玄関

南校舎廊下

中庭越しにみる北校舎外観

渡り廊下（西側）

クセントになっている。南校舎前には、先述の枝垂れ桜が立っており、春に訪れると桜越しにみる校舎の風景がたいへん美しいようである。南校舎の中心部に玄関があり、玄関にはやはり瓦葺きのポーチが設けられている。玄関を入ってすぐの腰板にはベニヤが用いられている。玄関の扉と廊下に設けられた中庭に面した扉の両方を開けると、運動場から中庭へと風が通りぬける。

　校舎内は、南側に教室を並べその北側を片廊下でつなぐ典型的な北側片廊下型であるが、廊下の窓は広めに取られており、窓から射す日の光によって廊下の床板は光っている。ちなみにこの廊下は、64 メートルもの長さがある。また、両校舎の西端を結ぶ渡り廊下は校舎内の廊下よりも幅が広くゆったりとしており、規則正しく並んだ梁も見事で、中庭を見渡すことができて風通しがよく、すばらしく心地のよい空間となっている。風通しのよさということでいえば、北校舎の教室には、廊下側の扉だけでなく、教室前方に、中庭側に出ることのできる扉も設けられている。

　かつての村民が手作りで丁寧に建てた風通しのよい校舎が、地域のウチとソトが交流しながら、子どもも大人も学ぶことのできる拠点として、再生を果たしたのである。(2017 年 8 月訪問)

くまもとスローワークスクール（熊本県和水町、1983 年竣工）

　くまもとスローワークスクールは、2014 年に閉校となった旧和水町立緑小学校十町分校の廃校舎を活用して、2015 年 1 月に開校したフリースクールである。『広報なごみ』(2013 年 6 月号) に掲載された「学校跡地の活用方針」によると、和水町では学校統廃合にともなう学校跡地の有効活用を検討するために、2012 年 6 月に町議会議員・地域や保護者の代表・学識経験者・町職員からなる「和水町学校跡地等活用検討委員会」を設置し、1983 年竣工の緑小学校十町分校の校舎については取り壊さずに活用する方針が 2013 年 3 月にまとめられた。この方針にのっとって、NPO 法人くまもとスローワークスクールが校舎を活用することとなり、2014 年 11 月に和水町と相互協力などに関する調印式が行われた (『広報なごみ』2014 年 12 月号)。

　くまもとスローワークスクールのパンフレットによれば、スローワークとは、「自然農に近い手法での野菜づくりや、ハンドメイドの工芸品、身体にやさしいスローフードづくりなど、手間をかけることに価値を見いだす仕事」の

校門越しにみた校舎外観

　ことであるという。パンフレットには、入江真之代表理事による次のようなあいさつ文が掲載されている。「加速化する経済至上主義の中で、大人たちは過酷な労働により時間を奪われています。子どもに時間をかけることができず、本来あるべき家庭・地域のセーフティーネットのほころびが広がってしまい、結果、そこからもれ落ちていく若者があとをたちません。医療機関の心理士として勤務した15年をふり返ると、早い段階から子どもたちそれぞれの個性に応じ、将来をしっかりと見すえた支援を行なえば、今ある姿が違ったのではないかという強い思いがあります。（中略）和水町には、一人ひとりに役割が与えられ、最後までその役割をしっかり見守ってくれる風土があります。ここで、自分の居場所・再チャレンジの場所をいっしょに探していきませんか。周りの人の視線の温かさや声かけのやさしさで、一歩を踏み出そうという勇気がきっと出てくるはずです」。

　くまもとスローワークスクールのメインの活動は、不登校や中退を経験した子どもたちを受け入れるフリースクールである。毎週水曜日と木曜日の10時から16時まで開講しており、6名ほどの子どもたちが集い、クッキングや運動などさまざまな活動に取り組んでいる。フリースクール以外にも、里山型就労トレーニング合宿や個別カウンセリングや講演会も実施している。

　小さな校門には扉もなく、コンパクトな運動場には塀もない。川のすぐそばに、山に抱かれるようにして、赤い屋根が印象的な平屋の小さな鉄筋コンクリート造校舎が建っている。旧和水町立緑小学校十町分校には1年生のみが通い、2年生からは3キロメートルほど離れたところにある緑小学校の本校に

廊　下

集会室・遊戯室

通っていたために（緑小学校も 2014 年に閉校）、校舎はたいへんこぢんまりして
いる。校舎のなかに入ると、廊下の左側、すなわち運動場に面した南側に職員
室と１年生の教室があり、右側に資料室・トイレ・窓が並び、廊下の突き当
たりに教室よりやや広いスペースの集会室・遊戯室が設けられている。南北
両面に窓があって明るい集会室・遊戯室が、メインの活動スペースとなってい
る。窓からみえる風景は緑豊かで、校舎が威圧感のかけらもないコンパクトな
サイズであることもあって、たいへん居心地がよい。

　運動場の一角には、この校舎が竣工した前年に辺り一帯が集中豪雨にみまわ
れ、分校の裏山の崖崩れで旧校舎が崩潰し、分校の付属住宅に住んでいた用務
員の母娘を含む４人の犠牲者を出したことを記した石碑が建てられている。
現在建っている校舎は、この忌まわしい水害からの復興の象徴である。くまも
とスローワークスクールの子どもたちは、地域の高齢者を訪問したり、旧緑小
学校（本校）の校舎の一部を利用した食堂で働いており、この食堂では、くま
もとスローワークスクールで作った米を使用したカレーがメニューに並んでい
る。子どもたちは地域や自然に見守られながら自分のペースを取り戻すととも
に、廃校舎によみがえった小さな学校は、少子高齢化が進むこの地域にささや
かな希望をもたらしている。（2017 年 6 月訪問）

　以上、宿泊体験施設や宿泊をともなわない体験学習施設、フリースクールと
して活用されている廃校舎をみてきたが、今日の「学校化」された学校では等
閑視されがちな、自律的かつ創造的な学びを見守る空間として廃校舎が生まれ

変わっている。印象的なのは、学校が閉校となって喪失したはずの、校舎がこれまで担ってきた子どもたちへの教育的な機能の一部を、今みてきた廃校舎は引き継いでいるにもかかわらず、学校が現役であった頃には校舎が少しは有していたであろう威圧感や「管理」的な雰囲気はまったくみられず、自律的かつ創造的な校舎とのかかわりがみられることである。そうしたかかわりにおいて、廃校舎が地域のウチとソトとの「境界」となり、少子高齢化が進む地域にささやかな希望をもたらしていることも共通しているといえよう。

　さて、最後にみておきたい豊郷町立豊郷小学校は現役の学校であるので、厳密にいえば、これまで本書で取り上げてきた閉校による廃校舎とは異なる。しかし、ここで取り上げるのは豊郷小学校の旧校舎であり、学校としては使用されておらず、しかしながら別用途で活用されているので、廃校舎活用のひとつとして取り上げておきたい。

豊郷町立豊郷小学校旧校舎 （滋賀県豊郷町、1937 年竣工）

　1937 年に竣工した豊郷町立豊郷小学校の旧校舎は、卒業生であり当時丸紅の専務であった古川鉄治郎からの寄付（私財の 3 分の 2 を投げ打ったという）によって建てられ、関西学院や神戸女学院をはじめ大丸心斎橋店や東華菜館など数々の建築作品を手がけたことで有名なウィリアム・メレル・ヴォーリズが設計した。この旧校舎は、かつて保存か取り壊しかをめぐって、豊郷町内だけでなく日本全国から注目を集める存在となった。1998 年 10 月に豊郷町教育委員会が実施した町民対象のアンケート結果では、全面保存と部分保存をあわせ、校舎保存を求める声が 8 割以上を占めていた。しかしながら、1999 年 10 月に当選した当時の町長のもとで、校舎の解体・新校舎建設に向けての動きが加速する。こうした動きに対し、保存運動側は解体差し止めの仮処分を大津地裁に申請して対抗し、2002 年 12 月 19 日に差し止めを認める仮処分を勝ち取るも、町側は翌 20 日に解体工事を強行して大混乱に陥る。そうしたなかで、ついに 24 日に町長が方針転換し、校舎の保存と新校舎建設が決定した。以上の経緯については、保存運動を担った豊郷小学校出身の教員である本田清治と、古川鉄治郎の孫である古川博泰によって執筆された『豊郷小学校は今』に詳しい。

　2009 年に改修された旧校舎は国の有形文化財にも登録されており、見学も

自由にできる。2階建て鉄筋コンクリート造校舎は、車寄せと玄関を擁する中心部のみ3階部分まであって、東西（厳密にいうと北東‐南西）に一直線にのびている。また校舎に付随して、右側（西側、厳密にいうと南西側）に講堂、左側（東側、厳密にいうと北東側）に図書館が、それぞれ独立した建物として建っており、中心部を挟んですべてが左右対称に建てられている。余計な装飾のないシンプルな外観でありながら、左右に講堂と図書館を従え、中央部に大きめの車寄せ、その前に手入れが行き届いた噴水までをも備えながら、横一直線にすっとのびる校舎を前にしてまず思ったことは、「白亜の教育殿堂」と称えられていたまさにその通りの姿であるということ、そして、これを取り壊すということは何という暴挙かということである。

　校舎内に入ってみると、北側（厳密にいうと北西側）片廊下型のシンプルな校舎でありながら、随所に細部へのこだわりが光っていた。『豊郷小学校旧校舎群ガイドブック』によると、廊下は他の学校の校舎に比して長く、1階で100メートル、2階で88メートルもあるという。また、廊下の幅も広く、窓も天井まで達しており、明るくてゆったりした印象である。階段は中心部と両端の3か所に設けられているが、階段に設えられた窓も天井まで達していて明るく、階段の手すり下の壁には飾り付きの円い窓が設けられていて、階下から上階の階段がのぞいている。階段で特筆すべきは、いずれの階段の手すりにもウサギとカメの像があちらこちらに鎮座していることである。これは、童話のウサギとカメの話をモチーフにしたもので、1階部分にはウサギとカメがそろって上階に向けてスタートするが、リードしたウサギが途中の階で寝ている間にカメがゆっくりこつこつと進んで追い抜き、最上階ではカメがどうだといわんばかりのポーズをとっている。先の『豊郷小学校旧校舎群ガイドブック』によれば、この像は、鋳鉄製の一代目が戦時中に供出にあったため、現在は二代目とのことである。

　中央階段をのぼりつめた3階部分には、会議室と唱歌室が待ち構えている。唱歌室には舞台が付いていて、小さい講堂といった趣のたいへん立派なものである。舞台袖からは隣の会議室につながっており、湯沸場がつないでいるが、そこには制服や水着などの衣装が置いてあった。これは、豊郷小学校旧校舎がアニメ『けいおん！』の舞台のモデルとなっているらしく、「聖地巡礼」で訪れるファンのために用意されているのであろう。会議室の机のうえにはケーキ

外　観

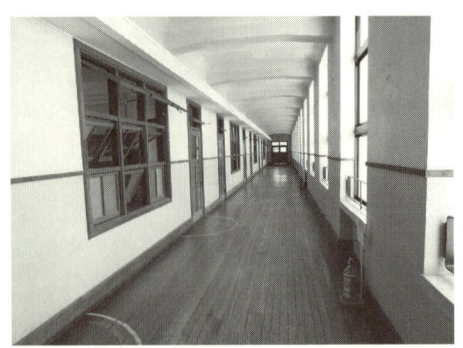

廊　下

階　段

唱歌室

講　堂

旧図書館（現在は観光案内所、ギャラリー）

の食品サンプルとコーヒーカップが並べられている。コスプレしてここで写真を撮ってもらおうという趣旨なのであろうか。なお、「巡礼」したことの証として、会議室の黒板に限っては、落書きが許されている。

　講堂は舞台奥に奉安庫がしつらえられた重厚な造りであり、『豊郷小学校旧校舎群ガイドブック』によれば、小学校の講堂としてのみならず、地域の集会場としての役割も担ってきたという。また、図書館は1〜2階吹抜けのホールを中心部分に配置し、木製のカウンターも設えられていて、こちらも重厚な造りである。この図書館も学校図書館としてのみ使用されたのではなく、地域に開かれた図書館であったという。豊郷小学校の旧校舎は、「複合施設」としてコミュニティセンターの役割をも担っていたといえるだろう。

　校舎は現在、旧昇降口・旧手工室・旧教室を豊郷町立図書館が、旧図画習字室・旧教室を子育て支援センターが、旧教室を豊郷町教育委員会事務局や豊郷町シルバー人材センターが、それぞれ使用している。また、旧図書館は観光案内所とギャラリーとして利用されており、講堂は現在も豊郷小学校の卒業式のほか、各種イベントで使われているという。このように、学校としての役割を終えた校舎が、貴重な遺産として保存されるだけでなく、校舎の造りは基本的に維持されたまま、学校とは別の用途で活用され続けていることは、本書で取り上げてきた他の廃校舎活用と同様のありようを示しているといえるだろう。

（2015年8月訪問）

　以上、〈第5章〉に引き続き、廃校舎の活用事例を集中的にみてきた。廃校舎の活用において共通しているのは、校舎の造りそのものは基本的に維持されているにもかかわらず、しばしば学校が現役であった頃にはみられなかったような、自由でクリエイティブな校舎と人々とのかかわりがみられるということである。そして、このような新しいかかわりが、閉校によって拠り所をなくし意気消沈する地域に、再び希望の灯をともすことにもなっている。

　学校教育という役割を終えて校舎は廃校舎となる。普通は、そこで物語は終わりである。しかし時として、廃校舎は、廃墟写真家たちによって、美という新しい意味を吹き込まれることで救済されることもある。あるいは、学校教育とは異なる活用をされることで、校舎であった頃よりはるかに自由でクリエイティブな人々とのかかわりが生成し、廃校舎が再生することもある。校舎が現

役であった頃には、学校の「中心」的な機能である子どもたちへの教育的な機能に特化して、校舎は機能的かつ合理的に設計され施工されてきた。それゆえに、子どもたちや教員にとって、想定された教育的な機能以外の用途で校舎を使用する余地は少なく、多少なりとも子どもたちに対して「管理」的に作用してきたことであろう。しかし、校舎が廃校舎となり、子どもたちへの教育的な機能から解放されることで、廃校舎活用を手がける人々や地域住民が「境界人」として校舎と自律的かつ創造的にかかわることが可能となり、校舎はきわめて自由な空間となる。このことは、校舎が現役である場合にも、子どもたちや教員など、校舎を使う人々が、当初想定されていた教育的な機能から「逸脱」して、校舎にそれ以外の機能や意味を持ち込むという経験をしているであろうことを示唆している。

2．トイレと学校建築

　従来、学校のトイレといえば、暗い・汚い・臭い（3K）、怖い・壊れている（5K）トイレばかりであった。ところが近年、学校のトイレを明るく清潔なものにしようとする、学校トイレ改革が進行中である。

　きっかけはどうも、1998 年に日本トイレ協会と神戸市教育委員会が主催した「学校トイレ文化フォーラム」あたりかと思われる。このフォーラムには、教員や生徒、建築家やトイレ業者らが一同に会し、従来の 3K や 5K の学校のトイレでは子どもたちは大便ができず健康上問題である、だから、トイレを明るく清潔にして学校でも安心して大便をしてもらおう、というようなことが話し合われた（「学校でうんこ　子供はなぜしない」『毎日新聞』1998 年 8 月 19 日、「学校のトイレ　なぜキライ」『毎日新聞』1998 年 8 月 24 日）。翌年には、フォーラムを開催した神戸市教委が学校トイレに関する実態調査を実施（「学校のトイレ『行きづらい』を元から絶たなきゃダメ」『毎日新聞』1999 年 12 月 20 日）、以降今世紀に入っても、明るく清潔なトイレを目指した学校トイレ改革の動きが全国で続いている。たとえば、大阪府の和泉市立緑ヶ丘小学校のトイレは、「個室はのぞかれないように天井まで間仕切りがあ」り、「床や壁は抗菌や汚れを防ぐ素材を使」い、「入り口は人造石を石垣風に積み上げて遊び心をもたせ、ベンチも置いて交流の場にした」という（「さよなら花子さん　学校トイレ〝改革〟中」『朝日

新聞』2002 年 5 月 13 日）。あるいは、京都市では、これまで和式が中心であっ
た学校トイレを洋式に転換することで、明るく・安心で・愛される、「3A トイ
レ」の実現を目指している（「学校トイレ 和困洋才」『朝日新聞』2013 年 6 月 15 日
夕刊）。

　こうした学校トイレ改革の動きに先駆けて、「元祖」明るく清潔な学校トイ
レとして有名なのが、栗東市立栗東中学校のトイレである。

栗東市立栗東中学校（滋賀県栗東市、1996 年改修【トイレ】）

　栗東中学校のトイレは、「元祖」明るく清潔な学校トイレとして有名であ
る。トイレ改修に取り組んだ、大学教員から転身した当時の教育長である里内
勝によれば、栗東中学校は当時荒れており、タバコの吸い殻や菓子の包み紙な
どが校舎内に散乱し、窓ガラスが割られるなど器物損壊も相次いでいた。器物
損壊でもっとも狙われたのが「目の行き届かない学校の端にあ」るトイレで、
「ドアは壊され、便器は割られ、洗面所の鏡も消失し、挙句の果ては使用中
止」にせざるを得ない状況であったという。このような荒れた学校を変えるた
めには、「生徒に学校に対する帰属意識を持たせる」ことが必要であると考え
た里内は、そのためのプロセスとして「生徒のトイレづくりへの参加」を決断
した。トイレ改修に要した費用は 6000 万円で、これは栗東町（当時）の 1995
年度の中学校予算の 26％を占め、1996 年に改修工事が完了した。

　では、「ホテル並み」と称される栗東中学校のトイレをみてみよう。全体的
に、男子はブルー、女子はピンクを基調としてデザインされており、床は黒と
白のチェック模様となっている。トイレに入ってすぐの手洗いスペースには大
理石と大きめの鏡が用いられており、さらには、この手洗いスペースと奥の便

手洗い

手洗いからみたトイレ内部

器スペースとがガラスブロックの仕切りで区分けされていて、「休み時間には多くの生徒が押し掛け、おしゃべりや見だしなみのチェックを」すると里内が述べているのもうなづけるほど、おしゃれで清潔感にあふれている。しかも、こうした内装は「シック」をテーマとして生徒たちが決めたというから驚きである。また、学校のトイレは通常、中央部に蛍光灯を一列に付けていることが多く、そのためどうしても個室部分は影ができて暗くなってしまい、「トイレの花子さん」が出るには都合がよい。しかし、栗東中学校のトイレの個室スペースは、個室ごとにライトがついていて明るいうえに、個室間の仕切りが天井まで達していて、仕切りをよじ登って隣のブースをうえからのぞきこんだりすることができないように工夫されている。

　栗東中学校のトイレは、その後に全国の学校でみられるようになる明るく清潔な学校トイレの雛形（ひながた）であるといえよう。校舎全体はいたって普通の鉄筋コンクリート造校舎であり、「ホテル並み」のトイレだけが校舎内で輝いていたのが印象的であった。（2001 年 6 月訪問）

　栗東中学校のような、明るく清潔な学校トイレが、今世紀に入って以降、全国でみられるようになる。そのようなトイレの典型的な事例として、紀美野町立毛原小学校（休校中）旧校舎と砺波市立出町小学校のトイレを、校舎全体の様子とあわせてみておこう。

紀美野町立毛原小学校（休校中）旧校舎（1954 年竣工【校舎】、2001 年竣工【体育館】）

　毛原（けばら）小学校は 2017 年度より休校となっている。2012 年度から 2016 年度までは、同じく 2017 年度より休校となった長谷毛原中学校の校舎を使用しており、これからみる校舎は、2011 年度まで使用されていた校舎である。敷地の西端に体育館（2001 年竣工）、敷地の北端に一文字形の平屋建て木造校舎（1954 年築）が建っており、両者は敷地の北西を角にして L 字形に配置されている。

　明るく清潔なトイレは体育館内に設けられているが、その前に木造校舎をみておきたい。木造校舎の屋根には、1999 年に葺き替えられたばかりの和瓦が載っている。運動場側に、石段と瓦屋根の玄関が設けられていて、寺院を思わせる重厚な造りとなっている。玄関を上がると、北側片廊下型ではなく、教室

校舎外観

廊　下

体育館

トイレ

トイレ個室

トイレ手洗い

の南側に約 70 メートルの廊下が東西方向に一直線に延びており、教室に差し込む日の光をやわらげている。この廊下は、南側の運動場とは壁で仕切られていないために風通しがよく、運動場越しに周囲の山並みが眺望でき、まるでこの校舎が山のなかに埋め込まれているかのような錯覚を覚えるほどである。校舎の内外を媒介する「境界」的な役割を担うこの廊下は、さながら縁側のような趣である。

　〈第 4 章〉でみた有田川町立御霊小学校の校舎を設計した岡本設計が、既存の木造校舎の景観を考慮しながら設計を手がけたという 2 階建ての体育館は、1 階に多目的ホール・理科室・家庭科室・音楽室を併設している。鉄筋コンクリート造でありながら、外壁には板が張られ屋根には瓦が載っており、内装にも木材がふんだんに用いられている。

　この体育館内に明るく清潔なトイレが設けられている。トイレの入口は木質感あふれるアーチとなっており、木製のベンチが設けられたコーナーを曲がると、木とカラフルなタイルのコンビネーションが絶妙で、壁にガラスブロックが用いられた、明るくてしゃれた雰囲気のトイレにたどりつく。栗東中学校のトイレと同様に、個室ごとにライトがついており、個室間の仕切りも天井まで達している。手洗いスペースには、洗面台上方の円形の鏡に加え、姿見まで設けられている。このように毛原小学校旧校舎体育館のトイレは、明るく清潔な学校トイレの典型的な事例である。

　先に述べたとおり、2012 年度以降は、この校舎は学校としては使われていない。わかやま NPO センターが発行している『わかつく』によれば、地域おこし活動を行う元気長谷毛原会の活動拠点としてこの校舎が活用されているとのことである（Vol.148、2016 年 10 月 21 日）。この地に根ざしたすばらしい校舎が今後も使われ続けることを祈りたい。（2011 年 12 月訪問）

砺波市立出町小学校 （富山県砺波市、2002 年竣工）

　出町小学校の鉄筋コンクリート造（一部木造）校舎は、総事業費 37 億 7000万円あまりをかけて、2002 年に竣工している。出町小学校の新校舎建設にあたっては、地域住民や PTA、教員らが 1994 年に発足させた「学校夢づくり委員会」が、1998 年に市長や教育長に提出した『「砺波市立出町小学校移転新築計画」への要望書〜学校を見れば地域の未来がみえてくる…』が土台となっ

ている。設計を手がけた創建築事務所の徳田義弘は、「学校を教育施設であると同時に『まちの共用空間』としてデザインし」、設計にあたっては、地域に「開かれた学校」をどのように具体化させるかが焦点であったという。

　実際に竣工した校舎に、以上の経緯が具現化されている。地域開放が想定された体育館・ランチルーム・特別教室棟は、普通教室棟から切り離されて敷地の西側の道路に直面している。敷地の北西角より右にカーブを描きながら普通教室棟中心部の昇降口に至るアプローチとなっているが、校門はなく、アプローチと隣接する北側の道路とは、膝の高さくらいまでしかない花壇で仕切られているだけである。また、アプローチの曲線に沿う形で、扇形に広がるランチルームが配置されているが、このランチルームの舞台は音楽室と一体化しており、給食の時間に利用されるのみならず、音楽会や講演会などに利用されたり、地域のコーラスグループが練習場所として使用しているという。

　2 階建ての普通教室棟は、南側に広がる運動場に面して普通教室が配置されているが、廊下部分が拡張して教室と壁で仕切られていないオープンスペースとなっており、さらには、校舎自体が運動場の北側と西側を取り囲むように曲線の形状をしている。そのため、教室から運動場側に出てみると、教室どうしがゆるやかに向かい合っており、校舎内を歩いていると、先が完全には見通せないため、かえってその先へと誘われるような感覚である。

　出町小学校のトイレは、この間の学校トイレ改革を主導している、トイレ関連企業により 1966 年に設立された学校のトイレ研究会の冊子にも取り上げられている。トイレは、低学年用はイタリア風、中学年用はトルコ風、高学年用はオランダ風と、それぞれ仕様が異なり、床面や壁面に張られたタイルにインパクトがある。また、低学年用や高学年用の男子トイレの小便器は曲線上に並んでおり、トイレにおいても曲線が用いられている。個室はもちろん隣とは完全に仕切られ個室ごとにライトが付いているが、とりわけ低学年用トイレの個室は円形の家のような造りになっている。出町小学校のトイレは、従来の暗くて近寄りがたい学校トイレとは一線を画した、明るく楽しいトイレである。

　1 学年 2 クラス、最大収容児童数が 380 人の設計であったにもかかわらず、2011 年に私が訪問した際には、児童数が 500 人を超え全学年 3 クラスずつとなっており、オープンスペースを教室に転用していた。こうした事態は、設計者も折り込み済みであえて広いオープンスペースを用意したそうであるが、そ

ランチルーム（右）と普通教室棟外観

普通教室棟廊下

低学年用トイレ

低学年用トイレ個室

高学年用トイレ

れでも本来ならばゆとりある空間の設えであるだけに、児童数が想定規模内で
あれば、この校舎の持ち味がもっと色濃く出るのかもしれない。(2011 年 9 月
訪問)

　以上、学校トイレ改革の実際をみてきた。ところで、これまで本書でみて
きたように、1980 年代以降、従来の「質朴堅牢」な北側片廊下型校舎に代わ
る「新しい」校舎が登場し、なかには著名な建築家が手がける斬新でユニーク
な校舎も次々に登場している。これらの校舎におけるトイレは、学校トイレ改
革をメインとした校舎ではないが、例外なく、明るく清潔なトイレがほとんど
で、なかには 3K・5K と称される従来の学校トイレのイメージを覆す斬新なト
イレもみられる。

　たとえば、〈第 3 章〉でみたように、青木淳が設計し 1998 年に竣工した御
杖村立御杖小学校の校舎は、体育館をらせん状に教室が取り囲むという円形
ドーム型の斬新なものであり、教室とオープンスペースには壁がなく、また教
室と体育館を仕切る壁は開閉可能で、徹底的にオープンな造りとなっている。
この御杖小学校の低学年用のトイレは、教室後方に仕切りなく付随するワーク
スペースに設けられた、コンクリート箱である。トイレのコンクリート壁は、
教室の掲示板も兼ねており、教室後方に鎮座するトイレは、校舎の「周縁」に
位置する暗いトイレという従来の学校トイレのイメージとは一線を画してい
る。

　さらに、神戸市立有野北中学校、大多喜町立老川小学校のトイレを、校舎と
あわせてみておきたい。

神戸市立有野北中学校 (兵庫県神戸市、2001 年竣工)

　有野北中学校は、2001 年に開校した学校である。有野北中学校の校舎は、
〈第 4 章〉で取り上げた豊岡市立弘道小学校と淡路市立岩屋中学校の校舎と同
様に、いるか設計集団が設計を手がけている。

　敷地の西半分に 4 階建て鉄筋コンクリート造 (一部鉄骨造) 校舎が建ってい
るが、中庭を取り囲むようにほぼ正方形に回廊状に配置されている。1 学年 6
学級で設計され、正方形の南側 1 階から 3 階まで 6 教室ずつ横一線に普通教
室が並んでいる。さらに、南東角にオープンスペース、南西角に多目的ホール

ウッドデッキとテラス

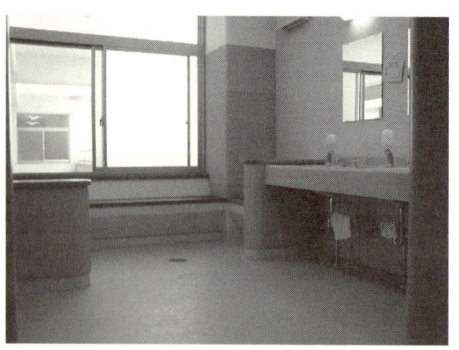

トイレ内の手洗いとベンチスペース

が配置され、6教室・オープンスペース・多目的ホールが1学年のまとまりとなっている。

　普通教室と廊下を挟んだ反対側に、1階はウッドデッキが、2階～3階にはテラスが、中庭に面して設けられている。いるか設計集団の手がける校舎にはベンチが多用されるが、有野北中学校でも至る所にベンチが設けられている。普通教室前の廊下には、このウッドデッキやテラスに出っ張る形でベンチスペースが設けられている。

　さらに印象的であったのは、このベンチがトイレ内部にまで設けられていることである。トイレは、ウッドデッキやテラスの両端に設けられ、男子トイレと女子トイレでウッドデッキやテラスを挟む形になっている。トイレは、ベンチスペース・手洗いスペース・便器スペースの3つのスペースから構成されている。有野北中学校のトイレは、暗くて近寄りがたいという従来のトイレイメージを覆し、トイレが用を足す機能を担うのみならず、ベンチに腰掛けて語らったりくつろいだりもできる空間として設えられている。

　1学年6クラスという学校規模の割には敷地面積が狭いために設計には苦慮したとのことで、〈第4章〉でみた弘道小学校や岩屋中学校に比べるとコンパクトにまとまっているように思われた。それだけに、トイレのベンチスペースが異彩を放っている印象である。（2003年9月訪問）

旧大多喜町立老川小学校（千葉県大多喜町、2000年竣工）

　旧老川小学校の現存する校舎は、千葉県の養老渓谷そばにあり、2001年度

からの分校の本校への統合に合わせて前年度中に竣工している。総事業費6億5000万円あまりをかけて建設された校舎の設計は、榎本建築設計事務所が手がけている。

　校舎は、運動場からみて手前に平屋の普通教室が、半屋外廊下のコミュニティモールを挟んで奥に多目的ホールを含む2階建ての特別教室が配置されている。手前の普通教室は1学年1クラスで、2教室ごとにワークルームと畳コーナー（高学年は子供書斎コーナー）を仕切りなく共有し、この2学年・2教室のまとまりがクラスターと呼ばれる独立した建物となっている。校舎が低層に押さえられていることに加え、普通教室部分は木造、特別教室部分は鉄筋コンクリート造でありながら木が多用されているため、校舎にありがちな威圧感がまったくない。2階にある図書室の隣に設けられた屋上プラザ（ベランダ）から平屋の普通教室部分をみると、運動場越しにみえている周囲の山並みと地元産の杉材がふんだんに用いられた校舎の外観とがマッチしており、養老渓谷

運動場からみた校舎外観

屋上プラザからみた校舎外観

コミュニティモール

トイレ

そばという立地とあいまってロッジのようなたたずまいである。

　普通教室の校舎どうしをつなぐコミュニティモールは、屋根を架けただけの半屋外の廊下であり、木の柱が並び立つ様は美しく風通しがよい。建物のなかに入っても、ガラスが多用されているため、視覚的にも外部とつながり、明るく開放的な雰囲気に満ちている。あまりに開放的なため、2階のガラス張りの廊下に鳥が誤って激突することもあるという。

　こうした明るく開放的な雰囲気の究極の形態がトイレである。この学校のトイレは、木のルーバーで覆われており、トイレ内部が外から透けてみえている。もちろん、個室の中まではさすがに見えないが、それでも男子の小便器はコミュニティモールからまるみえであり、明るく開放的なトイレである。

　老川小学校は2013年に閉校となり、大多喜町の公式ホームページによれば、ローヤル通商や良品計画に校舎が貸し付けられ、校舎の環境美化はやまゆりの会が担っているとのことである。(2003年5月訪問)

　以上にみてきたように、従来の学校のトイレは、暗い・汚いのが定番であったが、近年の学校のトイレは、学校トイレ改革の動きとも連動しながら、明るく清潔なトイレへと変貌を遂げようとしている。もちろん使う側からすると、不潔なトイレよりは清潔なトイレの方がいいとは思うが、こうした変貌を手放しで歓迎してよいのだろうか。

　栗東中学校のトイレ改修を手がけた里内は、改修の結果として、器物損壊や校舎内に散乱していたタバコの吸い殻は姿を消し、その後トイレの壁や天井に穴があけられるという被害が相次いだものの、生徒の側から修理費のための募金活動や「怒りの署名」集めが行われ、さらには体育祭や文化祭が生徒会主催で行われるようになるなど、生徒たちに「不正を許さない正義感」や「自分たちがしなければならないとする自主性」が生まれてきたと述べている。また、岩間浩は『学校空間の研究』のなかで、「トイレ施設を思い切って工夫・改善することで、不登校はもとより、いじめを減らしたり、学校生活をより楽しくすることが期待される」と述べている。

　しかし、トイレがここまで一方的に子どもたちの行動を規定し教育的な機能を担っているとすれば、子どもたちがトイレに「管理」されてしまっているということではないだろうか。むしろ、「トイレ改修は何でもよいと手放しで喜

ぶことのできない事例」として岩間が紹介している、「兵庫県西宮市教育委員会が 1,500 万円かけて整備した市立深津小学校の『豪華トイレ』が」、「快適すぎて一部生徒のたまり場となり、授業をさぼったり、隠れて喫煙したりと、非行の温床になり始め」、「1 年以上も閉鎖される状況が起こった」というエピソードに、「快適」なトイレに自律的にかかわる、ある種の「健全」さを感じてしまうのは、私だけであろうか。

　ところで、学校のトイレといえば、必ず怪談がつきものである。学校のトイレを舞台にした怪談には、赤い紙がいいか青い紙がいいかと聞かれ、赤い紙と答えると血まみれになって死に、青い紙と答えると血をぬかれ青ざめて死ぬ、つまりいずれにせよ死んでしまうという「赤い紙・青い紙」や、トイレの 3 番目の個室のドアを 3 回ノックすると花子さんから返事が返ってくるという「トイレの花子さん」が有名である（地域によってさまざまなバリエーションがある）。

　トイレ以外の学校の怪談の舞台としては、理科室や音楽室などの特別教室・講堂・体育館・階段・プール・運動場などがある。これらの場所に共通するのは、普通教室ではないという点である。常光徹は、学校の怪談は、学校における「非日常」的、「周縁」的な空間で生成することが多いと指摘する。さらに、学校の怪談の語り手として活躍するのは、運動や勉強ができる子といった学校の「中心」的なヒーローではなく、自称「霊感が強い」子といった学校の「周縁」的なヒーローであり、そうした子どもたちは、怪談を広めて不安をあおると同時に、赤い紙でも青い紙でもなく黄色い紙をもっていれば大丈夫といった解決策を示すことで不安をしずめることができると、近藤雅樹は指摘する（「深くて怖い学校の怪談」『毎日新聞』2000 年 9 月 1 日夕刊）。

　このように、学校の怪談とそれらが生成する空間は、授業や普通教室といった学校の「中心」的な時間や空間からのアジールとなっている。学校の怪談のもつこのような「周縁」性は、学校という場が、文武両道・明るい・清潔といった学校の「中心」的な価値観を担う領域だけで成り立っているのではなく、そうした価値観から外れた「周縁」領域をも含み込む多層的な場であることを示唆しているのではないか。そうであるとすれば、明るく清潔なトイレにするという学校トイレ改革は、かろうじて成立している学校の多層性を危機に陥れ、学校を単一的な場へと変えていくことにつながりかねないのではないだ

ろうか。

　しかし、そこまで悲観することはないのかもしれない。というのも、トイレが汲み取りから水洗へと移行するにともなって、「トイレの花子さん」が登場したからである。つまり、トイレが変化しようとも、怪談がそれに「適応」するのである。であるとするならば、近年のベンチが設けられた明るく清潔なトイレにおいても、たとえば、午後 4 時 44 分 44 秒になると誰も知らない誰かがベンチに腰掛けていて、「太郎くんですか？」と聞くと血を抜かれてあの世に連れていかれるかもしれない。

3．災害と学校建築

　2011 年 3 月 11 日に発生した東日本大震災は、東北地方の太平洋沿岸部を中心に甚大な被害をもたらした。消防庁災害対策本部が 2017 年 9 月 8 日に発表した「平成 23 年東北地方太平洋沖地震（東日本大震災）について（第 156 報）」によれば、2017 年 9 月 1 日現在、死者 1 万 9575 人、行方不明者 2577 人もの被害を出しており、今なお避難を余儀なくされている人々も多数いる。震災にともなう福島第一原子力発電所事故による放射能汚染に対する不安は一向に解消されておらず、廃炉に向けての果てしない作業が続いている。

　東日本大震災による甚大な被害は、子どもたち・教員や校舎にも及んでいる。文部科学省がまとめた「東日本大震災による被害情報について（第 208 報）」（2012 年 9 月 14 日）によれば、「校舎や体育館の倒壊や半壊、津波による流出、水没、浸水、地盤沈下、校庭の段差や亀裂、外壁・天井の落下、外壁亀裂、ガラス破損など」の物的被害を受けた公立学校は、6484 校に及ぶ。この数字を校種別にみると、小学校は 3252 校で、青木栄一によれば、当時の全国の公立小学校総数の 15% にあたり、以下、中学校 1652 校（17%）、高等学校 835 校（23%）、中等教育学校 4 校（14%）、特別支援学校 183 校（21%）などとなる。

　東日本大震災による被害を特徴づけているのは、津波である。旧石巻市立門脇小学校の校舎は、津波によって浸水すると同時に、津波によって流されてきた自動車が出火して燃え移り火災が発生した。また、旧山元町立中浜小学校の校舎は津波の直撃を受けたものの、校舎にとどまった人々は校舎の屋上の屋根

裏倉庫に避難し全員が無事であった。被災校舎は、今回の震災の衝撃の凄まじさを今に伝えている。

旧石巻市立門脇小学校（宮城県石巻市、1959年竣工）

旧門脇小学校の3階建ての鉄筋コンクリート造校舎は、学校の南側にある海岸から800メートルほどのところに位置している。敷地の南側に運動場があり、運動場に面して一文字形の北側片廊下型の本校舎（1959年竣工）、本校舎の北側に特別教室棟（1983年竣工）、西側に体育館（1981年竣工）が、それぞれ建っている。

東日本大震災の津波によって本校舎の1階部分が浸水した。さらには、津波によって流されてきた自動車が発火し、校舎に燃え移って火災が発生し、本校舎の1階〜2階は中央の階段室から東側の部分が延焼し、3階は階段室から西側の部分も含めて全体的に激しく延焼した。当時学校に残っていた子どもたちは、学校のすぐ裏にある日和山公園に避難し無事であったという。

門脇小学校は2015年に閉校した。本校舎は延焼の傷跡を残しながら残存しており、震災の被害の大きさを物語っている。石巻市の公式ホームページによれば、震災遺構として本校舎を部分的に保存し、特別教室棟・体育館・運動場とあわせて、震災について学んだり、地域活動や交流を行ったりするための施設として整備する方針に決定し、そのための調査・設計等の業務委託について公募型プロポーザルを開始している。（2012年9月訪問）

外　観

旧山元町立中浜小学校 （宮城県山元町、1989 年竣工）

　旧中浜小学校の校舎は、学校の東側にある海岸から 200 メートルほどのところに位置している。校舎は 1989 年竣工の 2 階建ての鉄筋コンクリート造校舎で、オレンジ色の屋根瓦や校舎中心部の三角屋根が印象的である。2 階にはベランダが設けられ、ベランダと 1 階とを屋外階段が結んでおり、もともとは開放的で明るいイメージの校舎であったことがうかがえる。この校舎に、東日本大震災の津波が直撃した。校舎は現存しているが、1 階部分の窓はほぼすべて残っておらず、2 階部分の窓枠もゆがんでおり、校舎内部はあらゆるものが津波で流出し、天井から配管・配線が垂れ下がっており、被害の爪痕が大きく残っている。2 階天井付近の外壁には、津波によってここまで浸水したことを示す看板が設置されている。

　国立教育政策研究所が監修した『震災からの教育復興』に中浜小学校が受けた被害概況が記されており、同じく国立教育政策研究所が主催して 2011 年 11 月 24 日に開催された教育研究公開シンポジウム「東日本大震災と学校」において、中浜小学校の当時の校長が被災状況について講演している。また、中浜小学校の当時の養護教諭も、被災状況についての手記を『東日本大震災 教職員が語る子ども・いのち・未来』に寄せている。以下、これらに依拠して、中浜小学校の受けた被害と緊迫した避難の状況についてみておこう。

　今回の津波によって、山元町の面積の 37 ％が浸水し、山元町民の死者は 613 名、行方不明者は 5 名に達し、中浜小学校の周囲の建物はおおむね流失するという甚大な被害をこうむった。中浜小学校の当時の在籍児童は 59 名で、

外　観

当日欠席した児童や保護者に引き渡して学校に残らなかった児童 7 名も含めて全員が無事であった。学校に残った 52 名の児童と、出張などで不在の教職員を除く 10 名の教職員・保護者・町職員・地域住民あわせて 90 名が、校舎屋上の屋根裏倉庫へ避難して一晩を過ごし、翌朝自衛隊のヘリで全員無事に救助された。当時の校長によれば、テレビで津波の到達予想時刻を 10 分後と報じているのを確認し、1.5 キロメートルほど離れている 2 次避難所の坂元中学校まで子どもの足で 20 分以上かかるために、校舎屋上の屋根裏倉庫へ避難することを決断したという。

　校舎が海岸から 200 メートルという短い距離にもかかわらず全員が無事であったのには、何より屋根裏倉庫へ避難するという校長の迅速かつ的確な判断があったといえるだろう。そして、このような判断を可能にした校舎の状況もあった。まず、現在の校舎を建設するに先立って、敷地は周囲から約 3 メートル盛り土していた。また、校舎が東側の海岸と直角に東西方向にのびるように配置されており、津波の水圧をまともに受けずに逃すように作用するとともに、校舎の西側に配置されていた体育館が大破しながらも、引き波から校舎を守ったことも大きかったようである。さらには、校舎の屋根が三角屋根であったためにそこに屋根裏倉庫が設けられており、避難場所になりえたことも大きかったといえよう。

　当時の校長によれば、震災の前年に、区長との雑談のなかで校舎が頑丈であることを確認するとともに、教頭と安全点検のために屋上に上がったときに、屋根裏倉庫が津波の際に避難しても雨風を防げると会話したことを記憶していたという。普段から校舎の状況を十全に把握しておくことが重要であるということ、そして、教員は人事異動でいずれ学校を去るが、地域住民は学校がある地域に住み続けている場合が多いために、校舎をはじめとする学校の状況や学校がある地域の状況を教員に伝える、学校の重要なアクターとなりうることを示唆しているように思う。

　中浜小学校は、2013 年に閉校となった。山元町の公式ホームページによると、中浜小学校の校舎を震災遺構として保存整備するとのことである。(2013 年 8 月、2014 年 9 月訪問)

　旧石巻市立門脇小学校や旧山元町立中浜小学校の被災校舎は、今回の東日本

大震災の被害の大きさを今に伝えている。被災校舎を保存することをめぐって
は、震災による甚大な被害の記憶を想起させるために賛否両論があることは周
知の通りである。しかし、被災校舎を取り壊して更地にすれば震災の記憶が多
少なりとも薄れていくことは避けられないのではないか。震災の記憶を風化さ
せずに継承していくためにも、震災の痕跡を刻んだ被災校舎を保存することは
大きな意義があるのではないだろうか。

　ところで、震災によって校舎が甚大な被害をこうむることはもちろんである
が、震災からの復興において、すばらしい校舎が生まれることもある。以下に
みる十思スクエアと京華スクエアは、1923年に発生した関東大震災の復興事
業として建てられた復興小学校の廃校舎を活用した複合施設である。

　復興小学校とは、関東大震災の復興計画の一環で、当時の東京市が一括し
て設計し、鉄筋コンクリート造で再建された小学校のことである。復興計画
のなかでも、市の臨時建築局局長であった東京大学教授の佐野利器がこだわっ
たのが、鉄筋コンクリート造校舎による小学校の再建と、それを小公園の付設
とセットで行うことであった。藤森照信によれば、そうすることで、「震災の
時の避難場にもなり、日頃は地域のセンターの生活を持つ」こととなり、さら
には「空地の乏しい下町に緑におおわれた子供の遊び場」を生じせしめること
を、そのねらいとしていたという。

　関東大震災によって焼失した117校の小学校のうち、実際に小学校に付設
された小公園は52か所にとどまったが、小林正泰によれば、復興小学校の計
画に込められた、地域の中心としての小学校、そして新教育運動に由来する
「子供の王国」としての小学校という2つの教育思想は、すべての復興小学校
に生きているという。小林の著作には、小学校復興に携わった古茂田甲午郎、
そして古茂田の下で校舎の設計を手がけた原田俊之助の、次のようなことばが
引用されている。復興小学校の建設にかける熱い想いがこもっているので、孫
引きして紹介したい。

　「登校したる子供が昇降口で履物を整理したら、直ぐその足で運動場へ、或
は階段を通じて各自の教室へ、運動場からは直接に教室へ、或は運動場の何処
からでも階段を通じて教室へ。総て之等のサーキュレーシオン系統は、直裁で
簡明なるを要する。特に小学校建築上、廊下は単なる通路の用をなすに止まら
ぬ。そこは或は地質鉱物の標本を置いて博物館となり、或は古来の名画を授け

てガレリーとなり、何れにしても教室の延長となる」（古茂田）。

「『質素に質素に、そして拙速に』これが私共の要求せられた処のものであつた。然しながら尚私共は小学校を無味乾燥な人間工場とするを肯じえなかつた。…それ故に、私共は一層熱を罩めて小学校を子供の為めの全部彼等の天国たらしむべく努めずには居られなかつた」（原田）。

小林が指摘しているごとく、古茂田の主張には、近年のオープンスクールにみられる考え方と共通している部分もあり、このような主張がすでにこの頃に表明されていることに驚く。さらに、古茂田や原田のことばに、小林は新教育運動に通ずる教育思想を読み取り、復興小学校の校舎が教育的な機能を担っていたことを評価している。小林の復興小学校研究には学ぶところがたいへん大きいが、本書では、これまでの整理にしたがって、彼らのことばを次のようにとらえることにしたい。すなわち、彼らのことばには、校舎に教育的な機能を担わせるのみならず、校舎に「境界」的な空間をすべりこませることで、子どもたちの「天国」を実現せんとする強い意志がにじみ出ているのではないだろうか。

では、復興小学校の廃校舎を活用した、十思スクエアと京華スクエアをみてみよう。

十思スクエア（東京都中央区、1928 年竣工）

十思スクエアは、学校統廃合によって 1990 年 3 月に閉校となった旧中央区立十思小学校の廃校舎を活用した複合施設である。1928 年築の鉄筋コンクリート造校舎を改修して、2001 年 1 月に十思スクエアがオープン、さらに未改修だった 3 階部分を改修して 2009 年 8 月に中央区立十思保育園が開設された。

1 階部分には、中央区日本橋在宅介護支援センター・中央区十思デイルーム・医師会立中央区訪問看護ステーション・十思コミュニティルーム・体育館などがある。2 階部分には、NPO やボランティア団体を支援する協働ステーション中央・町会会議室・歴史資料室・校友会室などがある。さらに、運動場の一角には統合先の日本橋小学校の菜園があるが、これは旧プールを水田と畑に再生したものである。

校舎は鉄筋コンクリート造の 3 階建てで、北をうえにして逆コの字形の建物となっている。校門がなくて塀が低く、道路のすぐそばに隣接する形で校舎

が建っており、外部から校舎がよくみえるようになっている。3階の窓と校舎
への入口部分がすべてアーチ状にデザインされ、窓と窓の間は垂直にのびる半
円状の柱が並び建っており、さらには正面玄関のある一角が外部に向かって扇
形にカーブを描いてせり出していて、デザイン的に凝った外観である。校舎の
外観が、この街の風景の一角を担ってきたであろうことが容易にみてとれる。

　建物のなかに入ってみると、旧教室内の梁の両端がカーブを描いており、ま
た廊下の天井がアーチ状のデザインで統一されている。なお、廊下は旧教室の
北側・東側に片廊下が設けられている。2階部分の廊下や協働ステーション中
央が活用している旧教室においては、上方の配線・配管がむき出しとなってお
り、校舎をほぼそのままの形で活用していることがわかる。

　3階の保育園の廊下は、上方の配線・配管がなく、アーチの美しさが際だっ
ている。『商店建築』に掲載された十思保育園の紹介記事によれば、配線・配
管は床下に通しているという。さらには、廊下の窓側にギャラリーとしても使

北西側外観

正面玄関側外観

2階廊下

十思保育園廊下

用可能なベンチが設けられているが、廊下の直線のラインを保つように工夫されており、アーチと直線が際だつすっきりとした美しさがあり、かつ単なる移動機能を超えた「遊び」の部分を含み持った、たいへん魅力的な廊下となっている。

　保育園への転用を手がけた丹青社の池田真樹は、この廊下について次のように語っている。「建物のいちばんの特徴であるアーチが連続する通路をできるだけ魅力的な場所にしたいと思いました。普段、園児は年齢別の教室で過ごしていて、年齢を超えた触れ合いが生まれにくい。もう少し異なる年齢の子ども同士で交り合うスペースがあってもいいのではないかと感じていたので、廊下をコミュニケーションポイントとして提案しています」。

　保育園のホール（ランチルーム）は正面玄関の真上3階部分にあたり、もともとの校舎の扇形の空間をそのまま活かしているがゆえに、窓が前方に向かって大きく広がっている。さらには、天窓までついているので、明るく開放的な場所となっている。

　ただ、十思スクエアと銘打っているので全館一体の施設と思いきや、いかにも複合施設にありがちだと思ったのは、利用施設によって入口が分けられ、それぞれの施設の動線がクロスしないように徹底されていることである。正面玄関の受付が管理しているのは、主として1階の福祉施設であり、コミュニティルームと協働ステーション中央は、それぞれ正面玄関とは別に外部から直接入ることのできる専用の入口がある。両者の入口は隣同士にあるのだが、両者は壁で隔てられ、片やコミュニティルームがあり、片や2階の協働ステーション中央へと到る階段が待ちかまえている。このように動線が隔てられているほか、中央区役所における管轄も施設ごとに部署が異なっており、見学依頼への対応も施設ごとで異なるなど、運営の面においても縦割りである。

　十思スクエアのすぐ隣には、十思公園がある。これは、旧十思小学校が復興小学校であることに由来している。震災時に避難所として機能しうる強度に加え、地域の中心的な場でありかつ子どもが楽しめる場としての意味も、校舎に持たせようとしたのが復興小学校の校舎である。旧十思小学校の校舎が、鉄筋コンクリート造という頑丈さに加え、アーチ状の窓・玄関・廊下、さらには扇形にせりだした正面玄関といった、校舎内外にわたるこだわりのデザインを兼ね備えているのは、復興小学校であったことに由来するのであろう。十思スク

エアは、このような旧十思小学校校舎の「伝統」を、発展的に継承する形で改修されているといえるだろう。(2010 年 6 月訪問)

京華スクエア（東京都中央区、1929 年竣工）

　京華スクエアは、1993 年 3 月に閉校となった旧中央区立京華小学校の廃校舎を活用した複合施設である。1929 年築の鉄筋コンクリート造校舎を改修して、2001 年 1 月に京華スクエアとしてオープンすることとなった。

　校舎は 3 階建てで、コの字形になっており、コの字の空いた部分が南側になるが、そこには体育館があるので、敷地をぐるっと一周するような形で校舎が配置されており、運動場は校舎に囲まれている。1 階部分には中央区シルバー人材センター・京華コミュニティルーム・町会会議室等があり、2 階部分は中小企業の情報化などを支援する中央区立ハイテクセンターと中央交通事故相談所、3 階部分は早稲田大学エクステンションセンター八丁堀校となっている。

　校舎の南東角にエントランスがあるが、その一角は外部に向かって半円状にカーブを描いてせり出しており、外観的な特徴となっている。エントランスに校門はついておらず、またエントランスに続く校舎に塀はなく道路に直面していて、校舎の外観が街並みと共存している。

　半円状にせり出したエントランスの 3 階部分は、早稲田大学エクステンションセンターのラウンジとして活用されている。こうした形状であるがゆえ、窓から 180 度眺望が開けており、また日の光が入ってきて明るく、既存の校舎の利点をそのまま活かす形での改修である。

　既存の校舎を活かしているということでいえば、早稲田大学エクステンションセンターは社会人向けの講座が中心であるため、一般の大学のように大講義教室を用意する必要はない。そのため、旧教室をほぼそのままエクステンションセンターの教室として活用している。中央区立ハイテクセンターの会議室やロビーも、同様の活用である。

　体育館の舞台に立派な奉安庫が設けられていたり、廊下と階段との境目をわざわざ半円状にくり抜いて双方の見通しをよくしたりするなど、細かいところにまで目配りのきいた校舎である。なお、廊下は旧教室の北側・西側に片廊下が設けられている。さらには、体育館とエントランスをつなぐ部分は平屋で、

エントランス側外観

体育館

階段（奥は廊下）

運動場からみた体育館（右）と校舎エントランス
（両者を結ぶ部分の屋上は、庭園になっている）

その屋上は庭園になっているのだが、庭園には校舎の２階から直接出ること
もできるし、運動場から体育館に沿う形で設けられた階段を上がって庭園に到
ることも可能である。このように、校舎内の動線は単調になるのを避けて行き
止まりを少なくし、屋内外を自由に行き来して校舎内を回遊できるような工夫
がみてとれる。このように、もとの校舎がすばらしいので、大規模な改修は必
要ないどころか、改修すればもともと校舎が持っているよさを損ないかねない
ので、そのまま活用するのがベストであると思わせる校舎である。

　先にみたように、復興小学校の校舎の建設にあたって古茂田甲午郎は、循環
する明快な動線を導入するとともに、廊下を単なる通路ではなくギャラリーや
博物館など教室の延長とすべきであると主張していた。校舎が回廊状に配置さ
れ、運動場から屋上庭園へ到る階段が設けられた旧京華小学校の校舎に、復興
小学校に込められたこうした想いを読み取るのは間違ってはいないだろう。

　以上のような想いの詰まったすばらしい校舎を、その利点を活かす形で発展的に継承しながら、学校教育とは別用途にアレンジした京華スクエアは、復興小学校に込められた地域の中心としての小学校という思想を引き継いでいるように思われる。(2010 年 6 月訪問)

　以上のように、関東大震災の復興事業として建設された復興小学校は、震災復興という性格上、鉄筋コンクリート造で建設された「堅牢」な校舎であると同時に、教育的な機能を担えばそれでよいというような「質朴」な校舎ではなく、教育的な機能を超えた「境界」的な空間をも含み込んだ校舎であったということがいえる。しかも、日本の「質朴堅牢」な校舎のありようの特徴とされてきた北側片廊下型というスタイルは維持されていながら、関東大震災の被災地である東京という地に根ざした充実した校舎が造られたのである。

　関東大震災と並んで、学校建築に対して防災を意識させることになったのは、1934 年に京阪神地方に甚大な被害をもたらした室戸台風である。室戸台風は、子どもたちや教職員に多数の死傷者を出し、倒壊や浸水など校舎にも甚大な被害をもたらした。菅野誠は、「学校建築史上特筆すべき台風災害のナンバーワンは、室戸台風であ」り、「室戸台風の学校建築の被害が導火線となって学校建築の防災構造についての関心が爆発的に高ま」り、その結果、1934 年 12 月には、「木造の校舎の新築の場合の注意と、既設のものに対する注意とを述べた」学校建築物ノ営繕並ニ保全ニ関スル訓令が発せられたという。関東大震災と室戸台風の被災経験によって、一方では復興小学校にみられるように鉄筋コンクリート造で建てられる校舎が増加し、他方では木造校舎においても今後の災害に耐えうる強度をもった校舎が追求されることとなったのである。

　〈第 5 章〉でみたように、現在は京都市学校歴史博物館となっている旧京都市立開智学校の廃校舎は、旧校舎が室戸台風で被災したために建て替えられたものであった。同じく〈第 5 章〉でみたように、旧南山城村立田山小学校の校舎は 1936 年築の平屋の木造校舎であり、閉校記念誌には、「もう、どんな台風が来ても大丈夫という、頑強な木造校舎、その柱の太さに驚いたものでした」という竣工当時を回想したエピソードが掲載されているが、エピソードに台風が登場するのは、旧校舎が室戸台風によって被害を受け、それゆえに校舎

が新築されたからである。

　旧田山小学校の近隣に位置する木津川町立恭仁小学校の校舎も、旧田山小学
校の校舎と同じく 1936 年築の木造校舎である。この校舎も、旧校舎が室戸台
風で被災したために新築されたものである。〈第 5 章〉でみたとおり、旧田山
小学校校舎は、はどるとして現在も活用され続けているが、恭仁小学校の校舎
は今なお現役の学校として使い続けられている。こうした事実は、とりわけ京
阪神地方において、室戸台風襲来以降、物資の調達に困難を極めた太平洋戦争
が開戦する頃までに竣工した校舎が、室戸台風による校舎の被災状況を念頭
に、頑強にかつ丁寧に建てられたことを物語っている。

木津川町立恭仁小学校（京都府木津川市、1936 年竣工）

　恭仁小学校の校舎は、1936 年に竣工した木造校舎である。敷地の南側に運

階　段　　　　　　　　　　　　　　廊　下

外　観

動場があり、校舎は敷地の北端に位置する。緑色の屋根のポーチが玄関に設けられた2階建ての本館を中心に、本館にそのまま接続する形で平屋の校舎が東側と西側にのびている。西側にのびた校舎は、敷地の北西角で直角に折れて南側にも続いている。校舎の東端には、講堂が建っている。校舎は戦後増築した部分もあるが、そちらから先に傷んできているというから、1936年当時、相当丁寧に建てられたことがわかる。

　瓦屋根に板張りの校舎は、背後の山並みとも調和しながら、堂々としたたたずまいである。校舎内に入っても、太い柱が用いられており、すべてが木で造られた階段や、木とガラスをしたがえて一直線にのびる廊下は、凛とした雰囲気があって美しい。本館廊下や講堂においては、天井と柱を斜めに結ぶ方杖が連続しており、校舎の強度を保つという機能的な役割を果たしつつ、木造校舎のもつ美しさを引き出してもいる。(2004年8月訪問)

4. ブラジル人学校の学校建築

　本書ではこれまで、日本の学校建築は明治中期以降、「質朴堅牢」な北側片廊下型校舎に運動場という形で全国画一的に整備され、そのなかで校舎は子どもたちへの教育的な機能を担う空間に特化し、学校のウチとソトとの「境界」的な空間は排除されがちであったことをみてきた。こうした、日本の学校建築スタイルを相対化してくれるのが、日本にあるブラジル人学校の校舎である。

　ブラジル人学校は、ブラジル本国の教育課程にのっとって教育を行う学校である。1990年の入管法改正にともない、かつて日本から移民としてブラジルに渡った日本人とその子孫である日系ブラジル人とその配偶者に、日本における在留資格が付与されることになった。これにより日本に在住するブラジル人が増加することとなり、日本にブラジル人学校が設立されるようになった。小島祥美によれば、2010年7月現在、日本にはブラジル人学校が78校存在する。日本にあるブラジル人学校の多くは、授業料収入に依存して学校運営を行っているため、財政的に厳しい状況にあるところがほとんどである。(準)学校法人として認可されて各種学校として運営することができれば、公的な支援を受けられるが、そのようなブラジル人学校は少数にとどまっている。とりわけ、2008年のリーマンショックがブラジル人の生活を直撃し、保護者が仕

事を失い帰国を余儀なくされた生徒や、授業料を払えなくなり学校へ通えなくなった生徒が続出し、ブラジル人学校の運営に大きなダメージを与えた。

　ブラジル人学校が論じられるとき、その校舎に焦点が当てられることはほとんどない。校舎が話題に上がるとすれば、まずはブラジル人学校の校舎が借用であることが多いために、(準) 学校法人や各種学校の認可に際して、自前の校舎の所有を条件とする都道府県においては認可を受けられず公的な補助を受けることができない、という厳しい状況の説明がなされるときである。さらに、ブラジル人学校の校舎は、もともと校舎でない建物を校舎に転用しているケースが多いために、朴三石が「劣悪な教育環境にあ」ると述べ、岩本廣美が「貧弱な状況である」と述べるごとく、ブラジル人学校の置かれた困難な状況を象徴するものとして語られがちである。

　だが私は、もともと校舎でない建物を校舎として活用するブラジル人学校校舎をみながら、困難な状況にもかかわらず、それを逆手にとって現状を最大限活かすクリエイティビティを感じると同時に、校舎の持つ多様な可能性について、非常に貴重な示唆を与えてくれているのではないかと考えたのである。以下、ブラジル人学校の校舎をみていくことにしたい。

HIRO 学園 （岐阜県大垣市、2000 年改修【旧校舎】、2010 年竣工【現校舎】）

　HIRO 学園は、岐阜県大垣市にあるブラジル人学校である。HIRO 学園では基本的に、将来ブラジルへ帰国する予定の子どもたちを受け入れている。遠方から通学している子どもたちもいて、もっとも遠くから来ている子は片道4 時間かけて通学しているという。私が最後に訪問した 2014 年度の生徒数は230 名、幼児科から高等科まで 1 学年 1 クラスであり、教員 14 名・事務職員・スクールバスの運転手など他の職員も合わせた教職員総数は 26 名である。山ノ内裕子によれば、校長は日本国籍を取得しているが台湾生まれのブラジル育ちで、ポルトガル語・中国語・英語・日本語を話すマルチリンガルであり、ブラジル人のほかアメリカ人や日本人などさまざまなバックグラウンドを持つ教職員たちに対しても対応が可能であるという。

　1999 年に託児所としてスタートし、2000 年に東前校（幼児科、初等科）、次いで上面校（中等科、高等科）が開校した。2006 年には、ブラジル人学校では日本で初めて準学校法人の認可を受けている。このように書くと万事が順調で

あるように思われるが、事実は真逆である。川瀬充弘理事長によれば、2000年の開校初年度は4月が400万円、5月が450万円と赤字が膨らみ経営がたいへん厳しかった。しかし、公立の小学校でいじめられているものの、どんな困難にも耐える決意をして来日し両親が夜勤で働いてくれているのも自分のためだからと言い聞かせて、いじめにもじっと耐えているという、HIRO学園への転校を希望するブラジル人の女の子との出会いによって、厳しい状況でありながらも学園を存続させることを決意したという。

　私が初めてHIRO学園を訪問したのは2008年であるが、当時の校舎は2000年の開校にあわせて改修された校舎であった。東前校は、3500万円をかけて縫製工場を、上面校は7000万円をかけてアパートを、それぞれ改修して校舎に転用したものである。この両校舎をみたときに、校舎として建てられたわけではない建物が、もともとの建物の造りを維持したままに、校舎となりうることに強い衝撃を受けた。とりわけ、アパートを改修した上面校の3階にある

上面校旧校舎外観

上面校旧校舎教室

現校舎外観

高校 2 年〜 3 年生教室は、ガラス戸で仕切ることのできる奥の部屋が人体模型などが収容された「教材準備室」として活用されているなど、アパートの部屋の仕切りがそのまま活かされていたことがとても印象的であった。

　現在の校舎は、旧上面校校舎を取り壊して同じ敷地に 3 億 3000 万円をかけて 2010 年に竣工した、4 階建ての鉄筋コンクリート造の校舎である。旧校舎と違い、幼児科から高等科まですべての子どもたちがこの同じ校舎で学んでいる。玄関には青い屋根のポーチが設けられており、先の山ノ内によれば、この青色は「ブラジルの青い空をイメージしたというスクールカラー」であるという。校舎内に入ると、1 学年に 1 教室ずつが割り当てられ、学年が上がるに連れて階も上昇していく。教室の扉や窓枠に塗装されている色は、1 階は赤・2 階は黄・3 階は青・4 階は緑と、階ごとに鮮やかに塗り分けられている点が目を引く。また、多くの日本の校舎のように北側片廊下型ではなく、中廊下式となっている。ブラジルの学校には日本のような校舎の定型はなく、また敷地面積の制約もあって中廊下式を採用したとのことである。校舎の建て替えによって、旧上面校校舎ではアパートの 3DK の 1 部屋 40 平米が 1 教室であったのに対し、現校舎では 1 教室 52 平米と広くなったという。机は、近隣の短期大学が 3 年で入れ替えるために不要となったものを、無償で提供してもらっているとのことで、こうしたところにも経営難を何とか乗り切る工夫の一端を垣間みることができる。この校舎には、苦しくても学園存続にかけてきた川瀬理事長の熱い想いが込められているといえよう。（2008 年 12 月、2014 年 8 月ほか複数回訪問）

EAS 浜松校旧校舎 （静岡県浜松市、竣工年不詳）

　EAS は 1995 年に豊田市で開校したブラジル人学校である。2001 年に浜松校が、さらには豊橋・碧南・鈴鹿の各校も開校して合計 5 校のブラジル人学校となる。もともと日系ブラジル人が経営していたが行き詰まり、浜松市に本社がある学習塾のクラ・ゼミが 2007 年に経営権を取得する。その後、EAS は学校法人として認可されてクラ・ゼミから独立し、現在は太田校も加えた 6 校となっている。山本晃輔によれば、EAS の経営にクラ・ゼミが参入したのは、当時の経営者から要請があったことに加え、「さまざまな子どもに学びの場を提供したい」という思いがあったからだという。

| 外　観 | ２階多目的スペース |

　私が2009年にEAS浜松校を訪問したときには、300人あまりの子どもたち
は、もともと家具屋だった3階建ての建物を転用した校舎で学んでいた。家
具屋であるので、それぞれの階はもともとは広いワンフロアである。それゆ
え、1階と3階は、パーテーションで区切って教室として使用されていた。印
象的であったのは、2階である。もともとの広い空間がそのまま活かされ、ス
テージと卓球台が設えられた多目的スペースとなっており、ランチルームとし
て活用されているほか、フェスタや文化祭などまさに多目的に活用されている
という。

　なお現在は、公益財団法人浜松地域イノベーション推進機構が整備した施設
である半田山ビジネスゲートの建物が、EASに無償譲渡され、校舎はこちら
に移転しているようである。(2009年11月訪問)

コレージオ・ブラジル・ジャパン（愛知県名古屋市、2006年竣工）

　コレージオ・ブラジル・ジャパンは、2007年に開校したブラジル人学校で
ある。学校を経営するのは、日系ブラジル人の篠田カルロス校長である。篠田
校長は1993年に来日し、1995年から5年ほど、ブラジル人対象の通信教育
を手がけた経験もある。

　校舎は、建設がストップした道路の高架下を利用して建てられている。高架
は全長530メートルで、高架下は隣接する愛知県武道館の駐車場となってい
るが、校舎はそのいちばん奥の50メートルほどの部分に位置する。高架下の
土地を所有する大家の建設会社が、4か月ほどで校舎を建設してくれたという。

外　観

多目的スペース

　教室や職員室など主要な部屋は2階に配置されている。片方の車線のちょうど真下のあたりに、教室やランチルームが一列に並び、教室前のもう片方の車線の真下部分は、職員室・校長室とパソコンルームに挟まれる形で、まるまる長方形の広い多目的スペースとなっていた。この多目的スペースでは、フェスタジュニーナ（6月祭）などの行事が行われるほか、児島明によれば、朝礼も行われるという。高架道路を支えるコンクリート柱は校舎内にむき出しとなっているが、多目的ホールの柱には、子どもたちが描いた絵やポスターなどが掲示されていた。このように高架下という条件がうまく活かされて校舎が設えられ、そのような校舎に教員や子どもたちが自在にかかわっている。篠田校長自身、中断した高架道路の建設は阪神淡路大震災後に始まっているので、この校舎はどんな地震が来てもびくともしないと語っていた。

　しかし、リーマンショック以降の生徒数の激減によって経営が立ちゆかなくなり、先の児島によれば、中学部が2011年12月に閉鎖となり、小学部も2012年12月23日のクリスマス会が最後の学校行事となってしまったという。（2010年6月訪問）

コレジオ・サンタナ学園（滋賀県愛荘町、2004年竣工）

　コレジオ・サンタナ学園は、1998年に開校したブラジル人学校である。学校を経営するのは、日系ブラジル人の中田ケンコ校長である。学校は、共働きのブラジル人の子どもたちの保育施設としてスタートし、その後、ブラジル政府から認可された学校へと発展し、現在は0歳児から高校生までの子どもた

ちが共に過ごし学んでいる。

　学校は戸建て分譲地のいちばん奥の一軒家で開校したが、2010 年に訪問したときには、この家の 1 階の部屋が 0 歳児から 2 歳児までの保育室として使用されていた。その隣の敷地に、2004 年くらいに、開校時から学校を支援する太信建設が 2 階建てプレハブを建設し、1 階がキッチン・食堂と 1 年生教室、2 階が 2 ～ 3 年生教室と 8 年生・高校生教室として使用されていた。プレハブの正面に校長宅があり、その隣の敷地に、平屋ワンルームのプレハブ 4 戸が並んでおり、それぞれ 3 歳児から 5 歳児までの保育室、4 ～ 5 年生教室、6 ～ 7 年生教室、図書・パソコン室として使用されていた。

　校舎の外観はプレハブそのものであるにもかかわらず、校舎のなかに入ると、食堂には木製のテーブルと椅子が置かれ、食堂や教室の壁にはたくさんの子どもたちの作品が掲示されていたり、保育室は暖色系のモノにあふれているなど、部屋のモノの配置を工夫することによって、外観から受ける印象とは

外　観

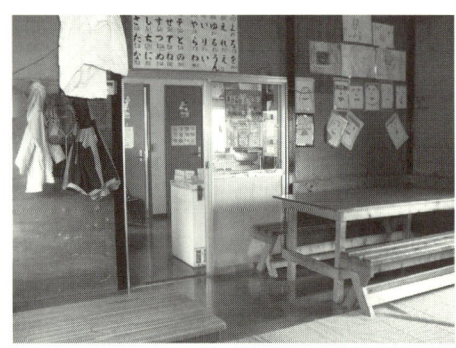

食　堂

3 歳児～ 5 歳児保育室

違った暖かみを感じる雰囲気が生じていた。また、晴れの日の体育は校舎で囲まれた路上で行っており、路上にはドッジボールや遊びのための線が引かれていた。逆境にもかかわらず、自律的かつ創造的に空間とかかわろうとする工夫をかいまみたような気がする。（2010年5月訪問）

日伯学園（群馬県大泉町、竣工年不詳）

　日伯学園のルーツは、1991年に開設された日系ブラジル人のための日本語塾日伯センターにある。1993年には有限会社日伯センターと名称変更し、2000年にはそこから有限会社日伯大泉センターが分離して設立された。その業務の一環として日本語塾とポルトガル語塾をあわせた「エスコリーニャ ド CNBO」が開設されて、2002年には日伯学園に名称変更された。日伯学園は、2004年にはブラジル政府から認可された学校となり、2006年には文部科学省から準各種学校として認可されている。有限会社日伯大泉センターの高野祥子理事長は戦後のブラジル移民であり、日伯学園の戸澤江梨香校長は高野理事長の子にあたる。

　園児から5年生までが大泉町校舎で学んでいる。大泉町校舎は、生命保険会社ビルを校舎に転用したものである。1階はもともとのワンルームの広いスペースをパーテーションで3部屋に区切り、園児室・園児が昼寝をする部屋・プレイルームとして使用されていた。プレイルームは、園児が体を動かしたり、おもちゃが用意されていたり、他学年の子どもたちが弁当を温めたりするなど、多目的に利用されていた。2階は2部屋あり、1年生教室とパソコンルームとして使用されていた。2部屋の前はオープンスペースになっており、

大泉町校舎外観　　　　　　　　　大泉町校舎教室とオープンスペース

とくに雨天時や暑いときにはダンス・体操・ストレッチなども行われるといっう。

　なお、新1年生から5年生は、この校舎に隣接するプレハブの校舎で、6年生以上は邑楽町校舎で学んでいる。(2010年8月訪問)

　〈第2章〉でみたように、1980年代以降、日本の学校建築とりわけ小学校の校舎においては、教室と廊下の壁をなくし、フレキシブルに多目的に使用可能なオープンスペースを挿入させるオープンスクール型の校舎がトレンドとなっている。しかし、オープンスクール型の校舎を訪問してしばしば感ずるのは、多目的な使用を想定してわざわざ設えたオープンスペースが、ただ広いだけのがらんとした空間と化しているケースがしばしば見受けられるということである。そのことは、オープンスクール型校舎の推進者自らが、危機感を表明しているほどなのであった。

　それらとは対照的にブラジル人学校の校舎では、もともとの建物の特性をそのまま活かしてオープンスペースが確保され、ランチルームやフェスタ・朝礼・ストレッチなど、まさに多目的に存分に活用されている。また、教育的な機能を想定していない建物を校舎として活用することは、使い勝手が悪いようにも思われるが、実際に訪れてみると、既存の建物の特性を活かしながら自律的かつ創造的に建物とかかわることによって、逆境にもかかわらず、少しでも居心地のよい校舎となるような工夫がなされているのである。

　森本豊富らは、国境を越えて移動する移民を「境界人」ととらえ、「『二つの祖国』に引き裂かれた周縁的な位置づけ」ではなく、複数の集団のいずれにも所属し、その重複部分の「強みを活かしながら生き抜いていく主体的な姿」を描いている。ブラジル人学校の校舎のもつクリエイティビティは、まさにこの意味での「境界人」たるブラジル人たちによってもたらされたものととらえてよいだろう。すなわち、日本に渡ってきたブラジル人は、定型化された日本の学校建築スタイルを経験していないがゆえに、もともと校舎として建てられたわけではない建物であっても、それらと自律的かつ創造的にかかわりながら校舎として活用することができる。結果として日本におけるブラジル人学校の校舎は、日本の学校建築のありようを相対化し、校舎の多様な可能性を提示することとなっているのではないだろうか。

5．木造校舎の復権

5‒1．木造校舎の動向

　本章〈3．〉節にみたように、関東大震災と室戸台風によって校舎が甚大な被害をこうむり、その後の校舎は、鉄筋コンクリート造で建てられることが多くなったが、この傾向は、戦後も続くどころか徹底されるようになる。篠塚脩によれば、戦災によって「大切にしてきた木造校舎の焼失を目撃し、応急木造バラックの粗末な校舎を経験した学校関係者は、鉄筋コンクリート造校舎への強い志向があり、就学者の急増による校舎の立体化が進み、木造校舎は急速に減少していった」が、その結果、木造校舎の公立学校全体に占める割合は、1951 年度は 92% であったのが、1991 年度には 4％にまで低下したという。また、1998 年に文部省が刊行した『あたたかみとうるおいのある木の学校選集』において、長澤悟は、「不燃化と戦争中に疲弊した木材資源の保護のため、非木造化が大きな課題とな」り、「ローコストでとにかく鉄筋コンクリート化すること、その結果コンクリートにペンキ塗の定型校舎は画一的、無機的にならざるを得なかった」と述べている。

　長澤によれば、こうした傾向に変化が生じたのは、1980 年代に入ってからである。「地域のシンボルとなる特色ある学校づくり」や「豊かで潤いのある生活環境の実現がテーマの一つとなった」こと、そして、「戦後植林した木が用材として使える時期を迎え」、「衰退した林業の活性化、地域の産業振興をねらいとして公共建築に木を使うことが社会的に要請され、学校建築にも大きな期待がよせられるようになった」こと、この 2 点から、木造校舎建設が再びみられるようになったという。長澤は、「ゆとりや潤いを持つ環境とすること」は、「近年の登校拒否やいじめ等の病理現象に対する施設環境面での対応として一層重要性を増していると思われ」ると述べている。

　1985 年に文部省は、「学校施設における木材使用の促進について」という通知を都道府県教育長や知事宛てに出している。この通知は、「木材は、柔らかで温かみのある感触を有するとともに、室内の湿度変化を緩和させ、快適性を高める等の優れた性質を備えていること」、「木材を使用することにより、温かみと潤いのある学校環境づくりが期待されること」、「地域の風土や文化、産業

に即した施設づくりという観点から（中略）木造建物を計画することも意義のあること」に留意しつつ、校舎建設にあたって積極的な木材の使用を促している。

先の篠塚は、木造建築の教育的効果を、① 教育環境の改善、② 郷土文化の継承、③ 快適性と安全性の確保、の３点に整理している。① については、文部省による調査結果などを示しつつ、「教育は安定した精神状態で行われる必要があり、その面で木造校舎は有効に作用している」と述べている。② については、木材産業振興の観点から木材生産県では木造校舎が歓迎されており、「これらの地域に育った子供たちは、（中略）木材関連産業を見聞しており、それらの木材を使用して建築された校舎には、強い関心と愛情が生まれるものであ」り、「地域の風土や文化、産業に即応して建築された校舎に、郷土の誇りを覚え、造ってくれた郷土への愛郷心が育くまれる」と述べている。③ については、強度・断熱性・保温性・吸湿性・弾力性・光と音の吸収性などの面で、「総合的に高い能力を兼ねている建築資材は他に見当らない」と木材を絶賛している。

本章〈2.〉節でも述べたが、このような語りにおいては、校舎と教育的な機能がダイレクトに結びつけられており、校舎によって一方的に子どもたちを規定し「管理」しようとしているような印象をもってしまう。あるいは、木造校舎推進の真の目的は、林業、木材産業の振興であるのに、それだけを前面に押し出すのがはばかられるので、子どもたちをだしにして、教育的な意義が持ち出されて合理化されているようにも思える。

佐藤秀夫は、日本の学校の清掃は、もともとは学校役員や教員がしており、「それが子どもたちに毎日清掃させる方式に転換されたのは、就学児童の増加による学校規模の拡大と、それに見合う清掃要員を雇用しえない学校財政の貧困さとが規定要因になっていた」と指摘する。そして学校の清掃に持ち出される教育的な意義、すなわち、「『床を磨くは心を磨く』式の禅宗風の『しつけ』論は、むしろそれらを合理化する『教育』的理由として、あとから援用されたものとみるべき」であると述べている。このように、教育的な意義が持ち出されるときには、その裏に隠蔽し合理化したい「大人の事情」があるとみるのが妥当なのである。

同様に、佐藤は、日本の学校において鉛筆やノートが1910年代後半から

1920年代にかけて普及した理由を次のように説明する。日本の鉛筆産業は、国際的に鉛筆不足が生じた第一次世界大戦時に成長を遂げたものの、戦争終結と同時に欧米製の鉛筆が市場に復帰し、低品質の日本製鉛筆は市場から駆逐されてしまう。過剰生産となってしまった日本製鉛筆が、次に活路を見出したのが学校であり、低品質ではあるが安価であるために子どもたちが学校で使ってもらうには都合がよく、そのことで在庫が一掃できると同時に、将来的に安定的な需要が見込め、しかも、鉛筆書きが想定されていたノート用の国産洋紙も出回り始めていたがゆえに、鉛筆とノートがワンセットで学校に定着した。こうして学校に定着した鉛筆やノートによって、子どもたちに宿題が課されるようになったというのである。佐藤の説明に従えば、たくさんのプリントやテストが使用され、宿題が必須の日本の学校教育こそが、日本の鉛筆産業を支えてきたということになる。

　こうした佐藤の視点を借りれば、教育的な意義を前面に押し出した木造校舎の推奨は、何か別の「大人の事情」、この場合には、林業・木材産業の振興が真の目的であることを、隠蔽し合理化しようとしているように思われる。学校において教育的な意義が付与されることによって、「大人の事情」が合理化される例としては、ほかにも給食・修学旅行・制服など、いくらでも挙げることができる。本章〈2.〉節でみた、明るく清潔な学校トイレの推奨も例外ではないだろう。このように、学校のありようは社会のありようと不可分なのであり、学校を教育的な機能でのみ語るのは、やはり間違っているのではないだろうか。

5-2.　木造校舎に魅せられた人たち

　木造校舎が推奨されるときに付与されがちな教育的な意義とは関係なく、木造校舎そのものの魅力に取り憑かれてしまった人たちもいる。木造校舎の写真を撮り続けてきたムービーカメラマンの芦澤明子は、木造校舎に惹かれるきっかけとなったのが、取り壊しが決定していた厚木市立荻野小学校の旧校舎との出会いであったという。当時テレビコマーシャルの撮影助手をしていた芦澤は、文具メーカーのコマーシャル撮影でこの木造校舎を訪れていたのであるが、そのときのことを、木造校舎撮影の集大成として刊行された写真集に、次のように記している。

　「照明がセットされ、影を失ったコマーシャル撮影の現場を離れ、薄暗がりの方へ一歩踏み込んだとたんに、私はいい知れない情動に襲われた。衝撃を受けたといってもいいかもしれない。あのときの気持ちをいま言葉にするのはきわめて困難なのだが、とにかく私に建物が語りかけてきたのだ。／（中略）ああ懐かしいという郷愁とはほど遠い、もっと生々しいエロティックな情動だったと思う。少女期の私が少年たちの汗の匂いに感じたような、言葉にならない、しかも健全とばかり言えない五感の情動」。

　教育的な意義によってではなく、また、「健全」なノスタルジーによってでもなく、「健全とばかり言えない」「生々しいエロティックな」「情動」によって木造校舎に魅せられてしまったというのである。続けて芦澤は、次のようにも記している。

　「私は、学校に対して特に楽しい思い出を持っていない。わけのわからない授業中、教室の窓から枯葉が落ちるのをボーっと見ていたのを覚えているくらいだ。学校なんて燃えてなくなってしまえばいいと思ったのは、一度や二度ではなかった。『学校』からは遠く離れていたい。学校のないところで生きていたいとずっと思っていた。将来写真家として学校と深くかかわることになるなんて、そのころ夢にも思わなかった」。

　学校に対するネガティブな思いを抱いてきた芦澤が、しかしその学校の空間にほかならない木造校舎に魅せられてしまうというギャップが興味深い。このギャップゆえに、校舎を舞台とする学校ではなく、木造校舎という舞台そのものに惹かれてしまった芦澤と、校舎のなかに、教育的な機能を担う空間ではなく、「境界」的な空間を見出そうと試みてきた本書とは、たいへん近い位置に立っているのではないかと思う。

　同様に、全国の1200校以上もの木造校舎を訪ねては写真を撮り続けてきた角皆尚宏は、その記録をまとめた著書のあとがきに、木造校舎への思いを次のように記している。「小学4年生の頃から不登校になり、ほとんど学校に行かなかった私は、高校以降の進学も経験していない。その分の時間は、すべて木造校舎の調査と撮影に注いできた。本当に辛い時期もあったが、木造校舎への思いが消えた日は一日としてなかった。むしろ『あの学校を見るまでは生き抜くぞ！』という熱い思いが沸き上がった。もし生命力溢れる木造校舎との出会いがなければ、今の自分は存在していないだろう」。

　不登校になるくらいであるから、学校という空間が苦手で近寄ることを避けるという方が自然な成り行きのように思える。しかし、角皆は逆に、不登校であったときにすべての時間を木造校舎に捧げたというのであるから、驚くほかない。角皆もおそらく、教育的な機能を有する空間として木造校舎をみているのではなく、「生命力溢れる」木造校舎そのものに惹かれているのであろう。

5‒3．木造校舎の復権

　以上にみてきたように、1980 年代以降、これまで鉄筋コンクリート造校舎一辺倒だった日本の学校建築の動向が転換し、林業・木材産業振興のために、教育的な意義が強調されながら木造校舎が推奨され、新築の校舎が木造で建てられることが徐々に増えてきた。一方で、校舎が担う教育的な機能とは関係なく、木造校舎そのものの魅力に取り憑かれてしまった人たちもいる。こうして現在、木造校舎の復権とでもいうべき時代を迎えている。

　先の芦澤や角皆が追い求めてきた木造校舎は、戦前に竣工したものか、戦後に竣工したものでも 1950 年代までに建てられたものがほとんどである。本書でこれまでにみた木造校舎では、戦前に竣工したものとしては、〈第 1 章〉でみた江戸時代の校舎や明治初期の擬洋風校舎、〈第 4 章〉でみた橋本市立高野口小学校（1937 年竣工）と旧高梁市立吹屋小学校（1900 年竣工）、〈第 5 章〉でみた旧南山城村立田山小学校（1936 年竣工、現はどる）、本章でみた旧宇陀市立宇太小学校（1938 年竣工、現奈良カエデの郷ひらら）、旧塩谷町立熊ノ木小学校（1936 年竣工、現星ふる学校「くまの木」）、旧御杖村立菅野小学校（1937 年竣工、現みつえ体験交流館）、木津川町立恭仁小学校（1936 年竣工）の校舎が該当する。また、戦後、1950 年代までに竣工された木造校舎としては、〈第 4 章〉でみた篠山市立篠山小学校（1955 年竣工）、本章でみた旧飯田市立山本中学校（1949 年竣工、現杵原学校）の校舎と、紀美野町立毛原小学校（休校中）の旧校舎（1954 年竣工）が該当する。これらの木造校舎は、純木造である。

　一方、1980 年代以降に木造校舎が推奨される際には、木造と鉄筋コンクリート造・鉄骨造との混構造で建てられた校舎や、内装に木材を多用した校舎も含めて、広く木造校舎の範疇に含められている。たとえば、先述の『あたたかみとうるおいのある木の学校選集』の続編にあたる、2004 年に文部科学省が刊行した『あたたかみとうるおいのある木の学校』では、木材を活用した校

舎が100校ほど紹介されているが、新増改築の校舎が、「木造の学校施設（一部木造含む）」と「鉄筋コンクリート造等木造以外の建物で内装や小屋組等に木材を活用した学校施設」とに分類されている。本書でこれまでみた校舎でいえば、〈第2章〉の棚倉町立社川小学校（1997年竣工）、〈第3章〉の盈進学園東野高等学校（1985年竣工）、〈第4章〉の豊岡市立弘道小学校（1991年竣工）、第5章の神河町立越知谷小学校（2004年竣工）、本章の旧大多喜町立老川小学校（2000年竣工）の校舎あたりは、問題なく「木造の学校施設（一部木造含む）」にあてはまるであろうし、実際、老川小学校は掲載されている。また、社川小学校と弘道小学校も、先述の『あたたかみとうるおいのある木の学校選集』に掲載されている。さらには、「鉄筋コンクリート造等木造以外の建物で内装や小屋組等に木材を活用した学校施設」として、本章でみた砺波市立出町小学校（2002年竣工）の校舎や紀美野町立毛原小学校（休校中）旧校舎の体育館（2001年竣工）、さらには、おおよそ木造校舎のイメージからはほど遠いように思われる〈第3章〉でみた御杖村立御杖小学校（1998年竣工）の校舎まで掲載されている。木造ではないが、〈第4章〉でみた日光市立栗山小学校（2005年竣工）や有田川町立御霊小学校（1994年竣工）の校舎の方が、まだしも木造校舎のイメージに近いであろう。

　あまり融通無碍に木造校舎の範疇を広げすぎると収拾がつかないので、本書では「鉄筋コンクリート造等木造以外の建物で内装や小屋組等に木材を活用した学校施設」は除き、一部鉄筋コンクリート造を組み合わせているものくらいまでを木造校舎としながら、以下、1980年代以降のバラエティに富んだ木造校舎をみていくことにしたい。

5-4. 岩手県遠野市の木造校舎

　岩手県遠野市は、内陸部の花巻市と沿岸部の釜石市との中間に位置し、古くから交通の要衝であり、『遠野物語』の舞台でもある。農林畜産業を基幹産業とし、米・ホップ・葉たばこなどが栽培されている。近年では、東日本大震災の後方支援拠点としての役割も担った。

　市の沿革としては、まず、昭和の大合併時に、遠野町・松崎村・綾織村・小友村・附馬牛村・土淵村・青笹村・上郷村の1町7村の合併により1954年に遠野市が発足し、宮守村・達曽部村・鱒沢村の3村の合併により1955年に宮

守村が発足している。この遠野市と宮守村が平成の大合併時の 2005 年 10 月に合併し、今の遠野市が発足した。

　遠野市立小学校としては、遠野・遠野北・綾織・小友・附馬牛・土淵・青笹・上郷・宮守・達曽部・鱒沢の 11 小学校がある。遠野北小学校は松崎町に位置しており、昭和の大合併時まで存在した旧町村がそのまま地域として存続し、その地域と 1 対 1 対応する形で小学校があることがわかる。遠野市立中学校は、2012 年度まで 8 校あったが、学校統廃合により 2013 年度からは 3 校となった。遠野・綾織・附馬牛の 3 中学校が閉校して遠野中学校が、土淵・青笹・上郷の 3 中学校が閉校して遠野東中学校が、小友・宮守の 2 中学校が閉校して遠野西中学校が、それぞれ開校している。

　遠野市は 1985 年に、当時の建設省の住宅によるまちづくり計画である HOPE 計画を策定し推進してきたが、そのテーマのひとつが木造建築であり、公共建築への木材の使用が進められた。また、遠野の木を遠野で加工して、木材の価値を高めて活かす、林業・木材加工産業・住宅産業などの枠組みを超えた総合産業づくりの拠点として、遠野地域木材総合供給モデル基地（木工団地）が整備されている。以下にみる遠野東中学校の校舎の設計を手がけたひとりである佐々木博満によれば、校舎設計に先立ち、遠野市からは「地場産業である木材をできるだけ多く活用することを要望された」という。

　以上のような背景のもと、遠野市立の学校では木造校舎への建て替えが積極的に行われてきた。長谷川孝によれば、1988 年竣工の綾織中学校の木造校舎を皮切りに、まずは中学校を中心に木造校舎に建て替えられ、次いで 2001 年には青笹小学校の木造校舎も竣工し、小学校の木造校舎への建て替えも進むこととなった。木造校舎への建て替えを決めた理由は、「地場産の木材の活用と、耐久性や火災の心配のクリア、そして『校内暴力、いじめ、登校拒否等が言われる今日、木の持つ温かさぬくもりは、生徒の心にゆとりとうるおいのある学校生活を充実させ、学校教育にもたらす影響は大きい』（市教委の文書から）ということだった」という。ここでも、木材産業の振興と教育的意義とがセットで語られていることが確認できよう。

　では、地元産の木材をふんだんに用いて建てられた遠野市立学校の校舎 3 校を、みてみよう。

遠野市立遠野東中学校（岩手県遠野市、1989 年竣工）

　先述のごとく、遠野東中学校は、土淵・青笹・上郷の 3 中学校の学校統廃合によって 2013 年に開校した。校舎は閉校となった青笹中学校の校舎を増設して使用している。私が訪問した 2017 年度の生徒数は 172 名、普通学級は 1 学年 2 クラスであった。

　校舎は、瓦葺きの屋根に白い壁と黒い板張りを基調とした外観である。中心に 2 階建ての鉄筋コンクリート造の管理棟が建ち、1 階に昇降口、2 階に職員室が配置されている。管理棟の右側（東側）に木造 2 階建ての特別教室棟が続いており、管理棟の左側（西側）には、平屋の普通教室棟が配置されている。普通教室棟のさらに西側に、統廃合による生徒数増に対応して、1 年生 2 クラス普通教室やコンピュータ室・生徒会室が配置された 2 階建ての木造普通教室棟が増設されている。

　平屋の普通教室は 5 教室が南西方向にのびるように雁行型に配置されており、各教室ごとに独立した庭のスペースが確保されている。この庭に面して教室の南側にぬれ縁が設けられている。ぬれ縁に腰掛けて庭を眺めることもでき、3 年生 2 クラスの庭には花が植えられている。

　5 教室の北側は多目的ホールとなっている。多目的ホール上方に格子状に設けられた複数の木の梁が目を引くが、梁にはパーテーションのレールが付いており、16 枚のパーテーションによって多目的ホールを区切ることも可能である。実際、赤組と白組に分かれて体育祭の練習を行う際や、ポスターやパネルの掲示・文化祭の展示などにパーテーションを使うという。この多目的ホールはほかにも、全校集会を行ったり、剣道部の練習や雨天時の野球部のトレーニングでも使われるなど、まさに多目的に使われているようだ。

　特別教室棟の東端には、1～2 階吹抜けのステージ付きの音楽教室があり、設計を手がけた佐々木博満が「小ホール・小劇場的な空間を形成した」と述べる通りの立派な雰囲気を有している。佐々木によれば、この音楽室は視聴覚教室を兼ねているようで、「地域の人々を招いてミニ講演会を開いたり、自校ではできない各種実験を大きな画像で見られるようにした」という。ステージとは反対側の上方には調整室の窓がみえており、もともとの設計としては、ここから音響や照明を調節したり、映像を流したりすることが想定されていたのであろう。しかし、音楽教室が一望でき調整室として設計されたこの部屋は、現

在は教材室として使われている。地域住民が音楽教室を使うこともなく、校舎の地域利用はもっぱら体育館が多いという。

　教室や廊下・多目的ホールなど、校舎内の壁はかなり高い位置まで板張りである。また、特別教室棟 2 階廊下や多目的ホールには天窓が設けられ、特別教室棟の階段まわりは全面ガラス張りとなっているなど、校舎の北側でも暗くならないように工夫されている。普通教室前のぬれ縁に加えて、特別教室棟や管理棟 2 階にはバルコニーが設けられており、バルコニーから運動場に直接降りることのできる鉄製の階段も設けられていて、校舎のウチとソトをつなぐ空間も挿入されている。雁行型に配置された普通教室や普通教室に設けられたぬれ縁・多目的ホール・音楽教室といった印象に残るスペースを有しながら、明るく開放的で木の雰囲気に満ちた校舎であった。（2017 年 8 月訪問）

外観（左は普通教室棟、手前は 3 年生教室の庭）

普通教室棟外観

多目的ホール

音楽教室

遠野市立青笹小学校（岩手県遠野市、2001 年竣工）

　青笹小学校の木造校舎（一部鉄筋コンクリート造）は、2001 年に竣工している。校舎・体育館・プールを合わせた工事費は、約 10 億円である。校舎は、瓦屋根に、外壁は板張りと白壁を基調としており、広いガラス窓が多用されている。設計を手がけたのは、遠野東中学校の校舎設計者のひとりである佐々木博満である。

　敷地西端の校門を通過すると、1 階は半屋外のピロティ、その真上の 2 階に柱で持ち上げられた板張りの木造校舎がみえてくるが、ここには特別教室が配置されている。校舎はロの字形に回廊状に配置されており、校舎に囲まれた部分は中庭になっている。ロの字の南側に平屋の管理棟、中庭を挟んだ北側に 2 階建ての普通教室棟が、東西方向に一文字形にのびている。この 2 つの校舎の西端に先ほどの 1 階がピロティの特別教室棟が、東端に 1 〜 2 階吹抜けの多目的ホールが位置し、普通教室棟と管理棟を南北に結んでいる。なお、体育館とプールは、これらの校舎の北側に配置されている。

　1 〜 2 階吹抜けの多目的ホールは、校舎内の見所のひとつであろう。東西の窓は天井に達しており、天井は東京ドームと同じ素材が用いられていてたいへん明るく、床暖房も入っているので冬季も暖かいという。多目的ホールの北端には、2 階に至る大きな階段が設けられている。この階段は「宝塚階段」と呼ばれており、ここに子どもたちを座らせて集合写真を撮るという。多目的ホールでは、全校集会や発表会が行われ、冬季には遊び場にもなるとのことである。

　普通教室は 1 学年 1 クラスの設計で、1 階には 1 年生から 3 年生の 3 教室、2 階には 4 年生から 6 年生の 3 教室が、東西方向に一直線に並んでいる。私が訪問した 2017 年度の児童数は 138 名で、普通学級は 1 学年 1 クラスであり、設計時の学校規模を維持していることになる。普通教室はすべて南面しており、南側の中庭に面して 1 階にはウッドデッキ、2 階にはバルコニーが設けられている。1 階のウッドデッキからは、飛び石伝いに中庭中央の芝生が張られた「笹っ子ハッピー広場」にたどり着くことができる。この芝生は、保護者の手作業で 2016 年に張られたものであり、2017 年 9 月より子どもたちは上靴のまま立ち入ることができるようになるとのことである。

　教室内部には、ウッドデッキやバルコニーにせり出す形で、教員コーナーが

校門側からみた外観

多目的ホール

1 階教室ウッドデッキからみた中庭
（中庭越しに管理棟〈左〉と特別教室棟がみえている）

教員コーナー

廊下と図書コーナー（夏休み中のため、教室内の
机と椅子が図書コーナーに並べられている）

プール

設けられている。教室において教員は、絶えず子どもたちの視線にさらされ続けているので、仕切りなく教室に付随していながらも、視線的にはワンクッションおかれたスペースが教室内に設けられていることは、教員や子どもたちにとって、たいへんよい仕掛けなのではないかと思った。この教員コーナーの使い方や教員机をどこに置くかも、教員によって異なっているようで、教員に委ねられた空間としてこの教員コーナーが既存の校舎に割って入ったような印象をもった。

　普通教室の北側には、廊下を挟んで図書コーナーが付随している。教室と廊下・図書コーナーとは木の壁で仕切られているが、廊下と図書コーナーは仕切られておらず、廊下が拡張したオープンスペースが教室に付随している点で、オープンスクールの一種といってよいだろう。図書コーナーは教室ごとに仕切られているが、もともとはこの仕切りの廊下側先端部分に、先述の『あたたかみとうるおいのある木の学校』によれば、六神石神社にあった推定樹齢約400年のモミの木がシンボルとして用いられていたという。しかし、竣工後3年ほどで腐ってしまったとのことで、現在は撤去されている。

　体育館は、ステージがある西側以外に設けられたガラス窓がたいへん広くて高く、体育館内部が明るく、存在感のある太い梁をはじめ、多用している木材を引き立てている。ちなみに、体育館は運動場と並んで地域利用も多いという。また、プールは、木造の屋根で覆われており、湿気がこもるが、その分寒くないという。

　木造のよさが前面に押し出され、ガラス窓と組み合わせられることで、たいへん明るく開放感のある校舎となっている。しかも、竣工した時点で校舎が完成するのではなく、保護者や教員・子どもたちが自律的にかかわり続けるなかで、どんどん育ってくるような校舎なのではないかと思った。（2017年8月訪問）

遠野みらい創りカレッジ（岩手県遠野市、1994年竣工）

　遠野みらい創りカレッジは、2012年度をもって閉校となった旧遠野市立土淵中学校の廃校舎を活用している。遠野みらい創りカレッジは、東日本大震災の後方支援拠点としての役割を担ってきた遠野市と、復興支援を展開してきた富士ゼロックスが締結した協定によって2014年4月に開校した。地域課題の

解決や地域創生につながる新たな価値づくりを目指して、企業・自治体・大学・地域が「ふれあうように学ぶ場」である。中学生・高校生受けの教育プログラムや大学生のフィールドワーク、社会人研修や地域交流等に関する複数のプログラムに取り組んでいる。遠野みらい創りカレッジが開校しても、1994年に竣工された旧土淵中学校の木造（一部鉄筋コンクリート造）校舎の造りは、基本的にそのまま維持されている。

　敷地の南端に位置する扉のない校門の向こうに、校舎の中心部に挟まっている、瓦屋根に白壁の蔵のような建物がみえていて、いきなり度肝を抜かれる。「蔵」の1階部分は、敷地北側に位置する運動場にそのまま通り抜けられる半屋外の空間になっている。この蔵の両サイドに、同様に瓦屋根の木造校舎が続いているが、とくに右側（東側）の管理棟の校舎は、2階の窓に障子がみえており、また校舎に面して池があり、池に沿って東側に進む通路は、校舎の2階部分が屋根代わりになる半屋外の通路となっており、木の柱が池に面して並び立ち、木の柱と柱の間にはベンチが設けられている。このような外観をみていると、校舎というよりは寺か旅館のようにみえてくる。

　「蔵」の1階に設けられた昇降口から校舎のなかへ入ると、柱・梁や柵・手すりなどあらゆるところに木が使われている。とりわけ昇降口すぐの階段の踊り場には、シンボルツリーとして立派なケヤキの木がそのまま使われていて圧巻である。

　「蔵」の西側は特別教室や体育館が配置されている。特別教室棟の廊下は1〜2階吹抜けになっており、現在は活動室として活用されている旧美術室の窓から1階廊下を見下ろすことができる。その旧美術室は、特別教室棟2階（厳密にいえば中1階）の多目的ホールから階段を上がって突き当たりのところに位置しているなど、空間の設えが複雑である。特別教室のなかでは、現在みらい創りホールとして活用されている旧音楽室が印象的である。先にみた遠野東中学校の設計も手がけた佐々木博満が設計しているからだろうか、こちらも視聴覚室を兼ねた音楽室となっており、1階〜2階吹き抜けの小ホールといった趣である。案内してくれたスタッフによれば、カレッジのプログラムの発表会が行われることもあれば、TPPのタウンミーティングの会場となったこともあるという。特別教室棟を通り過ぎたところには、たいへん太い梁が用いられた体育館がある。体育館と運動場は土淵地区センターが管理しており、地域住民

外　観

管理棟前の池と半屋外通路

階段の踊り場のシンボルツリー
（右下は昇降口、右上は多目的ホール）

特別教室棟廊下と活動室（旧美術室）

みらい創りホール（旧音楽室）

普通教室を結ぶ渡り廊下

がバレーボールや一輪車（体育館）、少年野球やゲートボール（運動場）などで利用しているという。

　「蔵」の3階には、作法室がある。ここも階段を上がって行き止まりとなっている。蔵の東隣の管理棟を通り過ぎると、普通教室群がある。旧普通教室は5教室あり、いちばん西側に1教室の平屋校舎、その東隣に1階・2階に1教室ずつ配置された2階建て校舎が2棟、そして東端に1階がトイレ・旧給食室で2階が旧特別支援学級・旧生徒会室からなる2階建て校舎、合計で4棟の校舎が雁行型に配置されている。4棟の校舎は、中1階のジグザグに進む渡り廊下で結ばれている。この渡り廊下の天井は半透明で明るく、木とガラスが多用されて外部と視覚的につながっており、空中を散歩しているかのようである。この廊下から階段で上がったり・下がったりして教室に至る。東端にあるトイレは、この廊下から階段を下って右折した行き止まりに位置しており、まさに「周縁」に位置している。教室はすべて南面しており、1階にはウッドデッキ、2階にはベランダが設けられている。現在、教室は和室の研修室やコワーキングスペースなどに使われ、旧給食室はコインシャワーに改修されている。

　このように、旧土淵中学校の校舎は木の存在感あふれる校舎であるが、それ以上に印象に残るのは、中1階から1階や2階に至る階段があちらこちらに設けられていたり、階段を進んだ先が行き止まりであったり、雁行型に配置された普通教室やそれらを結ぶジグザグに進む渡り廊下など、あまり他の校舎にはみられないユニークな空間配置となっていることである。外観も、おおよそ校舎にはみえないユニークなものであるが、敷地内に植えられた木々や周囲の山並みの緑とは調和しているあたり、木造校舎のもつよさも十二分に発揮しているといえよう。(2017年8月訪問)

　以上、校舎の木造化を積極的に進めてきた遠野市立学校3校の木造校舎をみてきた。3校とも設計者は同じであるが、同じ木造校舎でも三者三様であり、また3校ともに、1950年代までに建てられた木造校舎とは趣を異にしている。以下、もう3校だけ、新しい木造校舎にお付き合い願いたい。

5−5．さまざまな木造校舎

南越前町立今庄小学校（福井県南越前町、2007 年竣工）

　今庄（いまじょう）小学校の校舎は、総工費 21 億 3000 万あまりをかけて、2007 年に竣工している。昇降口のある南西側からみた校舎は瓦葺き屋根で、三角屋根の右半分が板張り、左半分がガラス張りとなっており、周囲の山並みとも調和した外観となっている。

　校舎は 2 階建てで、1 階部分に職員室や校長室等の管理諸室とメディアセンター（図書、コンピューター室）やキッチンスタジオ（家庭科室）にアトリエ（図工、理科室）といった特別教室が、2 階部分に普通教室が、それぞれ配置されている。1 階は鉄筋コンクリート造、2 階は木造であるが、1 階・2 階ともに、木の存在感が強い。別棟のアリーナ（体育館）も、アーチ状にダイナミックに組まれた太い木材がたいへん印象的である。この校舎の最大の特徴は、「次の学校を建てるときに困らないように」と、町が管理してきた町有林の杉 400 本を使用していることであろう。とりわけ、昇降口を上がってすぐのところに位置する、1〜2 階吹抜けの木造の「今庄ホール」に、丸太 11 本が一直線に並んでいる様は圧巻である。今庄ホールから 2 階へ上がっていく階段も木の階段であり、今庄ホールの奥には、子どもたちがもぐりこむことのできる木製のデンがある。また、各トイレの入口には、木製の衝立（ついたて）が設えられている。

　2 階の普通教室部分も、木の立派な柱と梁が目を引く。普通教室は 1 学年 1 クラスの設計で、2 学年すなわち 2 教室ごとにワークスペースと教室どうしに挟まれた教材スペースを共有する。私が訪問した 2010 年度の児童数は 147

昇降口側外観

ワークスペース（左は教室、教材スペース）

今庄ホール

名、1 学年 1 クラスで設計通りであるが、仮にクラス数が増えても、教材ス
ペースを教室として活用することで対応可能な造りとなっている。

　普通教室の窓の外側にはバルコニーが設けられており、4 年生の教室のバル
コニーではヘチマが栽培されていた。普通教室と同じく 2 階にある特別支援学
級には、畳敷きのコーナーが設けられており木との相性がすばらしく、その隣
には屋上広場が設けられている。また、別棟で建てられた八角形の音楽室は後
方部分が全面ガラス張りで、開け放つと外に向かって合唱・合奏ができる造り
になっている。ランチルームも別棟で建てられており、ここも全面ガラス張り
で周囲の景観が自然に目に入ってくる。このように外部環境との一体感も考慮
された造りとなっている。

　このように今庄小学校の校舎は、地場産の木材が多用されて木の存在感が高
められつつ、この地に根ざした校舎となっているといえよう。（2010 年 8 月訪
問）

旧久慈市立繋小学校（岩手県久慈市、2000 年竣工）

　旧 繋 小学校は、岩手県の旧山形村に位置する。旧山形村は、旧久慈市と
2006 年に合併して久慈市となっている。現存する校舎は、2000 年に竣工して
いる。総工費 3 億円あまりをかけて建設された校舎は、平行に並び建つ 2 棟
の 2 階建て木造校舎を、白いドーム屋根とガラス壁ですっぽり覆うというユ

ニークな造りである。旧山形村役場が作成した観光案内パンフレット『山形村からの手紙』では、雪化粧された白い山並みや白樺林を背景に茅葺き屋根の民家がたたずんでいるという旧山形村の風景に、「いつか見た日本の原風景」というコピーを添えている。こうしたのどかな風景にあって、このドームは異彩を放っている。

　ドームのなかに入ってみると、校舎と校舎に挟まれたスペースは体育館となっている。否、設計者のこだわりは、体育館ではなく「屋内広場」である。校舎に隣接する屋内広場が必要なのは、冬に零下20度になるという寒冷地のため外で遊べない時期が2〜3か月続くからであり、「あえて屋内広場と呼ぶのは、多目的にまた日常的に気軽に利用できるという意味」があるそうだ。ドームは360度ガラス壁で囲まれているので、日当たりもよく温室のなかにいるような印象である。

　木造校舎は、西側校舎2階に職員室、東側校舎2階に普通教室3室が配置

外　観

屋内広場

東側校舎

玄　関

され、2 階が学校ゾーンになっている。特筆すべきは 1 階である。西側校舎のいちばん北側に位置する玄関は、土間になっていて竈（かまど）が置かれており、その南隣の部屋は囲炉裏（いろり）の間になっている。さらにその隣に、ランチルームと調理実習室を兼ねる厨房が配置されている。ランチルームと厨房の西側は、木造校舎から外側にはみ出す形でランチテラスが設けられ、全面ガラス張りで天井が高いために、屋内でありながら屋外ともつながる縁側のようなスペースになっている。厨房を出て校舎の南側へと続く廊下を進むと、風呂に突き当たる。壁や床が板張りで石造の浴槽、さらに屋外にはウッドデッキまで付いている素晴らしい風呂で、このような風呂を持つ学校はきわめて珍しいであろう。

　以上のように、旧繋小学校の校舎は、子どもたちに対する教育的な機能を担う空間としてだけではなく、子どもたちと地域住民が共に憩う場となるように設えられている。しかし、私が訪問した 2003 年度ですでに全校児童 5 名、うち山村留学生 2 名であり、2010 年度には児童数は 4 名、うち 6 年生が 3 名となり、ついに 2011 年 3 月に閉校することとなった（「日野沢小学校・繋小学校閉校」『広報くじ』2011 年 4 月 15 日号）。寒さの厳しい地域にあって、暖かみがあり地域住民に親しまれてきた学校が閉校となることは残念であるが、もともと教育的な機能を担うに限らない、学校のウチとソトとの「境界」的な空間を含み持った校舎であるがゆえに、何とかこの廃校舎が次の新しい道を切り開いていくことを祈りたい。（2003 年 8 月訪問）

和水町立三加和小学校（熊本県和水町、2013 年竣工）

　三加和（みかわ）小学校は、神尾小学校・春富小学校・緑小学校と本章〈1.〉節でみた廃校舎がくまもとスローワークスクールとして活用されている緑小学校十町分校による学校統廃合により、2014 年に開校した。校舎は、和水町立（なごみ）三加和中学校の敷地内に新築され、施設併設型の小中一貫教育が開始されている。なお、5 年生と 6 年生の普通教室は、中学校の校舎を改修して、中学校の校舎内に設けられている。新築された校舎は地場産材を用いた木造であり、中学校校舎改修とあわせた総工費は約 6 億 9000 万円である。

　敷地の南東部分が小学校低学年用の運動場になっており、運動場に面した北側に小学校校舎が建っている。運動場ごしに、低層に押さえられた茶色の板張りの校舎がみえており、校舎の東隣にはグレーの体育館もみえている。運動場

越しにみえている校舎には1年生と2年生の普通教室と理科・図工室が東西方向に一直線に並んでおり、中庭を挟んだ北側の校舎には3年生と4年生の普通教室と音楽室が同様に東西方向に一直線に並んでおり、両者の西端に玄関ホールと屋内廊下、東端に半屋外の渡り廊下が配置され、中庭を中心にぐるっと一周することができる。

　校舎の西端中央部分に玄関が設けられているが、玄関側からみた校舎の外観も同様に低層に押さえられ、茶色の板張りの外壁が目を引く。玄関から校舎内に入ると、右側（南側）に玄関ホールが広がっており、柱と梁、そして両者を斜めに結ぶ方杖が並んでいて、木の存在感が強い印象である。その先は階段を少し降りるようになっており、階段横には木製のスロープも設けられているが、これは敷地の南側が北側に比べて若干低くなっているからである。

　階段を降りた先を左（東側）に曲がると、1年生と2年生の教室が並んでいる。教室と廊下は、教室の前後と中心部分は木の壁で仕切られているが、それ以外の部分は私が2017年に訪問したときには仕切られていなかった。しかし、可動式の間仕切りによって教室と廊下を完全に仕切ることも可能な造りとなっている。教室の北側を東西方向に一直線にのびる廊下は、柱と梁が並んでいて凛とした美しさがあるが、教室側の壁に掲示された折り紙で作った飾りや子どもたちが描いた絵日記とも、相性はよいようである。廊下そのものはさほど広くはないが、北側にせり出す形で手洗いや棚が設けられており、壁で完全に仕切られてはいない教室とつながりのある空間となっている。教室内は、南北方向に柱・梁・方杖が規則正しく連続しており、木の存在感が圧倒的である。教室の南側には運動場に面して、縁側のごときウッドデッキが設けられており、ウッドデッキに沿って運動場に子どもたちが育てている植物の鉢が並んでいた。

　1年生と2年生の教室前の廊下を通過すると、屋内廊下からガラス戸を出て、屋根が架けられただけの半屋外の廊下へとつながっていく。ここには、周囲がこの半屋外廊下に包囲された理科・図工室がある。ここを左に曲がると、北側に向かって半屋外の渡り廊下がのびている。渡り廊下の北端突き当たり左手のガラス戸を再び開けて校舎内に入ると、廊下が玄関ホールまで東から西に向かって一直線にのびている。この廊下の南側には、音楽室と3年生・4年生の教室が並んでいる。3年生と4年生の普通教室と北側に配置された廊下は、

玄関ホール

廊　下

廊下からみた教室

渡り廊下

音楽室

体育館

先述の1年生と2年生の普通教室や廊下と同様である。

　音楽室は階段状になっており、東西にのびる3本1組の梁と、この梁を支える柱と方杖とが、教室と同様に南北方向に規則正しく並んでいて、木の存在感をみせつけている。音楽室の前方の左右両端のガラス戸の南側にも、ウッドデッキが設けられており、ウッドデッキから先ほどの渡り廊下につながる通路も設けられている。この通路の途中には、音楽室準備室下に設けられた、北側の高学年・中学校用の運動場に通ずるトンネルのような道具入れが設けられており、「はいらない」という張り紙が出されているが、薄暗くてどうしてももぐって向こう側に通り抜けてみたくなるような雰囲気を醸し出している。なお、校舎の東端に位置する体育館も木造で、木材がアーチ状にダイナミックに組まれていて迫力がある。

　以上のように、三加和小学校の木造校舎においては、柱・梁・方杖が規則正しく並ぶことで木の美しさが濃厚に醸し出されている。さらには、半屋外の廊下やウッドデッキがふんだんに設けられ、校舎のウチとソトを自由に行き来できるような開放的で心地よい校舎でもある。しかも、これらが低層におさえられ、コンパクトにまとまった校舎において実現されているのがすばらしいと思う。(2017年6月訪問)

【参考文献】

青木栄一編『大震災に学ぶ社会科学第6巻 復旧・復興へ向かう地域と学校』東洋経済新報社、2015

芦澤明子『木造校舎の思い出 関東編』情報センター出版局、1996

芦澤明子『木造校舎の思い出 近畿・中国編』情報センター出版局、1998

岩間教育科学文化研究所編『学校空間の研究』コスモス・ライブラリー、2014

菅野誠・佐藤譲『日本の学校建築』文教ニュース社、1983

月刊『イオ』編集部編『日本の中の外国人学校』明石書店、2006

国立教育政策研究所編『東日本大震災と学校』悠光堂、2012

国立教育政策研究所監修『震災からの教育復興』悠光堂、2012

小島祥美「ブラジル学校の現状と課題を考える」江原裕美編著『国際移動と教育』明石書店、2011

小林伸一郎『廃墟遊戯』メディアファクトリー、1998

小林正美『学びの杜』夢工房、2013

小林正泰『関東大震災と「復興小学校」』勁草書房、2012

児島明「一人ひとりのちがいに丁寧によりそう――コレージオ・ブラジル・ジャパン・プロフェッソール・シノダ」志水宏吉・中島智子・鍛冶致編著『日本の外国人学校』明石書店、2014

小島広行「老川小学校企画コンセプト」『季刊文教施設』2002 年春号

後藤茂「地域住民みんなの学校　岩手県山形村立繋小学校の試み」『季刊文教施設』2002 年夏号

佐藤秀夫『学校ことはじめ事典』小学館、1987

佐藤秀夫『教育の文化史 2 学校の文化』阿吽社、2005

里内勝『トイレをきれいにすると、学校が変わる』学事出版、2004

篠塚脩「木造校舎のもたらす教育的効果」建築思潮研究所編『建築設計資料 40 木造の教育施設』建築資料研究社、1993

常光徹『学校の怪談』角川ソフィア文庫、2002（1993）

角皆尚宏『日本木造校舎大全』辰巳出版、2017

中田薫・中筋純『廃墟本』ミリオン出版、2005

野竹宏彰・森田武・近藤史朗・広田正之・水落秀木「東日本大震災の津波火災における避難拠点建物の延焼拡大要因の分析と防火対策に関する考察」『清水建設研究年報』第 89 号、2012

朴三石『外国人学校』中公新書、2008

長谷川孝「遠野〝木造の学校〟物語」『教育と文化』26、2002

藤森照信『日本の近代建築（下）』岩波新書、1993

本田清治・古川博泰『豊郷小学校は今』サンライズ出版、2003

宮城県教職員組合編『東日本大震災　教職員が語る子ども・いのち・未来』明石書店、2012

文部省『あたたかみとうるおいのある木の学校選集』文教施設協会／ボイックス、1998

文部省『木の学校づくり』丸善、1999

文部科学省『あたたかみとうるおいのある木の学校』文教施設協会／ボイックス、2004

森本豊富編著『移動する境界人』現代史料出版、2009

山ノ内裕子「ブラジルでの難関大学合格を目指して――HIRO 学園 エスコーラ・ブラジレイラ・プロフェソール・カワセ」志水宏吉・中島智子・鍛冶致編著『日本の外国人学校』明石書店、2014

山本晃輔「ブラジル人のための学校をつくる――エスコーラ・アレグリア・デ・サベール 浜松校」志水宏吉・中島智子・鍛冶致編著『日本の外国人学校』明石書店、2014

山本村誌編集委員会編『山本村誌』山本村誌編纂会、1957

吉岡竜巳編『豊郷小学校旧校舎群ガイドブック』豊郷町、2012

『田山小学校閉校記念誌 かけはし』田山小学校閉校記念事業実行委員会、2003

『平成 28 年度 遠野の教育』遠野市教育委員会、2017

『平成 29 年度事業計画書』公益財団法人浜松地域イノベーション推進機構、2017

「学校のトイレに行こう」『AERA』1998 年 11 月 23 日号

「教育施設設計のヒント」『商店建築』2009 年 9 月号

「神戸市立有野北中学校」『近代建築』2002 年 7 月号

「十思スクエア」建築思潮研究所編『建築設計資料 98 用途変更』建築資料研究社、2004

「遠野市立青笹中学校」建築思潮研究所編『建築設計資料 40 木造の教育施設』建築資料研究
　　社、1993

「中央区立十思保育園」『商店建築』2009 年 9 月号

「トイレの豊かさの可能性を探る 砺波市立出町小学校」『多様化する学校トイレ』学校のト
　　イレ研究会、2003

「和水町立三加和小中学校」『新建築』2014 年 3 月号

「New Face21 富山県砺波市立出町小学校」『School Amenity』2002 年 8 月号

「南越前町立今庄小学校」『近代建築』2008 年 8 月号

あとがき

　結局、単なる校舎探訪記ではないか、という読後感をもたれた読者も多いかもしれないが、それでもかまわないと私は思っている。

　〈第6章〉でも引用させてもらった『関東大震災と「復興小学校」』（勁草書房、2012）において、著者の小林正泰は、「教育学としての学校建築研究の役割」について、次のように述べている。「学校建築が子どもの『学び』や『育ち』にいかなる作用を及ぼすのかを究明し、その背景に大人や社会のどのような教育的意図が込められているのかを明らかにする。そしてそれらの分析を踏まえた上で、子どもにとってどのような教育環境が望ましいのかを追求することである」。教育学という立場を遵守した「模範解答」であると思うし、建築学や学校建築の計画、設計に携わる人々が期待する、教育学の立場からの学校建築研究とは、このようなものであるだろう。

　しかし、私は教育学に身をおいて20年以上になるが、未だに「教育」ということばへのなじめなさを克服できないでいる。「教育」ということばに、どうしても人々を何かしらの方向へ誘導しコントロールしようという意図をかぎ取ってしまうからである。だから、子どもたちのために望ましい「教育環境」を整えるとなると、子どもたちの行為を先回りして規定し管理することにつながりかねないのではないかと躊躇してしまう。もう少し、子どもたち自身が、校舎と自律的かつ創造的にかかわるのを待ってもよいのではないか。あるいは、そもそも大人であるか子どもであるかに関係なく、校舎にかかわる人々が、自らにとって心地よい空間にしていくことのできる懐の深い校舎であればそれでよいのではないか、などと考えてしまうのである（もっとも、そういう考え方も一種の「教育的意図」であり、そのような校舎も一種の「教育環境」であるといわれてしまうかもしれないが）。

　しかし、本書でこれまで述べてきた通り、これまでの学校建築に関する研究においては、校舎と教育的な機能とが直結してとらえられがちであり、校舎の計画・設計に際して想定された教育的な機能を、校舎が十全に担い、想定通り

に子どもたちや教員が校舎とかかわることが、追究されているように思う。しかも、1980年代以降の「新しい」学校建築において校舎に想定された教育的な機能は、1980年代以降の教育改革の動向に対応することを企図している。1980年代以降の教育改革こそ、学校を「学校化」し、学校を窮屈な状況に追い込んでいると考えている私からすると、教育改革の動向への対応を校舎が担えば、校舎までもが教育改革が目指す方向に子どもたちや教員を誘導し管理するように作用しかねず、学校という場をますます窮屈なものにするのではないかという危惧を持ってしまう。

　以上のような理由により、本書では、校舎に想定された教育的な機能を超えて、自律的かつ創造的に校舎とかかわる「境界人」に着目し、校舎のなかにそのようなかかわりのための「境界」的な空間が生成する可能性を探し求めようと試みた。必ずしも教育的な機能に結びつけて校舎をみていないので、本書は、単なる校舎探訪記のような印象を与えるものになってしまったかもしれない。

　本書のこのような試みは、よりよい学校建築のための研究・計画・設計には何ら役に立たない、単なる戯れにすぎないのかもしれない。しかし、校舎と教育的な機能をきっちり対応させようとする生真面目さ、あるいは、昨今の教育改革において教育的な機能に特化させて学校のありようを方向づけようとする生真面目さ、さらには、教育改革に包囲され「子どものため」の過剰な労働への自発的服従に追い込まれてしまっている教員の生真面目さ、こうした生真面目さこそが、学校から一切の「無駄」を排除し、学校のありようを窮屈なものにしてしまっているのではないだろうか。

　学校において、自律的かつ創造的な学びが生成するためには、それを待つことのできる余裕が不可欠であるが、こうした余裕を取り戻すためには、このような生真面目さこそが相対化される必要があると思う。そのためにこそ、生真面目さに包囲された学校において、「境界」を探し求めるという戯れを真面目に試みたのだと、本書のスタンスを弁解しておきたい。

　結局、自らが属しているはずの教育学というくくりにもなじめず、かといって建築のプロパーでもなく、にもかかわらず校舎の魅力に取り憑かれてしまった私自身が、学校建築、あるいは学校そのものをめぐる生真面目な議論において、「周縁」の立ち位置にとどまろうとする「境界人」なのだと思う。このや

や消極的な「境界人」を超えて、本書でみたような学校のウチとソトを媒介するもっとポジティブな意味での「境界人」になりゆくことが、私の今後の課題となるだろう。

　私が校舎巡りを開始するきっかけとなったのは、教育解放研究会で取り組んだ『学校のモノ語り』（東方出版、2000）の出版プロジェクトであった。このプロジェクトにおいて、私は学校建築をテーマに選び、〈第2章〉で検討したデンや、〈第3章〉で取り上げた東野高校の校舎にかかわる論考を執筆した。その後、教育解放研究会は教育の境界研究会にリニューアルされ、以来私が代表を務めさせてもらっている。研究会の合宿においては、温泉と校舎巡りが必須の時期が長かったが（温泉は今も継続中）、その際の校舎の訪問記を研究会の会報である『教育解放』（現在は閉刊）に書くことは私の役割であった。この訪問記には、一緒に訪問した研究会の会員がもらしてくれた貴重なコメントが多々紛れ込んでいる。本書の多くの部分は、この訪問記や、研究会が刊行している『年報教育の境界』、そして、研究会で出版した先述の『学校のモノ語り』、『学校の境界』（中島勝住編著、阿吽社、2003）、『むかし学校は豊かだった』（教育の境界研究会編、阿吽社、2009）に執筆した原稿がもとになっている。これらの原稿は、もはや初出とは呼べないくらいに大幅に加筆修正されているが、この研究会なくして本書の出版はありえず、私の前著『学校建築の諸相』に引き続き、教育の境界研究会のみなさんには多大なる感謝を申し上げたい。

　そして、前著『学校建築の諸相』を丁寧に読んで下さり、校舎という学校の「周縁」にとどまろうとする私を、もっと「中心」である教育そのものについて切り込まないとダメだと叱咤激励し、そのような機会を与えていただいた、社会配分研究会のみなさんにも感謝申し上げたい。研究会で出版した『揺らぐ主体／問われる社会』（桜井智恵子・広瀬義徳編、インパクト出版会、2013）に執筆した論考「校舎と境界人とのかかわりからみた学校の多義性」が、加筆修正されて本書の複数の箇所に出没している。ただし、せっかく叱咤激励をいただきながら、本書においてもなかなか教育に切り込めなかった点は、今後の課題である（課題ばかりである）。

　勤務先の立命館大学の副専攻教育学コース「（総合）演習」においては、ほぼ毎年のように校舎見学を軸とする夏合宿を実施してきた。また、後継科目に

相当する教職課程科目「学校教育演習」においても、何度か校舎見学を実施している。そのうちのいくつかの校舎が、本書で取り上げられている。訪問記につながる貴重な感想をもらしてくれた学生たちにも感謝したい。また、本書で展開した議論は、勤務先における副専攻教育学コース「現代学校文化論」、その後継科目である教職課程科目「学校文化論」、産業社会学部専門科目「学校文化・学校空間論」の講義において練り上げられたものであり、コメントカードやレポートを通して貴重な意見を寄せてくれた受講生にも感謝したい。

　前著に引き続き、教育学においては「周縁」的なテーマにとどまっている学校建築を、学術書というにはほど遠い形で取り上げた本書の出版を引き受けていただいた阿吽社の小笠原正仁さん、細部にわたる懇切丁寧なアドバイスをいただきながら本書を編集していただいた同じく阿吽社の大槻武志さんには、ただただ感謝するばかりである。

　さらには、私の仕事とは直接関係のない友人たちにも、温泉巡りの合間をぬって校舎巡りにつきあってもらった。同業者である連れ合いには、ブラジル人学校の校舎に出会わせてもらったうえに、二人の子どもたちとともに、本書で取り上げたいくつかの校舎を一緒に訪ねている。私の趣味のごとき仕事につきあってくれる、友人や連れ合い、子どもたちにも感謝せねばならない。

なお最後に、本書は、JSPS 科研費 JP16530531、JP19530767、JP22530587、JP25381150 による研究成果の一部であり、本書の出版にあたっては、立命館大学学術図書出版推進プログラムによる助成を受けたことを、付記しておきたい。

2018 年 2 月 2 日　四方利明

著者紹介

四方 利明（しかた としあき）
1972 年大阪府生まれ
立命館大学経済学部教授
著書　『学校建築の諸相』阿吽社、2012 年
共著　『揺らぐ主体／問われる社会』インパクト出版会、2013 年
　　　『トランスナショナルな「日系人」の教育・言語・文化』明石書
　　　　　店、2012 年
　　　『むかし学校は豊かだった』阿吽社、2009 年
　　　『「はだしのゲン」がいた風景』梓出版社、2006 年
　　　『戦後公教育の成立』世織書房、2005 年
　　　『学校の境界』阿吽社、2003 年
　　　『学校のモノ語り』東方出版、2000 年　　ほか

〔装丁〕清水　肇［prigraphics］
〔組版〕小山　光

学校の建築と教育　学校化・教育改革・境界人

2018 年 3 月 31 日　初版第 1 刷発行

著　　者── 四方利明

発 行 者── 小笠原正仁

発 行 所── 株式会社 阿吽社
　　　　　〒602-0017 京都市上京区衣棚通上御霊前下ル上木ノ下町 73-9
　　　　　TEL 075-414-8951　FAX 075-414-8952
　　　　　URL : aunsha.co.jp
　　　　　E-mail : info@aunsha.co.jp

印刷・製本── モリモト印刷株式会社